서정의 양식과 흔들리는 풍경

강 경 호 평론집

시와사람

강경호 평론집

서정의 양식과 흔들리는 풍경

2022년 9월 26일 인쇄
2022년 9월 30일 발행

지은이 | 강 경 호
기획·인쇄 | 도서출판 시와사람
디자인 | 정 찬 애
등 록 | 1994년 6월 10일 제 05-01-0155호
주 소 | 광주광역시 동구 양림로119번길 21-1(학동 151-4)
전 화 | (062)224-5319
팩 스 | (062)225-5319
E-mail | jcapoet@hanmail.net

ISBN 978-89-5665-644-1 03810

값 20,000원

*잘못된 책은 바꾸어 드립니다.

공급처 ■ 한국출판협동조합
경기도 파주시 적성면 적성산단3로 10(적성일반산업단지 내)
주문전화 (02)716-5616, 070-7119-1740

서정의 양식과 흔들리는 풍경

|책을 펴내며|

자본주의 시스템으로 가동되는 우리의 삶은 녹록치 않은 것이어서, 그 무엇도 확실한 지표가 되지 못하고 어떤 이데올로기나 신념도 그 확고한 정당성을 잃은 현대인들은 무엇인가에게 쫓기듯 일상을 지탱하고 있다. 이러한 세태 속에서도 주체적인 사고로 자신의 길을 찾아가는 시인들의 뜨거운 노래가 오늘 우리 시대에 종소리처럼 공명을 일으키고 있다.

이 책은 이러한 시인과 작가들의 마음을 포착하고, 규명하여 그들의 작품이 독자들에게 쉽게 스며들어 갈 수 있도록 내밀하게 살피고 있다.

《시와사람》을 27년간 발간하면서, 문학관리자로서의 사명감에 대해 자책감에 우울해 한 적이 많았다. 그것은 광주민중항쟁 이후 분노와 절망의 감정을 소비하는 기형적인 광주 · 전남의 문학을 문학 본연의 자리로 되돌려야 한다는 강박관념에 휩싸여 고향으로 내려왔지만, 때로는 문학의 한계에 대해 회의를 느끼곤 하였다. 그럴 때마다 로컬리즘만이 우리 고향 사람들의 삶과 정체성을 담아낼 수 있다는 믿음으로 지역 작가들의 작품세계를 규명하는 일이 나의 또다른 책무라고 생각하며 스스로를 위로하였다.

그러므로 순전히 지역 시인과 작가들을 연구하는데 몰두하여 여러 권의 책을 펴내었다. 이 책도 그 중의 하나이다. 생태학적 상상력에 대한 에세이들은 우리 선조들의 민속문화에서 오늘날 우리가 직면하고 있는 기후변화에 대한 방법론의 하나로 어떻게 타 생명체들과 공생할지를 제시하는 글과 생명의 근원이며 생명 그 자체인 물에 관한 몇 편의 글을 실어 갈수록 물부족으로 생명의 위협을 받는 현실을 타개할 것인지에 대해서도 들여다보았다.

또한, 우리 지역 시인이나 작가들의 삶과 작품을 통해 그들이 일생동안 추구한 서정의 양식과 서사의 전개를 내밀하게 펼친 작가들을 살펴보았다. 그 중에는 아직 우리 문학사에 알려지지 않은 분들을 발굴하여 우리문학사에 편입시키고자 하였다. 특히 소설가 정병우의 소설에서 평생 그가 지향한 전후 사회의 불안의식은 변화하는 오늘의 현실에서 바라보며 보편적인 삶의 양식이 어떤 것인지를 알게 한다.

최근에 타개한 김석중 소설가의 작품은 소소한 민중들의 삶을 그린 작품들로 근대화 과정에서 일어나는 정서적 사건을 다루고 있다는 점에서 정병우와 일맥상통한 점을 묘파하였다. 뿐만 아니라 일찍이 시인으로 등단하여 의사의 길을 가면서 펼친 서정의 양식에 대해 탐구한 이홍식의 시세계를 처음으로 연구한 성과를 거두었다.

마지막으로 주제시와 장애인문학에 대한 관심을 살펴보았는데, 특히 변방에 있는 장애인문학을 통해 그들의 삶과 문학세계를 규명하였다. 미흡하고 보잘것 없는 책이지만 지역 비평가로서의 책무를 다하고 싶었다는 말을 남기고 싶다.

2022년 가을에, 저자 강경호

| 서정의 양식과 흔들리는 풍경 - 차례 |

제3부 주제로 읽는 한국시

서정의 양식과 흔들리는 풍경

제1부

생태학적 상상력

민속문화와 생태학적 상상력

1. 인간의 욕망과 지구의 위기

오늘날 물질문명은 차고 넘쳐 부족함이 없다. 길거리에는 휘황찬란한 불빛이 반짝이고 백화점엔 온갖 물건이 잔뜩 쌓여있다. 밤이면 술집에 수많은 사람이 흥청거리고 집안의 냉장고엔 먹거리가 가득하다. 인류의 역사 이래 가장 풍요로운 시대를 구가하고 있다. 수천년의 가난을 청산하자고 "우리도 한번 잘살아 보세"를 외치던 때가 엊그제 같은데 우리나라도 소득 3만 불을 넘어섰다.

이러한 시대에 인류의 고민은 날이 갈수록 깊어만 가고 있다. 남극하늘의 오존층 파괴가 배로 늘어났다는 소식과 북극의 만년설이 몇 년 후면 모두 사라진다는 어두운 전망이 나왔다. 그래서인지 최근의 겨울은 더욱 추워 많은 식물이 동해(凍害)를 입어 얼어 죽고, 여름엔 엄청난 비가 내리고, 9월이 다 가도록 늦더위가 기승을 부려 한국전력에서 순환 단전을 고려하기를 반복하고 있다. 이로인해 국가적으로 어떠한 손실을 보게 되었다며 매년 미디어에서 보도한다.

삼한사온이 사라진 지 오래, 여름과 겨울만이 뚜렷한 아열대성 기후로 변하고 있는 한반도엔 언제 쓰나미가 밀려올지 모르는 상황이다. 게다가 비만 오면 산사태와 홍수로 인해 해마다 인명과 재산피해가 속출하고 있다. 비가 그친 뒤 금수강산은 쓰레기로 몸살을 앓는다. 강이나 바다에 밀려든 쓰레기는 대부분 사람이 쓰거나 먹고 버린 것들로 바닷가나 섬주민들은 쓰레기를 치우느라고 허리가 휘어진다. 태평양 가운데에는 쓰레기들이 모여 섬을 이루었다. 이로인해 해양생물에게 심각한 위기를 초래하고 있다.

그동안 우리 땅에서는 우리가 산신령이라고 불렀던 호랑이가 사라지고 쥐를 잡는다고 쥐약을 놓아 여우를 멸종시켰다. 바다에서는 고기가 잡히지 않고 수많은 종이 천연기념물이나 멸종위기 보호종으로 지정되고 있다. 이렇듯 우울한 시대에 어느 스님은 도롱뇽을 지키겠다고 싸우다가 지쳐 어디론가 숨어버리고 그린피스는 영광원전 앞바다에 와 시위하기도 하였다.

그러나 우리는 여전히 거대한 문명의 공룡 포클레인으로 4대강 바닥을 긁어내어 수생생물의 삶의 터를 송두리째 헤집어 댐과 보를 만들었다. 그리고 여전히 산을 허물어 공장을 짓고 아파트를 올리고 있다. 아스팔트 바닥이 인간 욕망의 덫에 치인 족제비와 짐승들의 무덤이 되고 고속도로 차음벽 아래는 새들의 무덤이 되었다.

가을이 되어도 들판이 고즈넉하다. 메뚜기들이 사라졌기 때문이다. 이제 메뚜기를 잡아 구워 먹던 이야기는 곤충도감 속의 이야기가 될지 모른다. 그뿐만이 아니다. 봄이 와서 꽃이 피어도 벌과 나비가 날아오지 않는 들녘 또한 조용하다. 농약 살포와 이상기후 때문이다. 과수원의 농부는 일일이 과수나무의 꽃에 인공수정을 해야 한다. 그러나 인공수정을 해도 열매가 제대로 열리지 않고, 익지 않는 불임의 지구는 생명을 잉태하지 못하는가.

르네상스 이후 인간은 신 중심 사회에서 인간 중심 사회로 전환하면서 인간이라는 존재를 발견하였다. 인간존재를 발견할 수 있었다는 것만으로도 인류가 대견하다. 그러기까지 인류의 수없는 노력과 희생이 따랐기 때문이다. 그러나 산업혁명 이후 과학기술문명을 발전시킨 인류의 욕망은 기계를 발명하여 대량생산을 하게 되면서 사람을 일터에서 소외시키기 시작하였다. 더 많은 물질과 자본을 얻기 위해 제국주의가 인간의 잔혹성을 드러내기 시작하였다. 핵무기를 만든 인류는 언제부턴가 석유 전쟁을 일으켜 수많은 인명을 살상하고 있다. 그런데 오늘도 기름값은 고공행진하고 우리는 주유소 앞을 서성이고 있다.

모든 것이 인간의 욕망에서 기인한 탓이다. 다시 말해 석유로 상징하는 자본에 대한 인간의 욕망 때문에 오존층이 사라지고, 메뚜기가 사라지고, 벌과 나비가 사라지고, 봄이 되어도 나무가 꽃을 피우지 않는다. 도롱뇽이 사라지고 봄이 되어도 제비가 돌아오지 않고 가을이 되어도 들녘이 고즈넉해 지구가 생명을 잉태하지 못하는 불임이 되어도 인류는 잘 먹고 잘 살 수 있을까?

2. 대안문화로서의 민속문화

지구는 하나의 살아있는 생명체이다. 그러기에 우주에서 바라보면 아름다운 초록별로 빛난다. 하지만 온몸에 화상을 입으면 살기 힘든 것처럼 지구도 상처가 깊으면 유령별이 된다. 그래서 생명의 숨결이 꺼진 차디찬 별이 되고 만다. 그런데 오늘 우리의 지구별은 온갖 상처로 몸살을 앓고 있다. 고속도로가 산기슭을 할퀴며 지나가고 시멘트 광산이 산머리를 벌겋게 파헤치고 있다. 열대우림에서는 거대한 나무가 톱날에 쓰러지고 아마존 숲에서는 지구의 허파가 잘려나가고 있다. 이제 지구를 살릴 수 있는 시간도 얼마 남지 않았음을 알리는 시계가 초읽기에 들어갔다.

지구촌에서 벌어지고 있는 반생태적인 형태는 인간 중심적 생활양식 때문이다. 인간 중심적 생활양식은 과학과 기술문명에서 기인한다. 자연과학이 발달함에 따라 자연현상을 대수롭지 않게 여기게 되었는데, 오만방자한 인간은 과학기술로 자연환경을 정복할 수 있다고 생각하게 된 것이다.

주지하다시피 가시적인 현상과 물질적 근거를 과신하는 과학주의적 편견은 미신 타파를 주장한다. 그러나 과학 또한 하나의 미신일 뿐이다. 그것은 과학이든 미신이든 효용적인 측면에서 바라보면 어떤 것이 우월한지 입증이 안 되었기 때문이다. 과학이나 미신 모두 생명모순을 극복할 수 있는 대안문화로써의 효용성을 보여주는 것이 사실이다. 그러므로 우리는 그것이 과학인가, 또는 미신인가가 중요한 것이 아니라 생태학적 적응성을 지닌 문화인가 아닌가를 따져야 할 것이다. 즉 과학적이고 문명적이라고 하더라도 사람을 죽이고 생태계를 파괴하는 문화라면 그것은 바람직하지 않은 것이다. 생명을 착취하고 파괴하는 문화라면 그것이 과학이라도 반생명적이기 때문에 오히려 생명을 살리려는 미신보다도 미신적이다.

우리 선조들은 자연과 함께 어울려 조화로운 삶을 살아왔다. '만물유생(萬物有生)'이라는 의인법적인 삶을 살았다. 모든 만물에 영혼이 깃들어있다는 생각은 벌레 한 마리도 함부로 죽이지 않았다. 그래서 뜨거운 물조차 아무 데나 버리지 않았다. 뜨거운 물에 뭇 생명이 죽을 수도 있기 때문이었다. 오래된 나무를 함부로 베어내지 않았다. 이미 나무가 아니라 영물이라고 생각한 까닭이다.

그런데 우리나라는 자본주의식 경제개발을 하면서 서구의 이성주의적 인식과 합리주의적 근대성이 몸과 마음에 배어들기 시작하였다. 그래서 신작로를 낼 때 당산나무를 피해 갔던 길이 이제는 피해

가지 않는다. 새로 내는 길에 걸리는 것이면 그것이 문화재든지 오래된 나무든지, 또는 강이건 산이건 따지지 않고 여지없이 짓밟으며 무찔러가는 것이다. 이문이 남고 인간에게 편한 것이라면 그것이 합리적이라는 판단을 하는 것이다.

이러한 생명모순의 반생태적인 것의 끝은 인류와 모든 생명의 공멸뿐이다. 그러므로 지구와 인류, 그리고 모든 생명이 함께 공생할 수 있는 지구별을 만들기 위해서는 지혜를 모아야 한다. 그것이 과학이든 또는 미신이든지 지구를 살릴 방법이라면 유용하고 가치 있는 것이 될 것이다.

그 대안을 바로 우리 선조들의 삶의 방식에서 찾아볼 수 있다. 그러므로 한때 낡고 고루한 것으로 치부했던 우리의 전통과 민속에서 오늘날 생명모순의 위기를 극복하는 방법을 찾아야 하는 것이다. 이때 우리는 민속문화를 어떻게 이어갈 것인가 보다 어쩌면 인간과 자연이 더불어 살아갈 수 있는 공존의 방식에 더 관심을 가져야 할 것이다.

3. 민속문화의 세계관

우리 선조들은 마당놀이와 품앗이 등에서 알 수 있는 것처럼 공동체 사회를 기반으로 생활했다. 이는 생활의 바탕에 농경문화를 영위했기 때문인데, 생명을 기르고 가꾸기 위해서는 토지신과 하늘신에게 무사태평을 기도하였다. 기계문명이나 상업을 바탕으로 살아가는 생활방식이 아니기에 자연의 힘이 필요한 까닭이다. 즉 자연을 파괴하고 자연을 정복하는 방식으로는 도저히 살 수 없었다. 땅의 기운을 느끼며 땅이 살아야 농사를 짓고 농사가 잘 돼야 살 수 있는 환경이었기 때문에 비가 안 오면 기우제를 지내고 소원을 큰 바위나 당산나무, 또는 영물에게 기도하는 토템이나 애니미즘 등 민속신앙을 갖지 않을 수 없었다.

굿은 대표적인 민속신앙이다. 그러므로 마을마다 무당이 있고 당집이 있었다. 굿은 자연물과 같은 대상을 위하고 대상을 섬김으로써 문제를 해결하여 화해에 이르고자 하는 의식이다. 나 혼자 잘 살겠다는 목적으로 굿을 하는 것이 아니라 대상과 나, 신과 인간, 자연과 사회가 더불어 살아야 한다는 공생적 세계관 속에서 굿이 출현하였고 행해졌다.

굿에서는 나무나 바위, 물과 산, 하늘과 땅 모두가 섬김의 대상이 되었다. 이를테면 산신굿, 영등굿, 샘굿, 지신굿, 당굿, 용왕굿 등 굿의 현장을 알 수 있는 다양한 굿이 있다. 바닷가 마을에서는 용왕굿을 실시했다. 배를 띄워 고기잡이를 나가는 어부들이 풍어와 무사안녕을 기원하며 바다에 제사 지내는 의식이었다. 심청전에서 인당수 물길의 노여움을 진정시키기 위해 심청이를 바쳤던 것에서 알 수 있듯이 물을 섬기는 의식을 굿이라는 형식으로 펼쳤던 것이다. 그래서 섬이나 바닷가 마을에는 유난히도 당집이 많은 것은 물을 섬기는 제의가 성했기 때문이다.

뿐만 아니라 당산나무에 제사를 올리고, 미륵바위에 기도를 하고, 심지어는 집안에 깃들어 있는 구렁이나 족제비까지도 업신(業神)으로 섬겼다. 더불어 땅을 지모신으로, 산을 산신령으로 섬겨 큰 나무나 바위도 함부로 훼손하면 안 되는 신앙의 대상이 되었다. 그리고 바람과 물은 물론 불을 신으로 섬겼다. 한 예로 전남 화순군 동복면 가수리에는 지금도 물새가 솟대 끝에서 날아가고 있다. 마을에 자주 화재가 난 탓에 물에서 사는 물새의 물을 이용해 화재를 진압하거나 예방하려는 처방인 것이다. 이처럼 굿과 민간신앙의 제의는 나무와 바위와 소와 말, 가축과 메뚜기에 이르기까지 그것들의 생명성을 존중하고 인간과 더불어 사는 세상을 소망하는 세계관에서 비롯되었다.

그러나 아직 많은 사람이 굿을 잘 이해하지 못하고 미신으로 깎아내리는 경우가 많다. 이는 서구의 실증주의와 기독교의 영향이 큰 까닭이다. 서구의 기독교와는 달리 우리의 무교(巫敎)는 인간을 전 우주 속의 한 부분으로 인식할 뿐이다. 그러므로 굿에서 인간과 함께 잡귀 잡신은 물론, 온갖 세계의 신들이 두루 초빙되어 섬김의 대상이 된다. 한마디로 굿판이야말로 우주 만물이 하나로 만나 서로 섬기며 화해하는 현장이다. 그러므로 굿을 순전히 주술적 제의로 묶어둔 과학주의적 편견에서 벗어나지 않으면, 굿 문화의 생태학적 건강성을 숨죽이는 반동적 굿의 이해에 머무를 수밖에 없다. 굿이 지닌 공생적 세계관과 자연친화적 문화의 본질을 훼손하고 말 것이다.

자연을 대상으로 하지 않는 민속문화나 민속예술도 생태학적 상상력을 그 기반으로 하고 있다. 즉 모두가 함께 잘사는 공생적 세계관에 그 근거를 두고 있는 것이다.

농사지을 때 부르는 비나리, 메나리 등의 농요는 혼자 부를 수 없다. 두 패가 노래 사설을 주고받으면서 부르기도 하고, 논매기 때 앞소리꾼의 선창을 후창으로 따라 부르기도 했다. 일의 능률을 올리고 일의 지루함을 달래기 위해서 노래 부르기도 하지만 농작물이 노래를 듣고 잘 자랄 수 있도록 하는 역할까지 감당했다. 오늘날 양계장이나 국화밭에 클래식 음악을 틀어 놓고 동식물이 음악을 즐기도록 하는 것과 같다. 그러므로 우리의 농요는 일하는 사람과 땅에서 자라는 농작물이 함께 공유하는 노래라는 점에서 공생적 성격이 두드러진다고 할 수 있다.

탈춤에서도 공생적 세계관을 엿볼 수 있다. 탈춤을 추는 사람과 관객 사이에 구별이 없다. 광대들이 사건을 전개하면서 끊임없이 구경꾼들에게 말을 건다. 때로는 구경꾼이 탈춤판에 끼어들기도 한다. 게다가 구경꾼들이 추임새를 넣어 탈춤의 흥을 돋우기도 한다. 마당놀이도 마찬가지이다. 광대와 구경꾼이 한데 어울려 신명풀이를 한다. 다시 말해 너와 내가 분리되어 있지 않고 더불어 어울리는 공생적인 관계에서 놀이가 전개되는 것이다.

4. 민속문화의 생태학적 인식

계급중심주의나 민족중심주의의 문제를 우리는 잘 인식하고 있다. 근대 이전의 중세사회에서 군주와 노예의 차등이 있어 공생적이지 못한 불평등 사회를 이루었다. 민족중심주의도 제 민족만이 우월하고 잘 살겠다는 생각을 가졌다. 그런데 근대에 들어서서 인간중심주의가 자본주의 체제 또는 사회주의 체제와 만나면서 생명모순이 조성되었다. 인간중심주의를 토대로 한 이 두 체제의 경쟁은 욕망추구나 이윤추구를 위해 과학기술을 수단으로 자연을 경쟁적으로 훼손해왔다. 자연을 하나의 교환적 가치, 즉 자본으로 인식한 까닭이다. 이러한 반생명주의 바탕에는 자연이 자연을 정복할 능력을 부여했고, 과학기술이 자연을 정복한 결과 자본주의 체제가 승리했다고 믿는 사람도 있다.

그러나 오늘날 자연은 인간에게 몇 배의 보복으로 공격하고 있다. 앞에서 지적한 것처럼, 오존층의 파괴, 쓰나미, 라니냐 현상, 폭설과 무더위, 그리고 지독한 가뭄으로 인한 사막화 현상과 홍수 등은 인간의 자연에 대한 상처에 자연이 인간에게 내리는 보복이기 때문이다.

이러한 생명모순과 지구 종말을 대처하기 위해서는 인류가 지속

가능한 삶의 문화를 꾸려나가야 한다는 자성의 목소리가 나오고 있다. 인간은 스스로 생명본성을 자제하고 자연은 생태학적 조화를 통해 그 생명력을 되살리도록 만들어야 한다. 구체적으로 말해 나무를 한그루 더 심고, 반면에 종이를 아껴 쓰고, 세제를 덜 쓰고, 산림 파괴를 막고, 농약을 덜 쓰고, 자연 파괴를 억제하는 농경기술을 개발하고, 인구증가와 소비수준의 향상을 억제해야 한다. 그뿐만 아니라 화석연료를 적게 쓰고, 프레온 가스 사용을 억제하고, 재생에너지를 늘려 생물종의 다양성을 확보할 수 있도록 노력해야 한다.

지구에 살 수 없을 때를 대비해 다른 별로 이사 갈 궁리보다도 그 에너지를 아껴 생명모순을 해결할 수 있는 생태학적 상상력을 펼쳐야 한다.

이러한 노력을 위해서 우리는 우리의 민속문화의 전통인 생극론(生剋論)적인 삶의 실천 방식을 깊이 살펴보고 인식해야 할 것이다.

생극론이란 생성이 극복이며 극복이 생성이라는 생태학적 이치를 말하는데 생극론은 궁극적으로 생명의 순환, 또는 공생론에 그 뿌리를 두고 있다.

우리 선조들은 오래전부터 고수레라는 것을 해왔다. 들밥을 먹을 때 동서남북으로 음식을 뿌리는 풍속인데, 고수레를 해야 농사가 잘된다든가 밥 먹은 후 뒤탈이 나지 않는다는 믿음 때문이었다. 첫 숟갈을 버리지 않음으로써 뒤탈이 나면 먹어도 먹지 않는 것이나 다름이 없다. 한 숟가락을 버림으로 나머지 밥을 온전하게 소화할 수 있다면 버리는 것이 온전히 먹는다는 것이다. 뿐만 아니라 고수레를 통해 들판에 사는 쥐나 생물들에게 밥을 주는 일이기도 하니 생물의 종 다양성을 유지하는 데 도움이 되는 것이다.

까치밥을 남겨두는 일도 마찬가지이다. 까치밥은 감나무나 사과나무의 맨 꼭대기에 달려 사람의 손이 닿지 않는 곳에 있기 때문에 무리하게 따지 않는다. 결과적으로 까치나 짐승들에게 요긴한 식사가 되어 사람과 까치가 한 밥상을 나누어 먹는 공생의 관계가 되게 하였다. 사람과 까치가 공생할 수 있는 배려이다.

이 외에도 선조들은 배설물인 똥 · 오줌을 모아두었다가 감나무나 호박, 또는 밭에 뿌렸다. 버리지만 결코 손실이 아니라 이득으로 돌아오고 자연과 사람이 공생하는 순환론적인 이치를 실천하는 방식이었다.

집 짓는 일에서도 생태학적 생극론에 입각해 지었다. 인공적인 재료가 아닌 나무와 흙·짚·돌 등 자연 재료로 집을 지었다. 그러므로 이들 재료가 자연에서 온 것들이므로 오늘날처럼 자연을 훼손하지 않았다. 또한 집이 오래되어 허물어진다 해도 모두 자연으로 고스란히 되돌아가게 된다. 그러나 오늘날은 대부분 콘크리트 등 인공적 재료를 쓰기 때문에 엄청나게 자연을 훼손시킨다. 뿐만 아니라 새집에 입주했을 때 입주자는 피부병은 물론 인체에 해로운 병으로 고생하는 경우가 많다. 그러므로 많은 사람이 자연과 인간이 함께 살 수 있는 흙집과 전통 한옥에 관심을 두는 것이다.

5. 민속문화의 생태성 계승

오늘날 온통 '웰빙'이 화두로 들끓고 있다. 가게 이름은 물론 상품 이름에도 '웰빙'이라는 이름이 많이 붙여지고 있다. 그러다 보니 유기농 방식으로 농사를 짓는 사람들이 많이 늘게 되었다. 웰빙이 상품이 되는 시대인 것이다. 웰빙이 사람들의 관심을 끄는 이유는 상대적으로 환경이 오염되고 먹거리가 건강하지 못함을 반증한다. 이러한 사회풍조에는 자본주의라는 이념이 자리하고 있다.

근대 이후 자연조차 재화적 가치로 바라보며 인간이 자연이기를 거부한 데에서부터 오늘의 비극이 싹텄다고 말할 수 있다. 그런데 자본주의 논리로는 인간의 진정한 웰빙은 도저히 이룰 수 없는 과제일 뿐이다. 돈벌이를 위해 농산물에 농약을 치고 먹거리에 중금속을 넣는 일이 절대 사라지지 않기 때문이다. 그래서 우리는 끊임없이 썩은 뼈다귀탕을 먹어야 하고 공업용 설렁탕을 먹어야 한다. 그러므로 진정한 웰빙시대를 맞이하려면 근본적으로 생명의 가치를 인식하고 이를 실천하려는 운동이 일어나야 한다.

그 대안은 앞에서 살펴보았듯이 우리의 민속문화에서 찾아야 할 줄로 안다. 민속문화가 본질적으로 지향했던 것이 생명성을 바탕으로 했기 때문이다.

오늘날 불임부부가 늘고 있다. 7쌍 부부 중에 1쌍 정도가 불임이라니 참으로 심각한 일이다. 세계 최저의 출산율을 보이는 우리나라는 갈수록 인구가 줄어들 것이라고 한다. 환경호르몬에 의해 남성의 정자 수가 감소하는 추세는 갈수록 심화할 것이기 때문이다. 문제의 심각성은 환경호르몬이 태아 유산, 성장장애, 기형아 출산 등 생식능력에 치명적이라는 것이다. 사람뿐만 아니다. 오염물질에 노출된 동물들에게도 적용되고 있다. 상품 가치와 편의성 때문에 인간은 물론 모든 생명의 생식체계가 심각한 교란 상태에 빠져들고 있다. 이렇게 가다가는 인류가 멸종할지도 모른다. 인간뿐만 아니라 다른 종들도 점차 멸종할 수도 있을 것이다.

이제 인류는 통렬하게 성찰해야 한다. 사람보다, 또는 자연보다 집과 가구를 경배하고, 사람을 보기 전에 그가 탄 차와 재산, 그리고 사회적 위치와 권력으로 그를 평가해서는 안 된다. 사람의 가치를 물질로 환산해서는 안 되는 것이다. 생명적 가치로 진정한 인간의 가치를 바라볼 줄 알아야 한다. 인간의 생명은 무엇과도 교환할 수 없는 아름답고 소중한 것이기 때문이다.

그러기 위해서는 먼저 인간 스스로의 성찰과 통찰이 선행되어야 한다. 우리의 선조들이 그림을 그릴 때 자연을 그리고 그 자연 속에 사람을 아주 작게 그려 넣었듯이 인간도 자연의 일부라고 인식해야 한다. '인간은 만물의 영장'이며 '과학문명으로 자연을 정복할 수 있다'는 오만방자한 교만을 버리고 겸손해져야 한다.

이제 인간의 생존권과 경제적 문제를 해결했다. 그러므로 자연과 인간의 공생적 세계관을 회복하는 데 관심을 가져야 한다. 그러기 위해서는 '까치밥'·'고수레' 정신과, 우리 민속문화에 깃든 공생과 순환적 세계관만이 지구 멸종으로 치닫고 있는 시한폭탄처럼 째깍대는 시계를 멈추게 할 수 있을 것이다.

'생태학적 상상력'을 보여주는 문학작품은 앞에서 지적한 다양한 우리 사회의 욕망을 비판하고 성찰하고자 한다. 그동안 개발 독재에 의해 억눌렸던 문학적 또는 예술적 담론이 1980년대 후반 이후 봇물 터지듯 쏟아지고 있다. 방식이 가장 효과적이라는 생각이 든다. 자연을 경외심으로 바라보는 이면에는 생명성에 대한 절실한 인식이 깃들어있기 때문이다. 그러므로 우리 문학인들은 특히 우리 민속문화를 연구하고 이를 바탕으로 생태학적 상상력을 보여주는 문학작품을 생산하고 이를 구현할 필요가 있다.

물과 민속 문화

모든 생명체는 물 없이 살 수가 없다. 그런데 갈수록 물 부족 문제가 심각해지고 있다. 각종 시민단체에서는 물 자원의 오염에 대해 우려의 목소리를 끊임없이 토해내고 있다. 지구의 3분의 2 이상을 물이 차지하고 있음에도 더욱 물이 부족해지고 있는 이유는 인간의 탐욕에 의해 물 자원이 오염되고 고갈되어가고 있기 때문이다. 이러한 실정을 염려하는 환경단체들은 물의 오염지표를 따지며 피켓을 들고 시위하며 물 오염에 대한 경각심을 불러일으키고 있다. 이제 본질적으로 물에 대한 인식의 전환이 있어야 물 부족 문제를 해결할 수 있다.

우리 선조들의 삶 속에서 그 대안을 찾아볼 수 있을 것이다. 이는 자본주의 시스템으로 가동되는 사회구조 속에서는 필연적으로 물이 오염되고 부족할 수밖에 없어 근본적으로 삶의 방식과 물에 대한 인식의 전환이 이루어져야 한다. 선조들의 삶의 모습이 배어있는 민속 문화적인 차원에서 물 문화를 생각하고 실천해 나간다면 물 부족 문제를 극복할 방도를 찾을 수 있을 것으로 생각된다.

우리 민족은 우물과 샘을 늘 집 가까운데 두고 살았다. 그러다 보니 자연스럽게 물을 효율적으로 사용하면서 그 의미와 가치를 높였다. 절기마다 세시풍속 속에서도 물을 생활화하고 우리만의 독특한 문화를 발전시켰다. 더욱이 농경민족이어서 생활 깊숙이에는 물을 소중하게 생각하는 문화가 생성되어있다. 특히 풍수 사상에서 물은 묘와 집, 심지어는 왕궁과 마을을 택하는 데에 영향을 끼치기도 하였다. 이러한 물에 관한 우리 민족의 정서와 사상은 설화 속에도 투사되어 지금껏 전해온다.

이렇듯 우리 조상들의 민속적인 생활은 물의 가치를 인식하고 친환경적이고 생태적인 삶이었다. 물 부족과 오염 문제로 몸살을 앓고 있는 오늘 우리에게 시사하는 바가 크다.

1. 우물과 샘의 상상력

샘은 땅에서 물이 솟아오르는 자리를 이르는 말이다. 곳에 따라 새암, 시암, 샘터라 부른다. 중부 이북에서는 집 안에 있거나 물이 깊어서 두레박으로 푸는 것을 '우물', 사람이 앉아서 바가지 따위로 뜨는 것을 '샘'이라고 부른다. 그러나 남부 지방에서는 이를 가리지 않고 샘이라 이른다.

샘은 물을 뜨는 방법에 따라 쪽샘, 두레샘, 작두샘으로 나눈다. 쪽샘은 표주박이나 쪽박, 바가지로 푸는 얕은 샘이다. '박우물'이라는 이름은 여기에서 왔다. 두레샘은 두레박이 달린 두렛대를 설치한 샘이다. 두렛대 한쪽에 적당한 크기 돌이 달려서 줄을 당겨 두레박을 물속에 넣고 손을 놓으면, 그 무게 때문에 두레박이 자연히 달려 올라오는 샘이다.

오늘날 집집마다 수도가 들어와 수도꼭지를 틀면 물이 펑펑 쏟아져 참으로 편리하다. 그런데 옛날에는 마을에 공동으로 사용하는 우물이나 샘이 있었다. 우물이나 샘이 없는 집의 사람들은 매우 불편했다. 물은 여성들의 담당이어서 아침에 일어나면 물 긷는 것으로 일과를 시작했다. 집 안에 있는 물항아리가 가득 차야 마음이 놓였다. 날씨가 춥고 길이 미끄러운 날이나 비가 오는 날은 물을 길으러 우물에 가는 일이 고역이었다.

우리 마을에는 우물이 동편과 서편에 하나씩 있었다. 어머니께서는 똬리 위에 물동이를 이고 새벽마다 우물에 가셨다. 겨울 우물에서는 따스한 김이 무럭무럭 났다. 한여름에는 깊은 데서 길러진 우물물이 서늘했다. 추운 날 우물가에서 빨래할 때는 손이 시려서 손이 동상에 걸리기 일쑤였다.

1960년대 초등학교에 다녔던 아이들은 일 년에 두어 번씩 우물 청소하였다. 물을 다 퍼내고 우물에 들어가 우물 바닥에 놓인 자갈돌을 깨끗이 씻었다. 그러고 나면 맑은 물이 차오르곤 하였다.

그때가 그리워진다. 이 그리움은 그저 회고적인 그리움이 아니다. 오늘날 수도가 너무 편리하기 때문이다. 수도 때문에 쉽게 물을 얻을 수 있어 물을 함부로 소비하는 것 같다는 생각이 든다. 옛날처럼 물을 얻는 일이 수고스럽다면 쉽게, 그리고 함부로 물을 사용하지 않을 것이다.

그것뿐만 아니다. 수도가 집집마다 들어오면서 많은 것을 잃어버렸다. 우물터와 샘터는 소통의 공간이었다. 만남의 장소여서 약속하지 않아도 우물가에 가면 마을 사람들을 만나 자연스럽게 그날그날 마을에서 일어나는 일들을 알 수 있었다. 그래서 누구네 돼지가 새끼를 낳았다는 소식을 들을 수 있고 품앗이를 약속할 수가 있었다. 유행가 노랫말처럼 우물가에서 동네처녀가 바람나기도 하였다. 이른바 우물은 소통과 사교의 공간이었다.

우물터는 동네의 목욕탕 역할도 톡톡히 하였다. 남자들이 등목하며 땀을 씻고 나면 밤중에 여자들이 몸을 씻었다.

우물은 천연 냉장고였다. 수박이나 과일을 차디찬 우물 속에 넣어 두었다가 꺼내먹으면 한여름에도 시원하게 먹을 수 있었기 때문이다.

식수로 사용할 물은 새벽에 길었다. 밤새 솟아오르는 우물물이 맑고 깨끗하기 때문이다. 어머니는 머리에 똬리를 얹고 그 위에 물항아리를 이었다. 물항아리에 물을 담아 골목길을 가다 보면 물항아리가 출렁거려 물이 떨어졌다. 그럴 때면 어머니는 이마를 타고 콧등에서 떨어지는 물방울을 '푸우, 푸우'하고 입으로 내팅겼다.

간혹 남자들이 물지게를 지고 물을 나르기도 하였다. 물지게 양쪽 끝 쇠고리에 나무나 함석으로 된 물동이를 걸고 집으로 물을 나르면 금세 물항아리가 가득 찼다.

정월 14일을 누더듬날이라고 해서 남에게 식수를 나누어주지 않으며 우물의 수질이 나쁘거나 양이 적어 마을 사람들이 먹을 수가 없을 때는 14일 밤에 같은 마을이나 이웃 마을의 좋은 우물에 가서 남몰래 물을 길어다가 자기네 우물에 부었다. 그러면 물을 빼앗긴 우물은 물이 마르고 그 대신 물을 길어다 부은 우물은 물이 좋고 양도 많아진다고 한다. 부잣집 뜰의 흙을 밤에 몰래 파다가 자기네 뜰에 놓는 복토도(福土盜)와 같은 발상에서이다.

부엌에서 쓰는 식수나 설거지에 쓰는 물은 양이 적으므로 두레박 정도로 가능했으나 논에서 물을 댈 때는 바가지로서는 제구실을 못했다. 특히 가뭄이 계속되면 바가지 물로는 좀처럼 해갈(解渴)이 어렵다. 그래서 대량의 물을 힘을 덜 들이고 퍼 올리는 기구로 용두레를 발명해 낸 것이다.

세 발을 세우고 끈으로 용두레를 달아매고 긴 자루를 잡고 물리적인 힘을 응용하면 1~2미터 높은 곳에 물을 퍼 올릴 수가 있다. 그런대로 힘이 덜 들고 많은 물을 퍼 올릴 수가 있어 농가에서 애용됐다.

우리는 샘을 신성하게 여긴 나머지 용이 깃들여 있다고 믿었다. 정월의 첫 용날 새벽에 '용 알 뜨기' 경쟁을 벌이는 민속은 여기에서 나왔다. 용이 샘에 들어와 낳은 알을 떠서 밥을 지으면, 농사가 잘된다고 믿었다. 용은 비를 상징하는 영물이므로, 이를 제 것으로 삼으면 풍년이 들게 마련이라고 생각했다.

샘에는 재앙을 물리치는 신통력도 있다고 여겼다. 전라북도 일대에서는 정월 대보름날 기름 종지에 묵화 심지를 박아 불을 밝힌 다음, "일 년 열두 달, 탈 없도록 도와주소서"하고 축원했다. 또 샘물이 깨끗하고 끊임없이 나오기를 바라는 샘굿도 쳤다. 경상도 지방의 지신밟기 때 풍물패는 우물가에 둘러서서 "물 주소, 물 주소, 용왕님네 물 주소. 뚫려라, 뚫려라, 물구멍만 펑펑'하고 소리쳤다.

우리 민족은 우물에 신비하고 왕성한 생명의 힘이 깃들여 있다고 믿었다. 서기 3세기 무렵 중국 사서인 『후한서』 동옥저(지금의 함경도 지방에 있던 나라)전에 '바다 가운데의 여인국에는 남자가 하나도 없으나 여인이 신의 우물[神井]을 들여다보기만 하여도 곧 자식을 낳는다'는 내용이 있다. 또 『삼국유사』에 신라 시조인 박혁거세가 양산 기슭 나정(蘿井)가의 알에서 태어나 동쪽 샘[東泉]에서 몸을 씻었으며, 그 아내도 알영정(閼英井)에 나타난 계룡의 옆구리에서 나왔다는 기록이 보인다. 조선 건국의 사적을 읊은 「용비어천가」 제2장에도 "샘이 깊은 물은 가뭄에도 그치지 않고, 내를 이루어 바다로 간다"고 하여, 국가의 무궁한 발전에 견주었다.

같은 내용이 민담에도 있다. 강원도 강릉시 구정면 학산리의 한 처녀는 굴산사(堀山寺) 앞 돌우물에 비친 아침 해를 떠먹고 아들을 낳았다. 범일(梵日)국사가 된 그 아들은 죽어서 대관령의 서낭신이 되었다. 보조(普照)국사도 새벽마다 샘에 가서 기도하던 처녀가 그곳에서 떠오른 오이를 먹고 낳은 인물이라고 전한다.

우물도 용과 관련이 깊다. 본디 용녀(龍女)였던 고려 태조 왕건의 할머니는 개성의 한우물[大井]을 통해 용궁으로 드나들었다(『고려사』 세가). 『삼국유사』에도 비슷한 내용이 있다(권 제5 월랑신인). 신라에서 태어난 법사 월랑은 당나라로 건너가 도를 배우고 돌아오는 길에 용궁에 들어가 비법을 전하였다. 황금 천 냥을 보시로 받은 월랑법사는 땅 밑을 지나 자기 집 우물로 솟아올랐다. 사람들은 그 자리에 절을 지었다. 탑과 불상을 황금으로 꾸민 까닭에 금광사(金光寺)라 불렀다.

전라북도 지방에서는 용왕이 한밤중에 물을 뒤집어 물꽃을 피우는 조화를 부린다고 믿었다. 용왕신의 신통력이 들어 있는 이 물에 용왕신 자신도 알을 낳는다. 따라서 이 물로 조왕 종발의 물을 갈아붓거나 치성을 올리면 바라는 모든 일이 잘 이루어진다는 것이다.

정화수 한 그릇은 산해진미를 가득 차린 상에 못지않았다. 가난한 집에서는 물 한 그릇을 떠 놓고 혼인식을 올렸다. 경상북도 월성군 일대에서는 이월 초하룻날 정화수 한 그릇을 마련하고 풍년을 빌었다. 이 물을 '농사물'이라 따로 불렀다.

정화수에 잡귀를 물리치는 신비한 힘이 있다고 믿었다. 부정거리에서 재를 섞은 정화수를 굿터 주위에 뿌리면, 신을 모시는 자리가 깨끗해진다고 여긴다. 또 조왕신의 신체가 물인 점도 이와 연관이 깊다.

우물에 물을 상징하는 용왕이 사는 까닭에 항상 주위를 깨끗이 했다. 칠월 칠석에는 우물 청소하고 제사도 올린다. 우물을 칠 때는 한 사람이 바닥에 들어가 물을 퍼서 중간 사람에게 올리고, 중간 사람은 다시 우물가의 사람에게 넘겨서 땅바닥에 쏟아부었다. 출산을 앞둔 아내가 있는 남자는 자원해서 밑바닥으로 들어갔다. 용왕신이 아들을 점지해 준다는 것이다. 청소를 마치면 금줄을 둘러치고 제물을 갖추고 "물이 잘 나고, 마을이 태평하도록 도와주소서"하고 축원했다. 그리고 소독 작용하는 황(黃)을 넣었다.

큰 마을에서는 한 우물을 쓰는 십여 호의 사람끼리 계를 묻는다. 계원들은 우물 관리 비용을 내고 우물 청소도 맡는다. 우물계는 고사떡을 돌리거나 품앗이할 때 한 동아리를 이루는 단위가 된다.

우물은 억울한 누명을 쓴 이가 자신의 결백을 주장하는 장소로도 썼다. 특히 터무니없는 소문에 시달리는 수절 여인은 치마를 걷어 올려 머리에 뒤집어쓴 채 우물 속으로 뛰어들었다. 그네의 죽음은 우물 곁에 나란히 벗어 놓은 신발을 통해 알려졌다. 사람들은 죽은 이의 혼을 두려워한 나머지 '우물귀신'이라 따로 불렀고, 우물도 곧 메워 버렸다.

이때에는 무당을 불러와서 '넋 건지기' 굿을 벌였다. 깨끗이 씻은 쌀을 밥그릇에 담고 흰 명주 수건으로 잘 싸서, 끈을 달아 우물 속으로 내려보낸 뒤 경을 외우면서 휘젓는다. 밥그릇을 들어 올려서 잘 살핀 다음, 다시 내려보내고 경을 읊조렸다. 이 일은 그릇에 어떤 징후가 나타날 때까지 거듭되며, 결국 머리카락이 나타난다고 한다. 이것을 죽은 이의 것이라고 여겼다.

우물가에 놀던 어린이가 빠지는 불상사도 드물지 않았다. 자기 자식에 대해 마음이 놓이지 않은 상태를 '우물가에 애 내보낸 것 같다'고 한다. 충청남도 서산시 일대에서는 유월 유두에 우물에 밥 세 숟가락을 떠 넣으며, "물 좋고, 아이들 빠지지 않도록 도와주소서"하고 읊조렸다.

우리 아낙네들은 물을 아끼는 일에도 열심이었다. 호남과 영남 산간 지대에서는 우물에서 세 번째 길어 올린 두레박은 반드시 일부러 기울여서 우물에 다시 쏟아 부었다. 샘터에서도 이와 같이 하였다. 이것이 '질금질'이다. 아들을 잘 낳고 복을 누린다고 한다. 법도를 따지는 집에서는 며느릿감이 물을 어떻게 쓰는지 알아보았다. 물을 헤프게 다루면 복이 나간다고 믿었기 때문이다. 우리는 어릴 적에 이승에서 물을 낭비하면, 저승에 가서 똑같은 양의 물을 마셔야 하는 벌을 받는다는 훈계를 들으며 자랐다.

부뚜막의 조왕신에게는 조석으로 또는 삭망으로 정화수를 떠다 놓았고, 정성껏 빌 때도 정화수 한 그릇을 장독대에 떠다 놓고 합장했으며, 가난해서 가진 것이 없어 차리지 못할 때는 냉수 한 그릇 떠 놓고 혼례를 치르는 등, 물은 마셔 목을 축이는 이외에 신성함이 인식되어 있어서 성스러운 자리에는 물이 등장하였다.

새해를 맞아 정월 첫째 용날[辰日] 새벽에 여인들은 남보다 일찍 일어나 우물에 물을 뜨러 간다. 아직 아무도 떠가지 않은 물을 먼저 뜨면 용알을 얻게 되고 당년 농사가 잘되며 재수가 좋아 복된 일이 많이 있다고 전한다. 이것을 '용알뜨기'라 일렀다.

용알을 먼저 뜬 사람은 지푸라기를 하나 우물에 넣는다. 다음 물 길으러 온 사람이 지푸라기를 보고 이미 용알을 떠간 것을 알고 딴 우물로 물 길으러 가게 된다.

새해의 우물물에는 신앙적 의미가 있었다.

세시풍속으로 정착된 것으로 미루어 선인들이 새해의 용날 우물물을 신성시했음을 알 수가 있다. 우물에는 수신(水神)인 용이 있는 것으로 여겼다.

용왕은 바다, 강, 호수 등 물이 있는 곳에 있는 것으로 해석하는데 우물에도 있어서 사람들이 먹는 우물물을 관장하고 있는 것으로 믿었다. 그래서 정초에는 우물의 물이 많이 나오고 늘 맑은 물이 나오도록 간절히 바라는 마음으로 우물에서 고사를 지내고 용왕굿을 하였다. 지신밟기에서도 우물굿 또는 샘굿이 있어 농악을 치면서 물이 퀄퀄 많이 나오고 물맛 좋기를 기원하였다. 우물은 맑고 풍부하며, 또한 오염되거나 사람에 의해서 더럽혀지면 안 되었다.

2. 물맞이와 정화의식

1960년대 우리 마을은 여름이 오면 바다에 나가 물을 맞았다. 일종의 피서 방법이기도 하였으나 심신을 씻는다는 의미가 깃들어 있었다. 우리 마을은 바닷가이다. 바다 갯벌 가운데에 여름에도 소름이 돋는 샘이 있었는데 지금 생각하니 복류천이었던 것 같다. 즉 빗물이 산에 스며들었다가 수맥이 바다에서 솟구친 것인데 마을 사람들은 물론 이웃 마을과 먼데 사람들까지 와서 물을 맞고 갔다. 무더운 여름을 지내기 위한 하나의 의식이었던 셈이다.

이러한 물맞이는 여름날 폭포 아래에서 물을 맞는다거나 단옷날 머리를 감는 일 등 다양한 방법으로 행해졌다. 화순읍내의 만연폭포는 여름이 되면 만연폭포 아래로 수많은 사람이 모여든다. 그곳에는 물줄기가 두 개가 있는데 남자와 여자가 각각 산 위에서 내려오는 시원한 폭포 물을 맞는다. 폭포수에 물을 맞은 날은 아무리 무더운 열대야라고 해도 그날 밤은 서늘한 기분으로 잠을 잘 수 있다. 물을 맞은 사람들은 한여름인데도 불구하고 오들오들 떨었다. 그것은 차디찬 물의 기운이 피부뿐만 아니라 뺏속 깊숙이까지 배어있기 때문이다. 그래서 지금도 화순읍 사람들은 여름이 오면 신성한 의식을 치르듯이 폭포 아래에서 물맞이하는 것이다.

오월 단옷날에는 물과 관련되는 여러 행사가 있다. 단옷날 아침 일찍 일어나 풀밭이나 채소밭에 가서 풀잎에 맺혀 있는 이슬을 손에 받아서 세수한다. 이슬물이라 세숫물처럼 많이 쓸 수는 없으나 얼굴에 바르기는 충분하다. 이렇게 하면 여름에 땀띠가 나지 않고 부스럼이 생기지 않는다고 한다. 또 이슬을 받아 얼굴에 바르고 여기에 분을 바르면 얼굴이 고와지고 마른 비듬이 생기지 않는다고 해서 여인들이 아침에 이슬로 분단장했다.

농가에선 단옷날 비 내리기를 고대했는데 단오비가 오면 그해에 채소가 잘 자라고 밭곡식이 잘 자라서 풍년이 든다고 믿었기 때문이다. 농가의 가장 큰 소원은 풍년이 드는 일이기 때문에 단오비로 농사일을 점쳤다.

단옷날 창포(菖蒲)를 삶은 물에 머리를 감으면 숱이 많아져서 젊고 소담해 보였으며, 또 머리에 윤기가 있다고 해서 여인들이 즐겼다. 창포 뿌리를 잘라서 비녀로 삼고 비녀 양쪽에는 빨갛게 연지를 바르고 수(壽)·복(福)자를 새겨 멋 내고 벽사(辟邪)도 했다. 단옷날이 일 년 중에서 양기(陽氣)가 가장 왕성한 날이기에 사기(邪氣)를 물리치고 복을 맞이하려는 일종의 민간 신앙 의식이었다.

단옷날에는 동쪽에 흐르는 개울에 가서 머리를 감는 풍속이 있었다. 동쪽은 청방(青方)으로 태양이 솟고, 소생과 부흥을 상징하는 방향이란 뜻이 있었으며 민속적으로 의미 있는 방향이다. 그래서 질병이나 액을 쫓기 위해서는 동쪽이 채택되었다. 머리를 오래 감지 않으면 기름기가 생겨 냄새가 나고, 이가 생기며 불결해지므로 자주 감아야 했으나, 겨울 동안 여의치 못하였으므로 단옷날이면 개울물로 머리를 감을 수 있는 계절이기에 동류(東流)에 가서 머리 감는 관습이 생겼다.

단옷날 머리뿐 아니라 개울에 가서 여인들이 목욕하는 것을 '물맞이'라고 했다. 옛날에는 목욕탕 시설이 없었기 때문에 늦가을에서 봄까지 목욕을 할 수가 없었다. 그래서 단옷날까지 참았다가 단옷날이면 정기적으로 목욕했다. 한국의 여인들은 오랜 관습으로 알몸을 남에게 보이지 않으며, 따라서 벌거벗고 목욕하는 일은 극히 드문 일이었다. 그러나 단옷날 물맞이는 여성들끼리만 모여 하는 것이니 자유롭게 물맞이를 할 수가 있었다.

마을에서 멀리 떨어진 호수나 계곡에 모여 물맞이하면 심신이 상쾌하고 위생에도 좋았으며, 사기(邪氣)를 떨치고 건강하게 여름을 보낼 수 있다고 생각했다. 속담에 "물 맞고, 서방 맞고, 매 맞는다"는 말이 있는데 물맞이하다가 못된 서방을 맞이하게 되고, 집에 돌아가 남편에게 매 맞는다는 뜻이니 어쩌다 그러한 불상사도 있었던 것 같다.

우리 조상들은 고대에 북에서 남으로 이동해 왔다. 단오 명절은 북방족의 큰 명절이었다. 북방의 유목 민족은 원래 물이 귀한 초원에서 살았기에 물의 소중함을 인식하고 있었으며 물을 함부로 쓰지 않았다. 물이 귀하니까 목욕할 생각은 엄두에도 두지 못하고 단오 명절을 맞이해서야 물로 목욕하고 머리 감는 의식을 정기적으로 가졌으며 채소에 내린 이슬을 받아 세수하고 벽사하는 풍속이 생겼을 것이다.

음력으로 6월 15일을 '유두'라고 한다. 유두란 '동류두목욕(東流頭沐浴)'이란 말에서 나온 말로 즉 '동쪽 개울에 가서 머리를 감는다'는 뜻이다. 동쪽은 우리 한민족에게 특별한 의미를 지니고 있다. 동쪽에서 해가 솟으므로 동은 소생이며, 부흥, 즉 새로운 생산을 뜻하는 방위이다. 그래서 동쪽을 숭상했고, 동쪽을 향해서 빌었다.

동쪽은 좌(左)라 여겨 높은 곳으로 생각했으며, 생명력이 왕성한 곳으로 신앙해 왔다. 복숭아나무(가지)를 가지고 악귀를 쫓는 무의식(巫儀式)이 있는데 동도지(東桃枝)가 가장 효과 있는 것으로 채택되고, 점치는 기구는 동도지로 만들고 윷점에 쓰는 윷도 동도지로 만들었다.

5월 단옷날에 여인들이 동쪽 개울에서 머리를 감았고, 유두날에도 동류에 가서 머리를 감는 오랜 풍속이 전승되어 있다. 생명력이 왕성하고 양기(陽氣)가 강한 방향이란 생각에서 채택된 것이다.

머리를 감는 것은 우선 청결한 일이지만 액을 떨어낸다는 뜻이 잠재해 있었다. 사막지대에서 유목하는 민족들은 목욕하는 일이 적었다. 물이 없거나 적어서 그 혜택을 받지 못하고 그 대신 물을 소중하게 여기고 깨끗한 물을 신비시하는 정화수(淨華水)란 개념을 가지게 되었다. 물로 목욕을 한다는 것은 첫째는 몸을 정결하게 하는 보건의식도 있지만, 민간신앙에서는 물의 신비성을 이용해서 몸에 묻어 있는 모든 재액(災厄)을 씻어낸다는 신앙성도 있었다. 유두날의 목욕은 몸을 씻고 머리를 감아 재액을 떨어낸다는데 더 의의가 있었다. 그래서 여름이 시작되는 단옷날과 더위가 한창인 유두날은 정기적으로 물맞이해서 목욕하고 머리를 감는 명절로 정착되었다.

유두를 전후해서 소서(小暑) 초복(初伏)이 있어 본격적으로 더위가 기승을 부리는 계절이고 사람들은 더위에 시달리면 질병에 걸리게 되는 경우가 많으니 더위를 먹고 질병을 물리치자면 재액을 쫓을 필요가 있어 목욕하는 주술적 세시풍속이 정착된 것이다.

유두날 동쪽 개울에서 목욕하고 머리를 감은 부녀자들은 긴 머리채의 끝을 잘라 삼밭을 묻으면 머리털이 삼단같이 무성하고 소담해진다고 전한다.

민요에 젊은 여인의 머리숱이 소담하고 많은 것을 삼단에 비유하는 노래가 있다. 삼은 봄에 심어 유두 무렵에 베어 땅에 묻고 불을 때서 익힌 다음 그 껍질을 벗겨서 실을 만들어 옷감을 짠다. 이때의 삼단은 크기가 한 아름이나 되기 때문에 큰 단이란 뜻에서 '삼단'이란 말이 나오고, 사람은 나이가 들면 머리가 빠져서 볼품이 없지만 젊었을 때는 머리숱이 많아서 마치 삼단 같다는 것이고, 또 젊었을 때는 숱이 많아서 삼단 같아야 건강하고 젊은 매력이 있었다. 그래서 젊은 부녀자들은 머리숱이 많고 소담하기를 바라는 뜻에서 삼밭에 묻었다. 유두날 물맞이는 질병 없고 몸이 탈 나지 않고 건강해서 좋다고 해서 즐겼다. 그래서 사람들은 깊은 산 속의 약수터나 개울에 가서 물맞이하였다. 유두날 비가 오면 농사가 잘될 징조로 여기고 농가에서는 유두날 비 내리기를 고대했다.

유두날 오전에는 논밭에 가지 않는 경우도 있다. 유두날에는 용신(龍神)이 곡식을 여물게 하는 일을 하는데 사람이 드나들면 방해가 된다고 믿고 있다. 오후에는 나가도 되지만 함부로 농사의 수확량을 한정해서 빌면 안 된다. 왜냐하면 한정하면 그 수량밖에 수확할 수가 없게 된다고 한다. 유두날에 큰비가 내리면 용이 하늘로 승천한다는데 검은 용이 하늘로 올라가면 사람이 많이 죽게 되고, 청룡이 하늘로 올라가면 머리 큰 사람이 살기 좋은 세상이 되고, 백룡이 하늘로 올라가면 농민들이 살기 좋은 세상이 된다는 것이다.

용신은 물과 관계가 있고 물은 농사를 짓는 데에 꼭 필요하다. 물이 넉넉하고 농사를 잘 짓기 위해서 물을 담당하는 용왕을 잘 위하고 제사할 필요가 있었다. 그래서 유두날에 음식을 장만해서 비가 고루 내리고 풍년이 들기를 용신께 빌었다. 용신제를 지내면 해충이 예방되고 우순풍조(雨順風調)해서 농작물이 잘 자라 풍년이 든다는 것이다.

유두에 행해지는 민속은 동류에 목욕함으로써 몸을 정결하게 해서 재액을 물리치고 조상께 풋과일을 천신하며 풍년들기를 기원하는 심신 정화와 더불어 민간신앙적인 의미가 깃들어 있었던 것이다.

3. 농경 사회에 깃든 물 문화

농경 생활에 정착한 우리 민족에게 물은 아주 중요했다. 농사를 짓기 위해서는 물이 필수적이기 때문이다. 그래서 한강, 낙동강, 대동강, 금강, 영산강, 섬진강 등 물가에 촌락을 이루고 농사를 지었다.

농사를 짓기 위해 벽골제라는 저수지를 삼국시대부터 축조했던 것을 보면 물을 관리하는데도 큰 관심을 가졌던 것으로 보인다. 오늘날은 옛 저수지의 흔적들이 별로 없지만 수천 년 전에도 농사를 짓기 위해 틀림없이 저수지를 비롯한 방죽을 축조했으리라 짐작된다.

이처럼 물은 농사짓는데 요긴한 것이기도 하였지만 무더운 날 피서를 즐기는 데도 이용됐다. 우리말에 '무덥다'는 말이 있다. 이는 '물이 없다'는 뜻이다. 즉 물이 없으므로 덥다는 것인데, 그만큼 물은 더위를 식히는 데 꼭 필요한 것이었다. 옛사람들은 무더위를 식히기 위해 물을 이용하였는데, 본디 물은 찬 성질을 가지고 있다. 오늘날도 해수욕장에서 피서를 즐긴다. 옛날 사람들도 냇가에서 더위를 식혔다. 여름에는 조석으로 목욕해도 땀이 흐르게 되어 물이 절실했다. 냇가에 갈 수 없는 여인들은 우물물을 길어다가 어두운 밤에 뒤뜰에서 목욕해서 더위를 식혔다. 적은 양의 물로 시원하게 하는 방법은 탁족(濯足)이었다. 찬물을 대야나 큰 그릇에 담고 여기에 두 발을 넣고 청량하는 방법이다. 발만 담그는 것이니 물은 대야만큼으로도 충분했다.

'성산계류탁열도(星山溪柳濯熱圖)'라는 그림이 있다. 이 그림에는 1590년 한여름 복날에 서화당 김성원과 평소 가까이서 교류했던 유생들인 김복억, 김부륜, 최경회, 오운, 정암수, 정대휴, 김사로, 김영휘, 임회 등 11명의 선비가 여름을 보내는 모습이 그려져 있다. 최근 전남 담양의 성산(星山)이 있는 환벽당 계곡에서 발을 담그며 술과 음식으로 몸을 보양하는 옛사람들의 피서 방법을 오늘날 재현하기도 하였다.

우리나라 지질은 전국 어디를 가도 맑고 찬 물이 나오는 약수터가 있다. 깊은 산속일수록 약수터에는 여름에 많은 사람이 모여들어 피서를 즐기는데, 산이 깊고 높으니 시원할 뿐만 아니라 약수가 차가우니 마시고 목욕하고 탁족하기가 이상적이다.

농경 사회에서 음력 칠월 보름날은 초미씻기를 하였다. 그 무렵이면 논매기나 밭매기가 끝나 호미 쓸 일이 없어지므로 맑은 물에 호미를 깨끗이 씻어 보관하였다. 이날은 모두가 음식을 장만하여 흥겹게 놀았는데 호미씻기에서 보듯이 호미를 농기구 이상의 존재로 여겼음을 알 수 있다.

농경 사회에서 물이 얼마만큼 소중한지를 알고 있는 우리 조상들은 가뭄이 계속되어 농작물이 타면 바짝 긴장하였다. 물이 필요한 시기에 비가 내리지 않으면 일 년 농사를 망칠 수가 있었기 때문이다. 농사가 천하의 본이 된다는 인식을 가지고 있던 조상들은 기우제를 통해 하늘에게 기원하곤 하였다. 기우제는 고대에서부터 시작되었는데 국가적 행사이기도 하고 민간에서도 행했다. 나라에 가뭄이 드는 것은 왕과 대신이 덕이 없어서 하늘에서 내리는 벌로 여겼다. 가뭄이 심하면 왕은 식음을 전폐하고 거처를 초가로 옮기며, 죄인을 심리하여 무고한 이를 방면하였다. 고려시대에는 종묘사직과 구월산, 남북교(南北郊), 임해원(臨海院) 등에서 무당이 기우제를 올렸다. 조선시대에는 종묘사직, 사대문, 동서남북 4교(郊)와 선농단(先農壇), 한강변 등에서 기우제가 행해졌으며, 장기간 가뭄 때는 12차례에 걸쳐 3품 이상의 관원을 제관으로 파견하였다.

기우제는 산의 상봉에 단을 만들고 봉화를 올리며 희생과 많은 제물을 바치고 무당이 기도하도록 하였다. 1960년대 3년 대가뭄때 전라남도 함평군의 우리 마을에서도 돼지를 잡고 제물을 준비하여 마을에서 제일 높은 산인 두루봉에 올라가 기우제를 지냈는데 땔감에 불을 지펴 하늘에 연기가 오르도록 했다. 기도와 연기가 하늘에 닿아 비가 온다고 믿었던 것 같다.

그런데 비가 너무 많이 와도 탈이 되어 입추 때까지 장마가 계속되면 흉년이 되므로 나라에서는 비가 멈추라고 기청제(祈請祭)를 지내기도 하였다.

풍요와 다산, 그리고 생명력을 상징하는 비는 우리 민족의 건국 신화에도 나타난다. 단군신화에서 환웅이 인간세계로 하강할 때 풍백(風伯)과 더불어 운사(雲師), 우사(雨師)를 거느리고 온 것은 농사와 함께 일상생활에서 바람이나 구름과 함께 비를 다스리는 일 또한 중요했기 때문이다.

고구려 건국 신화에서 "하늘이 비를 내려 비류국의 도읍을 표몰시켜 항복하게 했다"는 이야기가 있다. 여기에서 비는 새로운 세상을 열게 하는 매개체로 표상된다. 비는 적절할 때는 풍요와 생명력을 가져다주지만, 넘칠 때는 파괴의 이면에서 새로운 시작을 부여한다.

우리 민족에게 비와 관련된 이야기에서 용을 빼놓을 수 없다. 용은 바다와 지상에서 존재하지만, 하늘에 오를 수 있고 비를 내리게 할 수 있는 능력이 있다고 믿었기 때문이다.

기우제의 다른 형태로서 민간에는 용왕제가 있었다. 수신(水神)의 관념에서 출발한 것으로, 비구름을 자유로이 부른다는 용의 영력이 발휘되기를 촉진하고 간청하는 행위이다.

일부 지역에서는 비를 부르기 위해 부녀자들에게 삿갓을 씌우고 물을 퍼부었다. 여자와 땅, 정액과 비, 남자와 하늘이 서로 대응되는 상징 관계로 해석한 것이다. 즉 땅인 여자는 하늘인 남자가 정액인 비를 뿌리게 하는 흡인력을 지니고 있다는 의식의 발로이다.

서양에서 용은 퇴치해야 할 괴물로 등장하지만, 우리나라에서 용은 뭇 동물이 가진 최상의 무기를 갖추고 있으며, 구름과 비를 만들고 바다, 땅, 강과 하늘에서 자유로이 활동할 수 있는 능력을 지닌 존재로 인식하였다. 작아질 수도 있고 커질 수도 있고, 오르고자 하면 구름 위에까지 치솟을 수 있다고 믿었다.

용은 짙은 안개와 비를 동반하면서 구름에 싸여 움직인다. 바다 또는 연못 등에서 하늘에 오를 때에는 하늘과 땅이 구분되지 않을 정도로 안개와 구름의 공간이 형성된다. 용이 승천할 수 있고 조화를 부리기 위해서는 여의주가 있어야 한다.

용은 바다에만 있는 것이 아니다. 물이 있는 곳이면 어디에나 있다.

정초에 지신밟기를 할 때 우물이나 물독 앞에서 용왕굿을 한다. 용왕을 잘 위해야 우물이 맑고 수량이 풍부해서 언제나 물이 가득히 고인다고 여겼다. 날씨가 가물어 한발이 계속되면 기우제를 지내는데, 용왕제를 지내는 것으로 되어있다. 산 위에서 기우제를 지낼 때도 용왕께 비 내리기를 간청하며, 강가에서 지낼 때도 용왕굿을 하는 것이 기우제의 격식이다. 용왕은 바다뿐 아니라 넓게 물을 담당하고 있기 때문이다. 그래서 농경 민족들에게 있어 용왕은 농사의 풍흉을 좌우하기 때문에 소중한 신으로 숭앙되었다.

해신에는 용왕 외에도 신이 있다. 용왕처럼 선하지 않고 때로는 노여움을 참지 못하고 화를 내어 파도를 일게 하여 고기잡이배를 난파케 해서 큰 피해를 주는 성질이 매우 거친 해신도 있다. 사람들을 두렵게 하고 공포감을 주는 신도 있다. 일설에는 용왕이 화가 나면 난폭해진다는 주장도 있으나, 용궁에서 바다를 다스리는 용왕과는 어딘가 품격이 다른 신이다. 막연히 해신이라고 하지만 바다귀신이라고 할 때는 사람에게 복을 주는 일 보다는 재화의 원인이 되어 친근성보다는 가까이하기를 꺼리는 대상이다. 이러한 신은 물귀신이라는 부류에 속한다.

심청전에서 중국을 왕래하는 사공들이 처녀 심청을 사 간 것은 황해의 해신에게 공희(供犧)하기 위해서였다. 즉 해신의 노여움을 사면 파도가 일어 항해하는 사람들은 생명을 잃는 수도 있다. 이런 경우에 해신의 노여움을 풀기 위해서 처녀를 바다에 던져 해신에게 제공한 것이다. 그렇게 함으로 무사히 항해할 수 있다고 여겼기 때문이다. 심청전에서 물은 죽음과 생명성의 의미로 나타난다. 즉 심청이 아버지를 위해 바다에 제물로 바쳐짐으로써 인간세계의 생명이 끝나지만, 용궁의 왕비로 다시 태어났기 때문이다. 물을 통해 신분 상승했다는 의미도 있지만 아버지를 위해 자신의 생명까지 바친 효성 지극한 효녀가 된다. 이는 충효(忠孝)를 가장 큰 덕목으로 여긴 조선시대의 이념을 구현한다는 의미를 지닌다.

황해의 해신은 남신(男神)이었다. 남신의 환심을 사기 위해서 처녀를 공희를 했다.

「처녀공희담(處女供犧譚)」에 개성 덕물산, 나주 금성산의 산신이 남성이어서 산신제 때에 마을에서 처녀를 간택해서 산신당에 하룻밤을 재운 일이 있고, 또 대관령 서낭신은 남성신이어서 강릉 여서낭당에 재웠다는 강릉단오제의 유래담이 전하고 있다. 황해의 해신이 여신이었다면 심청이 아니라 어느 집 총각이 팔려 갔을 것이다. 그러고 보면 심청전이란 고대소설은 한국인의 신관(神觀)을 전제로 해서 그 위에 구축되었음을 알 수가 있다.

그와 반대로 동해를 담당하는 신은 남신이 아닌 여신으로 되어 있다. 강릉에서 부산에 이르는 동해안에 있는 마을의 신당(神堂)은 대부분이 해랑당(海娘堂), 여랑당(女娘堂), 각씨당이라 불리고 있으며 당 안에 걸려 있는 신상(神像)은 한결같이 젊은 처녀로 묘사되어 있다. 중앙에 여신이 위치하고 양쪽에서 시녀 또는 수부(水夫)가 시중들고 호위하고 있는 그림이 많다.

여신의 유래에 대해서는 여러 설화가 있다. 미역을 따러 바다에 나간 처녀가 죽어 해신이 되어 파도를 일으키기 때문에 그 영혼을 달래기 위해서 당을 만들고 제사하게 되었다던가, 남자가 고기잡이에 나가 돌아오지 않으므로 바닷가에서 기다리다 죽은 처녀가 저세상에 가서 혼배하였으므로 신으로 모시고 원혼을 달래게 되었다는 등 여러 가지 설이 있다.

동해안에는 여신을 위한 다음 바다에 나가면 풍랑을 만나지 않고 고기를 많이 잡아 만선 할 수가 있다는 설화가 있다. 이러한 신앙이 있기에 동해안의 어촌에서는 해신으로 여성신을 등장시켰을 것이다.

동해안에서는 여신을 섬기기 때문에 당제의 양식이 색다르게 진행된다. 어부들이 남성의 생식기 모양으로 나무를 깎아서 당에 바쳤다. 때로는 여러 개를 만들어 고기를 엮듯이 새끼로 엮어 걸어 두었다. 여신이 필요로 하는 것, 즐기는 것을 공물로 바치는 것은 비는 사람으로서는 당연한 일이다. 또는 바다에 나갈 때는 여신당에 가거나 멀리서 여신당을 향해서 소변을 보는데 남근을 드러내 보이고 출항하는 일도 있으니 그렇게 하면 그날은 고기를 많이 잡는다고 한다.

동해의 여신은 젊은 여신이고, 여신의 가호가 있으면 해난을 당하지 않고 많은 고기를 잡을 수 있다는 기대가 있어 여신의 환심을 사는 방법이 채택된 것이다. 바다의 신이 여신으로 표현되는 것은 그리스의 신화에도 나오고 또 인도양의 여러 도서 민족과 중국의 마조신, 일본의 와다쓰미도 있어 이러한 연장선에서 이해된다.

여신은 거친 바다를 담당하고 있으며 변덕이 심한 바다에 나타나는데 집념이 강하고 때로 잔인해서 무서운 재난을 가져오는 경우도 있다.

바다와 관계되는 여신으로 배서낭이 있다. 원양선이나 큰 배에는 서낭이 모셔져 있는데 배서낭이라 부른다. 배서낭의 상징으로 여인복, 치마저고리와 활장도구, 장신구 등을 놓아두는데, 여성기구란 점에서 배서낭은 여성임을 알 수가 있다. 이렇듯이 바다와 여성과는 밀접한 관련이 있고, 해신에는 많은 경우에 여신으로 나타남을 알 수가 있다.

4. 풍수에 깃든 물 사상

풍수(風水)는 산세와 물 흐르는 모양을 보아 하늘과 땅 두 기운이 조화를 이루는 곳에 집이나 묫자리를 정하는 것을 말한다. 그러기 때문에 집을 짓거나 묫자리를 정할 때 풍수장이를 불러서 터를 잡았다. 이는 터에 인간의 길흉이나 화복이 걸려있다고 믿었다. 천지의 기운이 토지에 응결되어 있는데 이것을 잘 이용해야 부귀와 복록을 누릴 수 있다고 여긴 까닭이다.

집이나 묘를 잘못 쓸 때 후손들이 잘 안된다는 말이 있다. 간혹 이

장하기 위해 파묘를 하다 보면 유골이 습기에 젖어 까맣게 썩거나 아예 무덤 속이 물로 가득 차서 유골이 물속에 잠겨있는 경우가 있다. 이런 상황을 바라본 후손들은 마음이 편할 리가 없다. 이러면 후손들의 사업이나 학업이 잘 안된 것은 조상을 잘 모시지 못했기 때문이라고 생각하게 되는 것이다.

예부터 동양사람들은 자연을 사람의 생김새에 비유하였다. 그러므로 자연의 기운이 인간 생활과 밀접한 관련이 있다고 여겼던 것이다. 자연과 인간과의 관계를 기록한 것이 『주역』인데, 주역의 64괘 중에 바람과 물이 어우러진 괘가 대과(大過)이다. 이를 보고 바람과 물이 인간의 문제에 깊이 결부된다고 생각했다.

중국 후한 때의 사람 곽박은 "죽는 것은 생기(生氣, 영혼같이 보이지 않는 생명)를 탄 것이다. 생기가 바람에 타면 흩어지고 생기가 물로 경계하면 머문다. 옛사람은 바람을 모아 생기가 흩어지지 않게 하고 물을 가게 하여 생기를 머물게 하였다"고 했다. 여기에서 풍수가 나온 것이다. 그는 또 "풍수의 법은 산속에서 돌아 나오는 물을 얻는 것[得水]이 가장 좋고 바람을 흩어지지 않게 잘 간직하는 것[藏風]이 다음이다"라고 했다. 풍수의 기본이 '장풍득수(藏風得水)'임을 말하는 것이다. 이처럼 풍수에서 물을 얻는 것이 가장 중요함을 깨우치고 있다.

바람은 영혼을 흩어지게 하므로 바람을 막아야 하는데 이것을 막을 수 있는 것이 물이라는 뜻이다.

풍수설에서 모든 토지를 24방위로 나누어 그 위치를 정했는데 이 24방위는 중앙의 토(土)를 뺀 나머지에 여섯 무더기가 하나의 덩어리가 되어 그 방위에 따라 금국(金局), 수국(水局), 화국(火局)으로 나누어진다는 오행설이 결부되었다. 그리하여 산을 24방위 또는 네

덩어리로 나누어 일정한 거리를 두고 산기(山氣)와 수기(水氣)를 맞춘 것이다. 그러므로 음양이 맞고 오행이 어울려야 원기가 융화되고 변화가 생겨 길과 복을 가져온다고 믿었다. 이때 집터나 묏자리가 등을 진 방위에서 앞으로 향한 위치를 좌향(坐向)이라 하고, 왼쪽의 줄기를 좌청룡, 오른쪽의 줄기를 우백호라 하였다. 이른바 좌청룡 우백호가 명당의 대명사인 것처럼 부르게 된 것이다. 용과 호랑이를 귀물로 여긴 까닭에 '용'과 '호랑이'를 내세워 최고의 터를 상징하였다.

이러한 풍수는 특히 고려시대에 많이 유행되었다. 도선국사가 중국에서 풍수를 배워 와 우리나라에 전파했는데, 왕건이 고려를 건국할 때 큰 역할을 하였다. 불교 국가인 고려를 영원히 떠받기 위해 지덕(地德)을 이용하려 들었는데 왕건의 아버지와 도선국사가 전국의 명당에 절 지을 곳을 지정하였다. 이른바 비보사찰이다. 고려의 보호를 빌기 위해, 때로는 왕기(王氣)가 있는 땅을 위해 절을 짓기도 하였다.

전남 화순의 운주사는 풍수설을 적용해 지은 대표적인 사찰이다. 이 사찰이 국가에서 지은 비보사찰이 아닌 까닭에 당시 고려사회에서 민간에까지 풍수설을 잘 응용하였음을 짐작할 수가 있다. 운주사를 지은 사람들의 주체가 누구인지는 확실하지 않지만, 그들은 우리나라를 하나의 배로 인식하였다. 그러므로 우리나라가 물 위에 떠 있다고 생각하였다. 즉 사방이 바다, 다시 말해 물의 세계라는 것이 전제된다. 물 위에 떠 있는 배의 왼쪽에 산지가 많아 동쪽으로 기울어진 형국이어서 균형을 이루기 위해 서쪽인 전라도 화순 땅에 천불천탑을 세운 것이다.

성리학을 국가 통치 이념으로 삼은 조선은 자연현상을 합리적으로 해석한 까닭에 미신과 같은 괴이한 신앙을 부정했다. 그러므로 마땅히 풍수설을 배척해야 했다. 그러나 조선의 선비들은 풍수설을 믿었다. 이는 자연을 하나의 물질로 파악한 서양의 이성적이고 합리적인 세계관에서는 자연을 물질로 인식했지만, 자연을 살아있는 생명체로 인식한 우리 민족의 자연관에 따랐기 때문이다. 산의 생김새를 인체에 비유하고 강과 내를 생명의 끈으로 인식하였는데, 가령, 마을 뒤에 담장처럼 둘러쳐진 산의 지세를 어머니가 아이를 안고 있는듯한 것(포란형)으로 생각하여 그런 곳에 마을 터를 잡으며 마을이 오래 평안할 수 있고 후손들이 번성한다고 생각하였다. 이때 마을 앞으로 강이나 내가 흘러가면 그야말로 이상적인 마을 터가 되었다.

전남 화순 동복에 가수리라는 마을이 있다. 이 마을 앞에는 솟대 두 개가 높이 세워져 있다. 이 솟대 끝에 기러기 한 쌍이 날고 있다. 그런데 오리들이 잘게 오린 댓가지를 입에 물고 있다. 이 마을에 솟대가 등장한 연유가 있다. 마을에서 바라다보이는 앞산의 능선이 날카롭게 칼날져서 불꽃모양을 보이고 있다. 그 기운 때문인지 마을에 자주 불이 났다고 한다. 한때는 마을이 모두 타다시피 한 적도 있었다고 한다. 그 후로 사람들은 2월 초하루가 되면 솟대를 세워서 마을의 안전과 안녕을 빌었다.

이러한 예는 참으로 많다.

함평군 손불면 수문리는 음력 정월 대보름이 되면 불맥이 행사를 치른다. 마을 앞에 커다란 항아리가 있는데 이날 항아리에 마을의 우물에서 맑고 깨끗한 물을 떠다가 채우고 한바탕 농악놀이를 한다. 그리고 장만한 음식을 나눠 먹으며 하루를 즐겁게 보낸다. 이 의식은 지금도 열리고 있다. 전남 화순의 오리 솟대처럼 마을의 화재 예방과 가뭄이 없는 풍년을 기원하기 위한 의식이다.

솟대 위에 앉은 오리는 물새이므로 농사에 필요한 물을 가져다주고 홍수로부터 마을을 보호해주는 것은 물로 화마로부터 보호받게 된다고 사람들은 믿고 있다. 그래서 이 마을의 솟대 끝에 매달린 오리들은 언제나 머리가 마을 밖을 향해 날아가는 시늉을 하는 것이다. 가수리에서 가까운 곳에 있는 동복호의 물을 길으러 날아가는 소방수 역할을 하기 위해서이다.

물과 관련한 풍수설에 의해 지어진 누정도 많다. 전남 함평군 해보면 모평마을에 있는 청계정(聽溪亭)은 마루가 있는 누정이다. 그런데 누정의 마루 아래에 물이 흐른다. 인근의 내를 자연스럽게 끌어들인 것이다. 이는 여름철 물의 찬 기운을 통해 무더위를 식히기도 하겠지만, 물의 기운을 온몸으로 느껴 좋은 생각을 지닐 수 있게 한 것이다. 풍수가 사람에게 좋은 기운을 불어넣어 인성까지도 변화시킨다고 생각한 것이다.

묘를 쓸 때 찾는 명당도 마찬가지였다. 이때는 물이 너무 가까이 흐르면 안 되었다. 물의 기운과 습한 지기가 시신에 전해지면 후손들에게 해를 끼친다고 믿었다. 그러므로 명당은 좋은 지기를 받아 자손들에게 전해지기를 바랐던 것이다.

그래서 예부터 풍수를 아는 사람들은 지남철을 들고 좋은 묫자리를 찾아다녔다. 아무리 산이 높아도 좋은 곳이라고 여겨지면 가리지 않고 그곳에 묘를 마련하였다. 그러다 보니 남의 땅에 몰래 묘를 쓰기도 하고, 남의 무덤 뒷자리에 봉분 없이 시신을 매장하기도 하였다. 심지어는 남의 무덤을 파내고 조상의 묘를 강제로 쓰기도 하였다.

이러한 현상은 오늘날에도 행해지고 있다. 대통령 선거에 나선 사람이 전국을 뒤져 명당을 찾아다니기도 하고 밤중에 몰래 남의 산에 묘를 쓰는 일이 비일비재하다.

국가와 국가 사이에서도 명당을 찾아 그곳에 쇠말뚝을 박기도 하였다. 임진왜란 때 중국의 이여송은 우리나라 산맥을 곳곳에서 끊어 인재를 못 나게 했다고 한다. 일제는 우리나라의 산마루나 좋은 터에 쇠말뚝을 박았다. 그래서 해방 이후 우리나라 사람들은 수백 개의 쇠말뚝을 뽑기도 하였다.

풍수설은 자연을 이용하고 순응하는 인간의 모습을 보여준다. 마을의 터를 잡을 때 산 좋고 물 좋은 곳을 골라 바람을 막고 햇볕 드는 양지를 골랐다. 그러므로 우리나라에서는 남향집을 최적으로 삼고 산계곡에서 흘러나오는 마을 앞의 개울물을 이용하여 식수와 농업용으로 이용하고 그곳에서 멱도 감았던 것이다.

5. 설화 속에 깃든 물의 양상

설화는 민족적 집단의 공동체 속에서 자연발생적으로 형성된 문자 이전의 구전문학이다. 설화에는 민족의 공동의식이 깃들어있다. 그러므로 민족의 역사, 신앙, 관습, 세계관, 해학 등을 통해 역경을 이겨내는 슬기와 용기, 교훈이 형상화되어 있다. 설화에는 사실을 가장한 이야기가 많지만 사실이 아닌 사실적인 이야기이다.

설화는 신화, 전설, 민담 등으로 나누어지는데, 신화가 건국 신화나 영웅신화가 주류인 것처럼 민족적인 범위에서 전승된다. 이에 반해 전설은 지역의 정서를 반영한 것이 많고 특정 장소를 배경으로 이야기가 펼쳐진다. 민담은 민간에 전승되는 이야기로, 특정의 장소, 시대, 인물이 지적되지 않고 흥미 본위의 꾸며낸 이야기이다.

설화는 어떤 형태로든 민족의 세계관과 삶이 투영되어 있다. 그러므로 우리 민족의 전통과 민속이 배어있다. 특히 설화에는 물과 관련된 상상력이 엿보이는 작품이 많다. 이는 우리 민족이 농경민족인 까닭이며, 인간의 삶을 유지하는데 가장 필수적인 요소이기 때문이다.

우리 민족의 건국 신화인 단군신화에서 환웅이 인간세계로 하강할 때 풍백(風伯), 운사(雲師)와 함께 우사(雨師)를 거느리고 왔다. 우리나라 설화에서 가장 먼저 물(비)이 등장하는 대목이다. 비를 다스리는 직책을 맡은 자를 데리고 온 것은 농사뿐만 아니라 일상생활에서 바람이나 구름과 함께 비를 다스리는 또한 중요하다는 인식이 우리 민족의 의식 속에 깃들어있음을 짐작할 수가 있다.

부여와 고구려 신화에서는 땅 밑의 길(동굴), 물속의 길 등을 추출할 수 있다. 모두 피안이나 신의 세계와의 내왕이 가능하게 하는 통로이다. 고려의 건국 신화에서는 바다의 용궁으로 통하는 길목으로 우물을 상징화하고 있다. 이처럼 우리 민족의 신화에서는 하늘로 오르는 길인 구름(물)과 하늘에서 지상으로 내려오는 비를 지상과 하늘을 이어주고 소통한다는 의미를 부여함으로써 우리 민족이 천신(天神)의 자손임을 내세운다. 더불어 우물을 더 큰물인 바다로 통하는 길로 의미화한 것으로 보아 하늘과 지상, 그리고 바다로 소통하는 길을 잇는 것이 물임을 알 수가 있다.

민족 범위에서 전승되는 신화는 당연히 그 수가 적을 수밖에 없다. 나라를 세우는 일이나 영웅의 출현이 그다지 흔한 일이 아니기 때문이다. 이에 반해 전설은 민간의 정서를 반영한 것이기에 지역에 알맞은 이야기가 많이 전승된다.

전설과 민담의 차이는 앞에서 지적했듯이 시간, 장소가 드러나는 것이 전설이며, 시간과 장소와 상관없이 흥미 본위로 꾸며진 이야기가 민담이다. 그런데 재미있는 것은 전설과 민담의 내용이 서로 유사한 경우가 많다는 것이다. 이는 구전되던 이야기들이 특정한 지역의 자연물에 이야기의 옷을 입히면 전설이 되고 그렇지 않으면 민담으로 전승되었기 때문이다.

물과 관련된 설화는 우물, 강과 내, 연못, 바다 등 다양한 공간을 배경으로 이야기가 전해진다.

그중에서 바다와 연못을 배경으로 한 이야기가 가장 빈번하게 나타난다. 「심청전」은 아버지의 눈을 뜨게 하려고 공양미 삼백 석에 팔려 인당수에 제물로 바쳐져 죽은 심청이라는 효녀의 이야기로 일종의 인신공희(人身供犧) 모티브를 한 설화이다. 여기에서 인당수는 파도가 거친 바다의 상징으로 나타나는데 뱃사람들이 바다를 지나가기 힘들어 제물을 바쳐야 해신(海神)이 바다를 잠재워준다고 믿었다.

심청전 설화에서 바다는 죽음과 환생의 의미를 지닌다. 즉 심청이 인당수에 제물로 바쳐져 죽지만 용궁의 왕후가 되어 다시 인간세계로 살아 돌아오기 때문이다. 이는 기독교에서 세례 의식이 갖는 의미와 유사하다. 즉 죄를 용서받기 위해 죄인 된 자의 몸을 물속에 넣어 죽이지만, 죄를 사하고 다시 정화된 몸과 마음으로 태어나는 것이 세례이기 때문이다. 그러므로 기독교에서 행해지는 세례는 죽음을 통한 새로운 탄생과 정화라는 과정에서 그것을 가능하게 하는 것이 물인 셈이다.

바다는 해신이 지배한다고 믿었다. 해신은 용왕인데 용왕과 관련된 설화는 꼭 바다에만 등장하는 것이 아니다. 물이 있는 곳이면 바다와 강과 연못, 그리고 우물에도 용왕이 거처한다고 믿어왔다.

강원도 속초에 있는 비룡 폭포에 전해오는 설화는 비룡폭포 못에 사는 용의 조화로 인근지역에 3년간 가뭄이 계속된다는 이야기로 시작된다.

아랫마을 사람들이 처녀를 제물로 바치고 기우제를 지냈다. 용이

처녀 제물을 받아 가지고 폭포를 타고 하늘로 올라갔다. 그때 뇌성벽력이 일고 비가 내렸다. 그 폭포는 용이 올라간 폭포라 하여 비룡폭포라고 한다.

비룡폭포 설화에서도 처녀가 용의 노여움을 풀기 위해 제물로 바쳐지는데, 이 전설에서 폭포(물)는 용이 하늘로 올라가는 길로 나타난다. 폭포는 높은 절벽 위에서 아래로 떨어지는 물길이다. 지상과 천상에 걸쳐있는 것이 폭포라는 인식 때문에 폭포가 승천의 통로라고 생각했던 것이다. 용이 승천할 때 뇌성벽력이 일고 비가 내려옴으로써 용은 승천할 수 있고 지상엔 비가 내려 가뭄을 해소할 수 있었으니 이는 모두가 제물로 바쳐진 처녀의 인신공희 때문이다. 다시 말해 처녀의 희생이 용에게 하늘에 오를 기운을 주고 폭포를 길 삼아 승천할 수 있는 것이다.

처녀가 제물로 바쳐져 인간세계의 갈등이나 문제가 해소되는 설화는 우리나라 각처에서 전승된다. 우리나라에서 가장 오래된 김제의 벽골제 저수지에서도 인신공희 테마의 설화가 전해지고 있다.

신라 원성왕 때 태수 유풍이 왕명으로 기술자인 원덕랑과 함께 벽골제 보수공사를 하는데 자꾸 무너졌다. 마을 사람들은 용추(龍湫)에 처녀를 제물로 바쳐야 둑을 완성할 수 있다고 하였다. 그런데 하필이면 원덕랑의 약혼녀 월래를 제물로 삼으려 하자 원덕랑을 좋아하는 단야는 월래 대신 자기가 죽기로 결심하고 월래의 모습으로 치장하고 용추에 제물로 바쳐진다. 이후부터는 둑이 무너지지 않았다고 한다.

이 설화는 아름답고도 슬픈 이야기이지만 탐욕스러운 부정(夫情)은 불행을 초래한다는 메시지를 담고 있다. 그리고 남을 위해 자신을 버리는 희생정신을 찬양하고 있다. 농경 사회에서 물은 없어서는 안

될 소중한 자원이어서 그것을 지키고 얻으려는 옛사람들의 염원이 깃들어있다.

연못의 공간성을 지닌 설화 중 널리 잘 알려진 것으로는 「금도끼 은도끼」 이야기가 있다.

어떤 총각이 나무하러 가서 나무를 하다가 도끼를 연못에 빠뜨렸다. 한 노인이 연못 속에서 금도끼, 은도끼를 가지고 나와서, "이것이 네 것이냐?"하고 물었다. 총각은 모두 아니라고 하였다. 노인은 다시 연못으로 들어가 쇠도끼를 가지고 나와서, "이거 네 것이냐?"하고 물었다. 총각은 그렇다고 하였다. 이렇듯 정직한 총각은 후에 복을 받아 잘 살았다. 그러나 욕심을 부렸던 사람들은 모두 벌을 받았다.

이 설화는 마음씨 좋은 사람이 복 받는다는 메시지를 전해준다. 탐욕스러운 사람들에게 정직한 사람이 되라는 교훈성을 지닌 이 설화 속의 연못은 신이하고 초월적인 공간으로 나타난다. 연못 속에서 신통력을 지닌 존재인 노인이 등장하는 것과 금도끼, 은도끼가 감춰진 공간이기 때문이다. 그러므로 연못은 정직한 사람과 탐욕스러운 사람을 판별하거나 심판하는 장소성의 의미를 지니기도 한다.

연못을 설화의 배경으로 하는 것으로 먼저 떠오르는 것은 효도를 권장하는 유교적 이념이 투사된 이야기가 많다.

어떤 사람이 부모님이 병으로 눕게 되었는데 백방으로 돌아다니며 처방해도 병이 낫지 않자 마지막 처방인 잉어를 푹 고아주는 것으로 부모님의 병을 고치려 한다. 그러나 때가 겨울인지라 연못이 얼어 잉어를 구할 수 없었다. 그러나 효자가 연못에 가 도끼로 얼음을 내려치자 꽁꽁 언 얼음 속에서 잉어가 튀어 올라 부모님의 병을 낫게 했다는 것이다.

이 이야기에서 연못이라는 공간은 생명성을 부여하고 효(孝)를 실현하게 하는 장소의 의미를 지닌다. 이런 내용의 설화는 설화뿐만 아니라 『부모은중경』이라는 책에도 등장하고 있는데 유교를 실천 덕목으로 삼았던 조선시대에 문자로 기록되어 교육적 목적으로 읽히기도 하였다.

강(江)과 내[川]를 이야기의 소재로 삼은 설화도 많이 전승되고 있다. 주로 권선징악을 주제로 한 이야기들이 많은데 지역마다 유사한 내용의 이야기들이 전승되고 있다.

옛날 어떤 여자가 팥밭을 매는데, 호랑이가 나타나서 잡아먹으려 하였다. 여자는 팥 농사를 지어서 동짓날 팥죽을 쑤어놓을 터이니, 그날 와서 잡아먹으라고 하여 위기를 넘겼다.

동짓날이 되자, 여자는 팥죽을 쑤어놓고 울고 있었다. 그때 멍석, 자라, 달걀, 개똥, 송곳, 지게가 와서 왜 우느냐고 물어 사정을 알고는, 도와줄 터이니 걱정하지 말라고 하였다. 이들은 각자의 위치에 가서 대기하고 있다가 그 여자를 잡아먹으러 온 호랑이를 잡아 강물에 던졌다.

위의 이야기에서 강은 여자를 잡아먹으려 하는 호랑이를 처치하는 해결의 공간이다. 강은 정화의 의미를 지니기도 하지만 살펴본 것처럼 악(惡)을 제거하는 하나의 기제로 나타나기도 한다.

다음 이야기도 같은 주제를 가지고 있다.

천석이는 집을 나와 길을 가다가 큰 바위를 공 굴리듯 하는 '돌선이'를 만나 의형제를 맺었다. 두 사람이 또 길을 가다가 숨 쉴 때마다 고목을 이쪽저쪽으로 쏠리게 하는 '고목선이', 맨손으로 큰 나무를 베어 장작 만들기를 잘하는 '장작선이', 쟁기질을 잘하는 '쟁기선이', 똑딱하는 사이에 똑딱선(작은 배)을 만들어내는 '똑딱선이'와 의형제를 맺었다.

6형제가 산골짜기에서 하루 쉬어가려고 한 오두막집에 가니, 호랑이 여섯 마리가 사람으로 변신해 있었다. 호랑이는 이들을 잡아먹으려고 장작 쌓기 내기를 하자고 했다. 6형제가 힘을 합하여 호랑이가 던져주는 장작을 높이 쌓아놓으니, 호랑이들은 장작더미에 불을 질렀다.

불길이 치솟아 위험하게 되었을 때, '똑딱선이'가 똑딱 하는 사이에 배를 만들고, 주머니에 담아 온 물을 뿌리자 사방이 모두 강이 되었다. 그래서 호랑이는 모두 물에 빠져 죽었다. 이들은 그 배를 타고 나와서 힘을 합하여 잘 살았다.

사람 여섯과 호랑이 여섯을 등장시킨 이 이야기는 구성이 매우 탄탄하다. 사람과 호랑이가 싸우면 당연히 사람이 호랑이를 이길 수가 없다. 그럼에도 사람이 호랑이를 이길 수 있었던 것은 천석이가 '돌선이', '고목선이', '장작선이', '쟁기선이', '똑딱선이'가 의형제를 맺어 하나가 되어 힘을 모았기 때문이다. 인간의 지혜가 호랑이라는 짐승의 힘을 퇴치할 수 있다는 예를 보여주고 악을 제거한다는 무용담을 보여준다.

이 설화에서도 악을 퇴치할 수 있는 공간으로 강을 선택하고 있다. 강은 사람도 그렇지만 짐승들이 살아가는 장소가 아니기 때문이다.

'샘'이나 '우물'을 소재로 한 설화도 흔하다. 효를 권장하거나 권선징악과 비극적인 정서를 담아낸 경우가 많다.

옛날에 어느 용한 지관이 죽으면서 자기의 시신을 동네 사람들 몰래 대동샘에 넣으라고 하였다. 아들들이 유언대로 하고, 무덤에는 빈관을 묻었다. 어머니는 죽은 남편과 아들들이 자기에게 숨기려 한 것을 고깝게 생각하여 이 사실을 마을 사람들에게 알렸다. 마을 사람들이 우물물을 품어내고 보니, 죽은 지관은 큰 암소가 되어 막 일어서려는 참이었다. 그 후로 집안은 망하고 말았다.

이 설화는 죽어서라도 집안을 일으키려는 지관의 유언을 듣지 않고 유언을 거스른 지관의 아내를 꾸짖는 내용이다. 주지하다시피 암소는 생명과 생산성의 표지이다. 그런데 지관 아내의 구부러진 마음 때문에 수포가 되어 집안이 망하고 만다. 여기에서 우물은 생명의 공간이기도 하지만 죽음의 공간으로도 나타난다.

옛날 어느 집에 5대가 함께 살았는데, 나이 많은 노인들이 모두 번데기가 되어 물만 먹고 살았다. 6대 손부(孫婦)가 들어와 그 내력을 알아보니, 집 안에 있는 몇십 년 묵은 구기자나무 밑의 샘물을 먹어서 그렇다고 하였다. 손부는 번데기로 있는 조상에게 그 샘물이 아닌 다른 물을 먹여 차례로 돌아가시게 하고, 그 샘은 메워버렸다.

사람은 4대가 함께 살 수 있어도 6대가 같은 시대에 살 수가 없다. 그런데 6대가 함께 살아간다는 것은 불행이 아닐 수 없다. 더욱이 나이가 많은 윗대 어른들이 번데기로 살아가는 일은 집안의 흉사가 아닐 수 없다. 그런데 6대 손부가 들어와 어른들을 번데기로 만든 구기자 밑 샘물 대신 다른 샘물을 먹여 모두 세상을 떠나게 하고 그 샘을 메워버린 것은 잘한 일이다.

이 설화에서 샘물은 긍정과 부정의 의미를 지니고 있어 흥미롭다. 이 설화와는 내용이 많이 다르지만, 젊어지는 샘물 설화는 샘물의 특이성을 보여준다. 즉 어떤 샘물을 마시면 젊어진다는 것을 안 노인한 사람이 젊어지고 싶어서 젊어지는 샘물을 욕심껏 먹어 아예 어린아이가 되어버렸다는 내용이다. 탐욕스러움을 경계하기 위해 꾸며진 이 이야기에서 샘물은 생명성을 의미하기도 하지만 탐욕을 징벌하는 장치로 작용하기도 한다.

물에 관한 다섯 가지의 메시지

생명이 넘치는 초록별 지구를 꿈꾸며

오늘날 우리 지구는 기후변화와 자원고갈 문제가 심각하게 대두되고 있다. 이는 자본문명을 바탕으로 한 인간의 탐욕에 의해 야기된 것들로 장차 자연과 인간의 생존 문제를 위협할 것이다.

이러한 문제들을 방치하면 지구의 위기는 끝내 인류멸망이라는 비극적 상황까지 갈 것이 분명하다. 뼈아픈 성찰과 통찰을 갖지 않으면 어쩌면 지구를 살리는 기회를 영영 잃어버릴 수 있는 절체절명의 시기가 바로 지금이라는 것을 인식해야 한다.

이렇듯 아주 중요한 시기에 지구촌은 다양한 대응 방식으로 지구 생태환경의 위기를 극복하고자 하지만, 여전히 근본적인 대책을 제시하지 못하고, 위기가 증폭되고 있는 상황이다.

근대 이후 인간에게 자연은 정복 대상으로 재화적 가치로 여겨왔던 것이 사실이다. 지칠 줄 모르는 인간의 탐욕은 자연을 훼손해 재앙을 불러들여 자연은 만신창이의 상처투성이이다. 뿐만 아니라 수십 배에 달하는 보복으로 인간의 죄를 묻고 있다. 화석연료 사용으로 오존층이 파괴되고 북극의 얼음은 조만간 모두 녹아 없어질 것이라고 한다.

이러한 시기에 지구의 미래를 위해 무엇을 할 것인가를 생각하다가 도저히 가만히 앉아 있을 수 없었던 뜨거운 마음으로 필자는 '사단법인 에코미래센터'를 설립했다. 우리는 그동안 각각의 영역인 생태·환경과 문화·예술의 길을 묵묵히 걸어왔지만, 그러나 이러한 것들의 경계와 접점에서 이를 통합함으로써 인류 환경·생태 보존의 새로운 패러다임을 개척해보고자 뜻을 모았다.

이제 우리는 끝없이 소통하고 성찰하여 물질문명으로 피폐해진 지구를 생태문화예술을 통해 인간과 자연이 공존하는 생명이 넘치는 세계를 열어갈 것이다. 이를 위해서는 소통과 통섭이 우리의 화두이다.

오늘도 죽어가는 생명들이 비명을 지르고 있다. 이러한 비명이 아름다운 생명의 화음으로 변할 때까지 우리는 진력을 해야 한다. 자연과 인간의 조화로운 상생을 위해서도 최선을 다해야 한다. 그래서 초록별 지구가 우주에서 가장 아름다운 별이 되도록 노력해야 한다.

우리는 생태·환경보존을 위한 사업과 동시에 이를 바탕으로 죽어가는 생명에게 생명의 호흡을 불어넣어 주고 자연과 인간이 조화롭게 상생하기 위한 다양한 활동을 펼칠 계획을 수립하는 일이 급선무이다.

그중에서도 가장 중점적으로 관심 두고 노력을 투자할 사업은 전국의 원천 및 먹는 물 공동시설(약수터), 우물 등의 보존과 발전을 위한 사업으로 생명의 원천인 물관리도 역점사업이다. 이러한 사업을 위해 국내외 자료수집과 정보를 위한 데이터베이스 구축이 절실한 상황이다. 원활하고 합리적인 사업추진을 위해 생태·환경과 관련한 자료수집과 데이터베이스 구축을 할 것이다. 이러한 사업을 지속적이고 발전적으로 추구하기 위해서는 인력양성 교육이 필요하다.

또한 국내외 생태·환경 콘텐츠 발굴육성을 위한 국내외 연수·시찰을 통해 전 세계 환경 전문인력과의 연계를 강화하는 것도 중요하다. 더불어 생태·환경의 건강성을 추구하는 사회적 기업을 육성하고 지원해야 한다. 국내외 생태·환경 관련 기관과 단체와의 교류 및 연대는 전 세계 환경문제를 포괄하고 개혁하는 대안 제시의 장이 될 것이다. 생태·환경을 위한 사업은 특정 단체만이 할 수 없다. 시민과 함께 공감하며 사업을 추진해야 한다. 그러므로 간행물을 통해 지속적인 정보 공유와 인식 제고하고 목적 달성에 필요한 다양한 사업을 발굴해 자연과 인간이 함께 건강할 수 있도록 전방위적 활동을 펼쳐야 한다. 소외계층인 장애인·다문화가정·소년소녀가장·노년층 등 생태·환경 프로그램을 개발해 생태·환경 인식을 고취하여 인류평화와 공영에 이바지하는 일도 우리의 몫이다.

지금까지 우리나라 민간 환경단체들이 걸어온 길을 살펴보면 위기에 처한 지구를 살리기 위해 다양한 노력을 해 왔지만, 여러 시민단체는 피켓을 들고 시위나 하는 폭력적인 훼방꾼의 모습으로 비친 부분이 있었다. 그러나 앞으로는 다양한 정책과 비전을 제시하는 실사구시의 정신으로 묵묵히 일하는 모습을 보여 솔선수범해야 한다. 지금 이 시각에도 어디선가 지구 생태·환경의 위기를 경고하는 시계의 불안한 초침 소리가 들려온다. 그러나 탐욕스러운 인간은 귀를 막고 외면하고 있다. 지구가 멸망의 길로 가고 있는지도 모른다. 이러한 절체절명의 시기에 가장 중요한 것은 환경과 생명에 대한 의식의 발로에서 생태·환경을 살리기 위한 실천뿐이다.

물은 생명의 원천이며, 생명 그 자체

뜨거운 지옥과 같았던 지구가 생명의 초록별이 될 수 있었던 것은 물이 생성되었기 때문이다. 우주의 수많은 별 중에 지금까지 물의 존재가 확인된 것은 지구가 유일하다. 그러므로 우리 지구별은 우주에서 가장 축복받은 별이다.

바다에 처음 물이 차오르자 바다에서 생명이 생겨났다. 그 후 바다에서 살던 생명체가 육지로 올라오며 거듭된 진화 끝에 오늘날 우리 지구는 푸르고 활력이 넘치는 생명의 별이 되었다. 그것을 가능하게 한 것은 물이 있었기 때문이다. 그러므로 물은 모든 생명의 시원이다. 생명 그 자체이다.

사람의 몸에서 가장 중요한 것은 피다. 피는 인체를 돌면서 신선한 산소와 영양분을 공급해 준다. 그런데 피의 97%가 물이라고 한다. 이렇듯 소중한 물을 며칠만 먹지 않으면 사람은 죽고 만다. 인체의 70~80%가 물로 되어 있기 때문이다. 이는 사람뿐만 아니라 모든 생명체에게도 물은 없어서는 안 될 아주 중요한 물질이며 영혼을 깃들게 하는 기본 원소이다.

물이 있어야만 살 수 있기 때문에 인류의 조상들도 강가에서 문명을 일으켰다. 인류 역사에 있어서 문명을 연 4대 문명의 발상지 모두가 강가였다는 사실은 물이 생명체에게 어떤 존재인지를 여실히 말해준다. 그래서 예부터 치산치수(治山治水)를 잘하는 군주가 훌륭한 군주라고 생각하기도 하였다.

우리나라가 건국 이래 가장 발전된 문명시대를 연 것을 두고 세계인들은 '한강의 기적'이라고 하였다. 물을 문명의 상징으로 읽은 까닭이다. 그러므로 우리의 고대국가 모두가 강가에서 일어나 부흥한 것도 분명한 이유가 있었다.

그런데 지난 정권은 이른바 '4대강 사업'을 실시하였다. 4대강 사업의 성공 여부는 차츰 드러나겠지만, 중요한 것은 4대강 사업의 결과로 인해 4대강 강물을 먹고 사는 우리 국민의 건강이 어떠할지를 염려한다. 제발 강물의 질이 나빠져서는 안 되어야 하지만 해마다 녹조현상을 보여 미래가 암담하다.

우리나라는 취수원 대부분이 강물이다. 그러므로 강을 잘 관리해야 한다. 물이 오염이 되면 국민의 건강이 나빠질 수밖에 없다.

일본 후쿠시마에서 원전 사고로 인해 방사능이 누출되었다. 사람들이 피난을 가고 야단이었다. 우리나라에 그런 사고가 일어난다면 참으로 불행한 일이다. 우리나라 취수원인 강물 위로 뚜껑을 덮지 않기 때문에 우리나라에 방사능 누출 사고가 일어나면 모든 강물이 오염될 것은 뻔한 일이다. 그렇다면 참으로 끔찍한 결과를 초래할 것이다.

낙동강 페놀 오염사고로 놀랬던 대구시는 물 산업을 대구시를 먹여 살릴 신동력으로 삼겠다고 한다. 대구시민의 건강은 물론 대구시의 성장동력으로 물 산업을 택한 것이다.

국민이 천연 미네랄이 풍부한 좋은 물을 먹을 수 있을뿐더러 장차 물을 확보하기 위해 전쟁을 방불케 하는 신경전이 벌어질 것을 미리 대비하는 것이다. 강물을 잘 관리하는 일도 중요하지만, 대구시는 지하수를 개발하는 데 초점을 맞추고 있다. 이미 수십 개의 우물을 개발하였으며, 300여 개의 우물을 개발하겠다는 계획을 수립한 상태이다.

많은 사람은 우물을 개발하는 것에 대해 우려를 할 것이다. 기존의 전통적인 방식의 우물을 생각하면 당연한 우려이다. 최첨단 과학의 힘을 빌려 100~200m의 깊이, 또는 그 이상의 깊이에서 암반을 뚫고 오염물질이 침투하지 못하게 과학적이고 위생적인 방법으로 개발하기 때문에 아무런 문제가 없다. 오히려 질 좋은 물을 생산할 수 있다.

현재 대전 대덕연구단지의 '한국지질연구원'에 우물의 표본이 있는데 우물에 모니터가 붙어있어 모니터를 터치하면 실시간으로 우물 속 물의 천연 미네랄 등 수질의 정확한 데이터를 알 수 있다. 국민이 수질을 확인하고 안심하고 마실 수 있을 것이다.

사실 국민은 수돗물을 포함해 시중에서 파는 물, 약수터 물 등 모든 물을 믿고 먹을 수밖에 없었지만, 마음속으로는 한편 불안한 마음도 있었을 것이다. 특정 상품이 나쁘다 하고 불매운동을 하려는 것이 절대 아니다. 오직 국민 건강을 위해, 국민이 좋은 물을 먹기를 소망할 뿐이다.

최근에 광주광역시에서 '물 연구소'를 유치하기 위해 노력을 투자하고 있음은 매우 건강하고 바람직한 일이다. 우리 광주시에서 인간에게 가장 중요한 물을 얻기 위해 시기적절하게 큰 관심을 두고 있기 때문이다.

무더운 시대의 물길 트기

해마다 찾아오는 여름은 참으로 견디기 힘든 무더위의 나날이었다. '무덥다'라는 의미는 본래 '물 없다'에서 어원을 찾을 수 있다 한다. 그러므로 날이 덥다는 것은 물이 필요하다는 뜻을 지닌다 할 수 있다.

올 장마전선이 주로 중부지방을 중심으로 형성되어 길고 긴 장마가 이어져 물난리를 겪었다. 이와 대조적으로 남부지방은 강수량이 예년보다 극히 적어 온 대지가 가뭄으로 목말라 했다. 땀을 뻘뻘 흘리게 하는 무더운 불볕더위가 연일 계속되는 상황에서 강물이나 바다에 첨벙 뛰어 들어가고 싶은 충동이 일어날 것이다. 그렇지만 우리나라 강은 녹조가, 바다는 적조가 뒤덮고 있어 식수원을 위협하고 있고, 가두리양식장의 물고기들을 폐사시키고 있는 실정이다.

우리나라를 예부터 금수강산이라고 불렀다. 가뭄에 허덕이는 아프리카나 나무 한 그루 없는, 가도 가도 사막뿐인 중동에 비하면 우리나라는 지상낙원이 아닐 수 없다. 하늘에서 내려다보면 푸르디푸른 아름다운 녹색의 세계이다.

이렇듯 축복받은 나라이지만 급수차 뒤로 물통을 든 채 긴 줄을 서던 기억이 엊그제 같다. 그런데 우리나라를 물이 부족한 나라라고 한다. 우리나라의 연평균 강수량이 1,274㎜로 세계 평균 973㎜보다 많다. 그렇지만 우리나라의 경우 주로 여름철에 강우량이 집중되는 편중 현상으로 실제 우리가 이용하는 물은 그리 많지 않은 실정이다. 우리나라에서는 이것을 바탕으로 1인당 물 사용 가능량이 1,000㎥ 미만은 기근 국가, 1,000㎥ 이상에서 1,700㎥ 미만은 물부족국가, 1,700㎥ 이상은 물 풍요국가로 분류하는 기준에 따라 물 활용 가능한 수자원량이 630억㎥이어서 국민 한 사람당 1,500㎥ 정도이기 때문에 우리나라를 물부족국가라고 한다.

그러나 여기에서 좀 따져봐야 한다. 우리나라 국민 한 사람이 1년 동안 활용하는 물은 1인당 1,500㎥ 정도라고 하지만, 이것은 농업용수를 비롯한 산업용수까지 포함한 것으로, 실제로 우리 국민이 가정에서 사용하는 음용수가 아니기 때문에 물 문제를 국민에게 전가하는 것은 잘못된 계산이다. 물 대부분은 농업용수나 공업용수이기 때문이다. 음용수의 산업용수는 정수하지 않아도 되기 때문에 허드렛물을 이용할 수 있다는 뜻이다. 그러므로 장마철에 바다로 흘러버리는 빗물을 저장하여 활용하는 방법을 연구하면 물 문제를 해결할 수가 있을 것이다. 우리나라는 물부족국가가 아니라 물관리를 잘 못 하는 나라인 것이다. 그런데 정부에서는 우리나라를 물부족국가라는 말로 국민을 속여 왔다. 특히 그 책임을 국민에게 돌리며 수도세를 올리겠다고 한다. 그렇지만 주로 강물을 정수해 먹는 우리나라는 한강수계의 경우 정수한 음용수 중에서 51%의 물만을 사용한다고 한다. 나머지를 모두 바라로 흘려보낸다. 이제 우리나라도 더욱 효율적으로 물을 관리해야 할 시기이다. 어떻게 빗물을 잘 관리할 것인가를 고민하고 그 대책을 마련해야 할 때인 것이다. 2006년 세계물포럼에서 발표한 각국의 물 빈곤지수(WPI)에 따르면, 우리나라는 비교적 물 사정이 양호한 편에 속한다고 한다.

1930년대 20억 명이던 세계 인구는 1970년대 중반 40억 명, 2011년 70억 명으로 3.5배 이상 증가하였고, 2025년에는 80억 명 이상 달할 것으로 예상된다. 인구가 증가함에 따라 물 소비량도 급증하여 지난 50년에 비해 3배 이상 증가하였다. 현재, 세계 80여 개국에서 세계 인구의 40% 이상이 물 부족으로 고통을 받는 실정이다.

우리는 가끔 텔레비전을 통해 아프리카 사람들이 물 부족으로 고통받는 것을 본다. 주로 여성이나 어린아이들이 물통을 들고 먼지가 푸석푸석 나는 사막을 몇 시간씩 걸어 물을 구하러 가는 모습이다. 마을에 우물을 팠지만 물이 나오지 않아 더욱 깊이 우물을 파는 사람들의 목숨을 건 모습들이 같은 지상에 살면서 함부로 물을 쓰는 우리들이 미안하게 생각하곤 한다. 물 부족으로 몸을 씻는 일은 사치스러운 일이어서 겨우 밥이나 해 먹을 지경이니 이들의 삶은 동물과 구분되지 않을 정도여서 건강을 위협받고 있다. 오늘날 전 세계 8억 4천만여 명은 흙탕물을 마시거나 분뇨로 오염된 수도관에서 물을 받아마신다고 한다.

물 사정이 가장 열악한 나라들은 대부분 사하라사막 이남의 아프리카 국가들이라고 한다. 이들 나라의 10명 중 1명이 강, 호수, 연못 등 정수되지 않는 물을 마신다. 구덩이를 파서 화장실 대용으로 쓰는 벽, 지붕이 없는 화장실을 이용하는 사람이 4명 중 1명꼴이다. 이 지역에선 11%의 인구만이 주택 내부로 연결된 상수도관을 통해 물을 받는 실정이다.

유엔총회는 2010년 깨끗한 식수와 화장실을 사용할 권리를 인간의 기본권으로 선언하면서 그 기준을 제시하였다. 사람은 하루에 1인당 50~100리터의 물을 확보할 수 있어야 한다. 이 물은 안전하고 깨끗하여 저렴해야 한다. 물 사는 데 드는 비용은 가구 소득의 3%를 넘어서는 안 된다. 물이 나오는 곳이 집에서 너무 멀어도 안 된다. 집에서 1km 이내에 수원이 있어야 하고 하루 30분을 초과해서는 안 된다. 물 사용 환경이 이 기준에 못 미치면 질병과 죽음에 노출될 수밖에 없기 때문이다.

이렇듯 물은 모든 생명체에게 생명의 젖줄이 된다. 그런데 2003년 볼리비아의 코차밤바에 아구아스델투나리라는 외국계 기업이 들어와서 이곳 사람들에게 물을 사용하지 못하도록 하는 사건이 벌어졌다. 물을 사용하려면 돈을 내라는 것인데, 산에서 계곡과 시내를 따라 내려오는 물도 저장했다가 써서는 안 되고 빗물도 모을 수 없게 했다. 자연이 모든 생명체에게 준 물을 국가도 아닌 외국기업이 독점하자 분노한 주민들이 투쟁해 민영화를 무산시키고야 말았다. 물은 특정 세력의 권리가 아니다. 인간과 동물과 식물 모두가 살기 위해서 쓸 수 있는 공용의 자산이다. 자연의 것이다.

우리나라 4대강 사업도 마찬가지이다. 식수는 물론 농업, 공업용수로 쓰는 것이기에 물길을 만들 때 국민과 충분히 의논했어야 한다. 그 이전에 자연이 만든 물길을 인간이 인위적으로 만들지 않았어야 했다. 마을 샛강의 물길을 바꿀 때도 자연에게 물어야 한다. 강물이나 강물 주변, 그리고 인근 숲에게 어떻게 해야겠느냐고 물어야 한다. 그래야만 우리는 무더운(물 없는) 날을 보다 쾌적하고 시원하게 보낼 수 있기 때문이다.

그런데 4대강 사업이 끝난 지 얼마 되지 않고부터도 댐에 금이 가고, 여름 내내 녹조가 끼어 야단들이었다. 자연스럽게 흐르던 물의 흐름이 막히자 생긴 현상으로 앞으로 이 문제는 더욱 심화될 것이 뻔하다. 더불어 이전부터 강에서 살던 물고기와 수초가 사라져버렸다. 인간의 욕망에 애꿎은 자연이 희생된 것이다. 국민의 저항을 짓밟고 급하게 건설한 강이 그 흐름을 잃어버리고 죽어가고 있다. 우리는 4대강 사업을 보다 철저하게 점검하고 그 대책을 강구해야 할 것이다.

'우물의 상상력' 발현

예부터 우리 민족은 물을 소중하게 생각해 왔다. 명당이랄 수 있는 마을 한 가운데에 우물을 팠다. 깊이 파 내려간 우물은 겨울에는 김이 무럭무럭 날 정도로 따스했고, 무더운 여름철엔 서늘했다. 우물은 수천 년 동안 우리 민족을 먹여 살려왔다.

새벽이 되면 마을 아낙네들은 물항아리를 머리에 이고 물을 길어 가는 것이 하루의 시작이었다. 아낙네들이 우물가에 앉아 식량을 씻거나 배추, 무 등 김칫거리를 씻었다. 우리의 먹거리들이 신성한 우물에서 깨끗이 씻겨지는 것이었다. 우물은 먹거리를 씻는 공간만이 아니었다. 남정네들은 여름날이면 등목하였다. 여자들은 모여서 참새처럼 마을 사람들의 이야기들을 서로 주고받곤 하였으니, 우물은 생명의 공간이며 소통의 공간이었다.

그런데 언제부턴가 시골 마을에 슬금슬금 수도관이 기어들어 오더니 어느샌가 온 마을 구석구석까지 수도꼭지를 틀면 물이 콸콸 쏟아지는 것이다. 옛날처럼 물동이를 머리에 이거나 물지게를 지지 않아도 좋은 편한 세상이 되었다. 그러나 왠지 마음 한구석이 편치 않은 것이 생겨났다. 수돗물에서 약품 냄새가 난다든지 가슴 속까지 시원하게 하는 청량감이 떨어지는 것이다. 옛날엔 여름철에도 우물물을 마시면 가슴 속이 시원하게 뚫리는 듯하였는데 수돗물은 왠지 미적지근한 느낌을 감출 수 없는 것이 사실이다.

오랫동안 어머니처럼 우리 민족의 젖줄이었던 우물들이 토사구팽(兎死狗烹)당하듯 시멘트에 묻히는 경우가 많아졌다. 지금껏 남아있는 우물들도 물을 사용하지 않으니 더럽혀져 모기의 산실이 되었다. 그래도 이러한 우물들은 남아있으니 다행스럽다. 많은 우물이 흙으로 메워져 사라져 버렸다. 이는 스스로가 우리의 역사와 문화를 땅속에 매몰해버린 것이라고 할 수 있다.

어머니는 우물물을 길어다 대접에 정화수를 담아 아궁이의 솥단지 위 벽에 긴 못을 두 개 박고 그 위에 올려놓곤 하였다. 때가 되면 또다시 맑은 우물물로 갈았다. 물 자체가 신(神)인 조왕신을 잘 받들면 바라는 일이 잘 이루어진다고 믿었기 때문이다.

가난한 사람에게 정화수는 산해진미 가득 차린 상에 못지않았다. 가난한 집에서는 정화수 한 그릇 떠 놓고 혼인식을 올렸다. 새해에 정화수를 떠 놓고 풍년을 빌기도 하였다. 우물에는 물을 상징하는 용왕이 사는 까닭에 항상 주위를 깨끗이 하였다. 칠월 칠석에는 우물 청소하고 제사를 올렸다. 출산을 앞둔 남자는 자원해서 청소하기 위해 우물 속으로 들어갔는데, 용왕신이 아들을 점지해 준다고 믿었기 때문이다.

우물은 억울한 누명을 쓴 사람이 자신의 결백을 주장하는 장소로도 이용되었다. 그래서 가끔 터무니없는 소문에 시달리던 수절 여인이 치마를 뒤집어쓴 채로 우물 속에 뛰어들어 자신의 무고와 결백을 주장하기도 하였다.

이렇듯 우물은 우리 민족의 삶의 역사를 고스란히 간직하고 있다. 그러므로 우물은 많은 이야기를 길러냈다. 그런데 그 우물들이 사라져가고 있으니 스스로 우리의 역사와 문화를 버리고 있다.

광주시 광산구의 어느 마을에선 버려진 우물을 되살리면서 우물을 문화적 공간으로 조성하겠다고 한다. 선조의 숨결이 밴 우물을 매몰해버리는 시대에 아무 쓸모도 없는 우물의 기능을 되살릴 뿐만 아니라, 오히려 새로운 문화공간으로 탈바꿈하겠다는 발상이 신선하고 아름답다.

우물을 전통 방식으로 복원하여 음용하는 일은 자칫 위험할 수도 있다. 그만큼 환경이 오염되었기 때문이다. 그러나 다행히 오염되지 않았다면 좋은 물을 얻을 수 있다. 한국지질연구원의 성익환 박사에 의하면 수돗물이나 정수기 물보다 우물물에 몸에 좋은 천연 미네랄이 풍부하다고 한다. 어쨌든 우물을 되살리면서 문화적 공간으로 활용하겠다는 발상에 우리는 손뼉을 쳐야 한다.

우물터에 작은 규모의 '물 축제'를 할 수 있을 것이다. 옛날처럼 두레박으로 물길어 올리기를 할 수 있을 것이며, 물동이나 물지게를 빨리 옮기기를 하여 우리 조상들의 삶을 들여다보며 정신을 느껴볼 수 있을 것이다. 뿐만 아니라 물에 얽힌 수많은 설화를 들어볼 수 있을 것이고, 그것들을 연극이나 영화로 제작하여 우물터에서 함께 즐겨보는 것도 유익한 일이 될 것이다.

그런데 오늘날 소위 '물 축제'를 하는 지자체에서는 강물에 물고기를 풀어놓고 관광객들에게 잡게 하는 식의 유치함을 보여주고 있는 것을 보면 참으로 한심하다는 생각이 든다.

우리 민족에게 '물의 상상력'은 모든 생명체의 생명력이며 역사이며 문화였다. 굳이 우물을 통해 민속적인 재현만을 해서는 안 된다. 물이 생명의 시원이며 생명 자체인 까닭에 참신하고 새로운, 그러면서도 건강한 생명의 축제를 해야 한다. 그러므로 우리는 매몰되어 숨통이 끊어진 우물의 제사를 지낼 것이 아니라, 우물을 살려 생명의 축제를 벌여야 할 것이다.

물의 문학적 상상력

모든 생명체에게 아주 중요한 물은 세계 곳곳의 신화나 전설의 배경에 근원적인 요소로 등장한다. 물의 형태가 고정되어 있지 않기 때문에 언제든지 다양한 모습으로 변화시킬 수 있기 때문일 것이다. 그러므로 물이라는 존재에 대해 경외심을 갖게 했을 것으로 짐작된다.

물은 여러 가지 모습을 지녔다. 봄비는 얼었던 대지에서 생명을 움트게 하고, 풍랑이 이는 바다에서 만난 물은 매우 사나워 인간의 생명을 위협하는 존재이다. 이처럼 물은 형태도 다르지만, 성격도 다르다.

이러한 물을 바라보는 인간의 모습도 여러 가지였을 것이다. 고대 이집트 사람들은 물을 신적인 존재로 믿어 호수나 강, 우물에 신령한 기운이 깃들어 있다고 생각하였다. 중국이나 우리나라 사람들은 바닷속 깊은 곳에 용궁이 있고 그곳에 용왕이 살고 있다고 여겼다. 용왕의 모습은 용(龍)의 모습이었는데 용은 상서로운 존재로 천지간에서 구름과 비를 몰고 오는 초능력을 가진 존재로 인식되었다. 용궁에 대한 생각도 다양했는데 효녀 심청이 인당수에 빠졌다가 황후로 변신하는 공간이 용궁이기도 하고, 거북의 꾐에 빠져 토끼가 끌려갔던 곳도 용궁이기도 하였다.

성경에도 물에 관한 여러 가지 이야기가 등장한다. 하느님의 영이 물 위를 거닐며 운행하시다가 가라사대 "물 가운데 궁창이 있어 물과 물이 나뉘라 하리라" 하였으며, "하느님이 가라사대 천하의 물이 한 곳으로 모이고 뭍이 드러나라" 하였다고 쓰여 있다.

이 밖에도 물과 관련된 신화나 설화는 무수히 많다. 물에 관한 이러한 신화나 전설은 환경이나 삶의 조건에 따라 민족마다 여러 가지 모습으로 잉태되었다. 그러면서도 공통된 물에 관한 상징은 '물은 생명의 원천'이라는 인식이 일반적이고 보편적으로 나타나 있다. 예를 들어 기독교에서 물은 죽음을 의미하기도 하지만 그 죽음을 바탕으로 새롭고 순결한 생명의 탄생을 의미하기도 한다. 그래서 세례를 통해 새롭게 태어난다고 하는 것이다. 우리나라에서도 신성한 의식을 치르기 전에 반드시 목욕재계하였다. 이는 순결한 생명을 희구하는 의식이었다. 부엌에 정한수를 떠 놓는 것도 맑고 깨끗한 생명체를 염원하는 염결한 의식이라고 할 수 있다. 그런데 기독교에서는 '생명의 물'의 모습으로만 나타나는 것이 아니다. 인간의 타락에 분노한 하느님이 "땅 위의 사람과 짐승과 모든 기는 것과 하늘을 나는 새까지" 모두 없애버리기로 작정해 이른바 대홍수를 일으켰는데, 여기에서 물은 죽음을 부르는 모습으로 나타난다.

이러한 이야기 속에는 그 시대를 살았던 사람들의 소망과 기원이 깃들어 있는 것은 당연하다. 그런 측면에서 성경이나 많은 민족에게서 전해오는 설화는 인류의 정신세계를 담은 그릇이라고 할 수 있다.

그런데 우리나라는 경제적 근대화를 진행해 오는 동안 물과 관련된 환경들이 많이 훼손되고 사라져가고 있다. 그러므로 물과 관련된 설화 또한 많이 잊혀가고 있는 실정이다. 바다나 강, 그리고 샘이나 우물에 많은 이야기가 깃들어 있는데 특히 우물은 대부분 메꾸어져 사라져가고 있고, 강은 변형되어 이야기가 깃든 공간으로서의 가치를 잃어가고 있다.

우리 민족에게 물은 다양한 상상력의 근원이었다. 연못에서 금도끼, 은도끼를 얻게 된 이야기, 용왕이 되어 신라를 지키기 위해 동해의 해중능침에 묻혔다는 문무왕 이야기, 샘물을 먹고 아이가 되었다는 이야기, 어머니에게 약수를 먹여 병환을 낫게 했다는 이야기, 꽁꽁 언 연못에서 잉어를 잡아 먹여 병든 부모님을 낫게 했다는 이야기, 임금님이 몸에 약수를 발라 피부병을 고쳤다는 이야기들은 우리에게 매우 익숙한 이야기들로 어린 시절 할머니 무릎에 누워 듣던 것들이다. 그런데 그 이야기들과 함께 증거물들이 사라져 가고 있으니 참으로 안타깝기 그지없다.

이제 우리는 우리 선조들의 삶과 정신이 투사되어 있는 물과 관련된 이야기들을 다양한 콘텐츠로 스토리텔링을 해야 한다. 스토리텔링은 무엇인가를 쉽고 재미있게 전달하는 힘이 있다. 책을 바탕으로 애니메이션, 영화, 연극 등으로 활용해 우리 선조들의 지혜와 탁월한 물의 상상력을 널리 홍보하고 문화산업으로 활용해야 할 것이다. 외래문화의 무분별한 유입으로 우리 것을 잃어가고 있는 이 시점에 이러한 전설이나 신화 등이 우리 민족의 정체성과 우리 문화의 우수성을 보여주기 때문이다.

서정시와 생태학적 상상력

산업혁명 이후 끊임없는 인간의 욕망은 자연을 교환적 가치로 환산해 왔다. 자연을 같이 살아가야 할 존재로 인식하지 않고 여전히 수탈하고 있다. 브라질 정부는 몇 해 전 지구의 허파라고 하는 아마존을 개발하자는 법안을 통과시켰다고 한다. 앞으로 더욱 지구환경이 무분별한 개발로 인해 훼손될 것임을 시사하고 있다.

그러나 우리는 몇 해 전 지율스님이 도룡뇽을 지키겠다고 단식하다가 인간의 탐욕이 부끄러워 어디론가로 잠적하고 만 사실을 기억해야 한다. 도룡뇽을 하찮은 생명체라고 생각하는 인식태도로는 절대 인간과 자연이 함께 살 수 없음을 깨달아야 한다. 나무, 풀, 도룡뇽, 물고기 등 살아있는 생명들이 건강할 때 인류도 함께 잘 살 수 있다는 생각을 가져야 하는 것이다. 이러한 인식의 토대에서 써지는 시를 생명시, 또는 생태시라고 부른다.

아주 오래 전부터 자연을 모방하며 써 온 문학장르가 서정시이다. 서정시의 역사에서 자연은 빼놓을 수 없는 화두였다. 우리 선조들도 사군자를 노래하고 자연을 노래해 왔는데, 자연의 생태적 습성은 언제나 변함없이 우주의 질서에 순응하며 사시사철 생명의 모습으로 제 존재를 드러냈다. 이에 반해 인간은 스스로를 만물의 영장이라고 하면서 자연을 정복대상으로 삼았다.

지구를 파괴하는 인류의 탐욕은 화석연료를 사용하고 무분별한 개발로 인해 자연을 훼손하고, 공장에서는 오폐수를 함부로 버려 강과 바다를 오염시키고 있다. 낙동강 페놀오염사건이 대표적인 일이다. 수많은 물고기가 배를 허옇게 드러내고 죽었다. 얼마 전 광주천에도 물고기들이 떼죽음을 당했다. 강이 오염되면 식수가 오염이 되고 강에서 먹이활동을 하는 왜가리, 백로 등 조류는 물론 강을 삶의 터전으로 삼아 살아가는 생명체들이 살아갈 수 없다.

이렇듯 전 지구적으로 맞는 생태환경의 위기를 어떻게 극복할 것인가에 대한 문학적 대응방식이 우리나라에서는 90년대부터 본격적으로 거론되기 시작하고 이와 관련한 작품들이 써지고 있다. 그러나 우리 광주문학은 외부문학사회의 변화에도 그 낌새를 채지 못하다가 지난 해 광주문인협회에서 최초의 생태환경문집이 출간되기에 이르렀으니 문학의 사명감을 망각한 처사 중에 다행이다.

해마다 연례행사가 되고 있는 조류독감과 광우병 파동은 지구 생태환경문제가 얼마나 심각한 지를 말해주는 대목이다. 인류생존을 위협하는 불길한 징조는 이미 원자력발전소 부근에서 무뇌아 출산, 머리가 둘이거나 다리가 셋인 송아지 등 동·식물의 변이를 통해 나타나고 있다.

인류의 지식이 자연과 인간 자신에 대한 피괴가 날로 심각해지는 상황에 시적 대응방식으로 시인은 무엇을 할 것인가를 생각할 때다. 그래서 인류가 새롭게 거듭나기 위해 환경오염을 고발하고, 새로운 삶의 길을 모색하기 위한 방안을 시로써 말해야 한다. 서정시의 역할 중에서 생태학적 상상력을 보여주는 최근의 작품을 살펴 생태환경의 위기에 대해 시가 무엇을 할 것인가를 모색하고자 한다.

낮달이 사라지자
뻘이 생겨 났다
조개며 작은 물고기가 움찔거린다
바다는 애시당초 어머니 허벅지 같은 뻘을 키우고 있었다
바지락, 고막, 고동,
짱뚱어, 게…
바다는 저들을 키우며 수수만 년을 그렇게 견디었다
파도가 온 몸을 칭칭 감아 버려도
절대로 본연의 모습은 잃지 않는다
내게도 기적처럼 행복했던 시절,
어머니였을 때
내 몸 속에 느닷없이 물이 차오를 때
아가미를 벌리고 내 몸 속을 찾아 들던 물고기
내 생의 빛을 따라 돌아가는
이승의 시간들
그 처음 창조주가 내게 한 일,
돌아가지 않는 썰물 같은 생의 무늬.
나는 오랫동안 바다에서 쫓겨나
뭍으로 하늘로 벼랑으로 몸을 바꾸며 헤맸다.

아직도 물은 들어오지 않고,
배를 타고 나타난 아낙네
뻘 속에서
고막을 캐고, 뻘게를 주워 바구니에 담는다
뻘에서 얻어가는 아낙네

바다의 알몸을 나는 오랫동안 바라본다
허상의 육체에 천 개의 태양이 켜지면서

수억만 개의 파편들이 몸서리치는

- 김후명, 「뻘밭」 전문

「뻘밭」에서 "바다"는 "어머니"의 동의어이다. 어머니는 생명을 기르는 존재의 상징이다. 그러므로 바다의 "뻘밭"은 어머니이기도 하다. 즉 어머니의 바다 뻘밭에는 "조개며 작은 물고기" 그리고 "바지락, 고막, 고동/짱뚱어, 게…"가 자라고 있다. 이처럼 "바다는 저들을 키우며 수수만 년을 그렇게 견디었다" 때로는 "파도가 온 몸을 칭칭 감아버려도/절대 본연의 모습" 즉 생명을 잉태하고 키우는 것을 뻘밭은 해 왔다. 그런데 뻘밭처럼 화자인 "나"도 "어머니였을 때" 생명을 잉태하고 키웠다. 그 시절을 화자는 "행복했던 시절"이라고 추억하고 있다. 지금은 그렇지 않다는 고백이기도 하다. 그 행복의 시간은 "몸 속에 느닷없이 물이 차오를 때"였는데 "아가미를 벌리고" 몸 속으로 물고기가 들었던 것이다. 화자가 생명을 배태했던 기쁨과 역할을 바다의 뻘밭과 비유하고 있는 이 작품에서 화자는 화자 자신의 삶 속에서 "처음 창조자가 내게 한 일"이 행복하고 기쁜 일이었다고 고백한다. 즉 생명의 잉태가 얼마나 값진 일인지를 말하고 있는 것이다. 그러므로 이 시는 생명성을 옹호하는 시인의 생각이 투사되어 있는 작품인 것이다. 그런데 화자는 "오랫동안 바다에서 쫓겨나/뭍으로 하늘로 벼랑으로 몸을 바꾸며 헤맸다."고 진술한다. 그 상황은 여전히 계속되고 있어 "아직도 물은 들어오지 않"기 때문에 생명활동이 멈춰진 상황이다. 즉 바다의 뻘밭이 생명을 키우기 위해서는 밀물이 있어야 한다. 그런데 "아직도 물은 들어오지 않"는 것이다. 화자 자신의 몸이 생명 잉태를 멈춘 것처럼 바다, 즉 뻘밭도 "배를 타고 나타난 아낙네"라는 타자가 "고막을 캐고, 뻘게를 주워 바구니에

담"아 간다. 즉 타자인 아낙네는 "뻘에서" 무엇인가를 가져가고 있는 상황인 것이다. 그러므로 화자는, 혹은 뻘밭은 오랫동안 폐허가 되어가는 뻘밭을 오랫동안 바라볼 수밖에 없는 것이다.

어린아이의 울음소리가 사라지고 있는 우리의 농촌처럼 '뻘밭'이라는 생명 현장에서 생명의 숨소리가 희미해지고 있는 것은 근본적으로 생명에 대한 존엄성이 희박해지기 때문이다. 또한 "아낙네"로 표상되는 탐욕스러운 인간의 모습에서 자본문명으로 자연을 수탈하는 인간의 모습을 선명하게 보여주고 있다.

> 봄이면 나목에서 싹이 트는
> 거짓 없는 자연 속에
> 서 있기만 해도
> 오묘한 신의 뜻을 알 수 있다.
> 눈보라 삭풍 속에서도
> 보리는 초롱 한 잎 흔들거리며
> 밭에 납작 엎드린 시금치도
> 생명들의 합창을 부른다.
> 찬서리 쌓이는 상강에도
> 상추 잎은 그 얇은 미소 지으며
> 아가의 파란 옹알이로
> 오물오물 속삭인다.
> 영혼이 만난 생명의 노래
> 눈보라 속에서도 복수초는 꽃피우고
> 환란에 가족은 생명의 의미요
> 사랑은 곧 생명이라.
> 뜨거운 생명의 시
> 신의 사랑에서 피어올라

얼마나 깊은 곳에 머물다
꽃봉오리로 피어 희망가를 부르는가.

- 박선자,「생명」전문

김후명의 작품이 "뻘밭"과 "어머니"를 생명활동의 현장으로 비유한 시적문법이 돋보인 작품이라면 박선자의「생명」은 관념적 상상력으로 생명성을 옹호한 작품이다. "봄이면 나목에서 싹이 트는" 자연의 법칙을 "거짓없는 자연"이라고 말한다. 그런데 화자는 이러한 현상을 "신의 뜻"이라고 정의한다. 자연의 생명현상을 신적 존재의 뜻으로 일어난다고 인식하고 있음을 알 수 있다. 화자는 자연의 생명활동을 구체적으로 살펴본다. "눈보라 삭풍"이라는 지난한 생명조건 속에서도 "보리는 초롱 한 잎 흔들거리"고, "밭에 납작 엎드린 시금치도/생명들의 합창을 부른다"고 한다. 즉 어려운 환경 속에서도 멈추지 않는 생명체들의 노력이 생명력의 원동력임을 지적한다. 또한 "찬서리 쌓이는 상강에도/상추 잎은 그 얇은 미소 지으며/아가의 파란 옹알이로/오물오물 속삭"이고, "눈보라 속에서도 복수초는 꽃피"움도 주목한다. 그리하여 마침내 사랑과 희망을 꽃봉오리로 피우는데 이것이야말로 "영혼이 만난 희망의 노래" 즉 "희망가"라고 말하기에 이른다. 다시 말해 화자는 자연이 불굴의 의지로 살아남아 꽃피우는 것은 환란을 견뎌내기 때문에 가능한 것이며 이것이 생명의 근원이라고 인식하는 것이다. 어려운 환경 속에서 좌절하지 않고 견뎌내는 생명활동은 다윈의 진화론적인 배경을 갖고 있지만 다른 한편으로는 신적 존재의 뜻에 의해 창조되었다는 창조론도 이 작품의 배경이 되고 있다. 무엇보다도 중요한 것은 겨울 추위가 지독할수록 꽃의 색깔이 맑고 꽃의 향기가 진해 튼실하게 살 수 있다는 생명의 건강성을 노래하고 있음이 이 작품의 가치이며 메시지이다.

이삼남의 「바이올렛」은 식물의 생명력을 인간 내면의 정신적 생명성과 견주어 보다 내밀한 생명성을 탐구하고 있다.

잘린 잎사귀 하나
상처투성이 줄기 싹둑 잘라
컵에 담근다

얼룩진 내 시간도
싹둑 잘라 넣어두면
투명함을 닮아 이유를 찾고
그 만큼의 무게로
아래로
아래로
뿌리 내릴 수 있다면…….

몇 번이고 잘려 나가도 좋으리

잎맥 따라 핏길이 열리고
잘린 상처 끝 새로 돋은 내 꿈을
뿌리의 선명함을 마주할 수 있다면

뽑힌 삶 송두리째 껴안은 채
잘려나가도 좋으리.

자라지 않는 뿌리, 나를 담근다.

- 이삼남, 「바이올렛」 전문

"잘린 잎사귀 하나"가 있다. 그런데 "상처투성이"이다. 화자는 상처가 있는 "줄기"를 "싹둑 잘라" 컵에 담는다. 그 컵 속에는 물이 담겨있을 것이다. 상처를 간직하고 있는 "잎사귀"가 컵 속에서 뿌리를 내려 생명을 연장하고자 함일 것이다. 그런데 상처를 가지고 있는 잎사귀처럼 화자도 "얼룩진" "시간", 즉 상처의 기억을 가지고 있다. 그러나 화자는 잎사귀처럼 싹둑 상처를 잘라낼 수가 없다. 그것은 물질처럼 가위질 할 수 없는 상처이기 때문이다. 이러한 상황이지만 화자는 자신의 상처도 "싹둑 잘라 넣어두면" 잎사귀에서 뿌리를 내려 새로운 생명을 이어갔으면 좋겠다는 염원을 해 본다. 유리컵처럼 거짓없는 투명함으로, 그 투명함의 무게로 "아래로/아래로/뿌리 내"리기를 소망해 보는 것이다. 만약에 화자 자신의 상처가 아물면서 뿌리를 내려 생명을 간직할 수 있다면 "몇 번이고 잘려 나가도 좋"을 것이라고 생각해 본다. "잎맥 따라 핏길이 열리고/잘린 상처 끝 새로 돋은 내 꿈을/뿌리의 선명함을 마주할 수 있"음도 꿈꾸어 본다. 그것이 가능하다면 "뽑힌 삶 송두리째 껴안은 채/잘려나가도 좋"을 것이며, 생명의 뿌리 또한 자라나지 않을 것이라는 것을. 그럼에도 불구하고 화자는 "나를 담근다." 불가능한 일이지만 포기하지 않고 화자는 마치 어리석은 자처럼 "바이올렛" 잎사귀처럼 상처투성이의 줄기 싹둑 잘라 컵에서 뿌리 내리듯 상처를 극복하고 새롭게 태어나고 싶어한다.

이해랑의 「귀 간지러운 날」은 봄날 생기발양하고 환호작약하는 생명성을 감각적으로 노래한다.

하늘 푸르러 그리운 날
햇살이 창도 열지 않고 들어와

감은 눈을 간질인다
꿈결인 듯
신열이 돋아
아지랑이처럼 아른아른 어지럽다
앞산도 시린 꽃과 나무들에게
봄옷을 준비 하려는지
불그레한 바람 냄새가 난다
솜사탕 같은 눈 속에서
노오란 복수초 눈물 그렁그렁
꽃잎 여는 소리에
귀 간지러운 날
사람도 꽃처럼 봄 앓이를 한다

- 이해랑, 「귀 간지러운 날」 전문

「귀 간지러운 날」이라는 시제가 말하듯 이 작품은 감각기관인 '눈', '코', '귀' 등으로 포착한 생명현상을 시각적·후각적·청각적 이미지를 통해 형상화시키고 있다. 그러므로 마치 그림으로 보여주듯 매우 선명한 이미지가 작품의 메시지를 부각시키는 역할을 하고 있다. "하늘 푸르러 그리운 날/햇살이 창도 열지 않고 들어와/감은 눈을 간질인다" 봄볕이 따사롭게 실내를 비추는 봄날의 한때가 다가온다. 이때쯤 "아지랑이처럼 아른아른" "신열이 돋는다" 만물이 깨어나 생명의 촉수가 돋아나는 시간이기도 하다. 그래서 "앞산도 시린 꽃과 나무들에게/봄옷을 준비 하려" 하는 것이다. 그러므로 봄이 오는 산에서 "불그레한 바람 냄새가" 나는 것이다. 때는 아직 이른 봄날이어서 "솜사탕 같은 눈"이 남아있어 "노오란 복수초"가 피어나고 있는 중이다. 복수초가 "꽃잎 여는 소리에/귀 간지러운 날/사람도 꽃처럼 봄 앓이"를 하고 있는데 그것은 사람도 복수초처럼 꽃을 피우기 때문이다. 즉 봄이 오면 겨우내 움추렸던 몸과 마음이 열리고 한 해를 새롭게 시작할 수 있다. 그러므로 "귀가 간지러운 날"은 만물이 다시 살아오는 시간이어서 봄은 생명의 시간이며 생명의 공간이 되는 것이다.

이 작품이 특히 감각적으로 읽히는 것은 생명현상을 "감은 눈을 간질인다", "아른아른 어지럽다"와 같은 표현이 조금 과장되었기 때문이다. 그러나 이 작품에서의 과장법은 생명현상을 보다 실감나게 보여주는 수단으로 적절하게 구사되었다. 이와 더불어 "불그레한 바람냄새가 난다", "복수초 눈물 그렁그렁", "꽃잎 여는 소리", "꽃처럼 봄앓이를 한다"는 이 작품이 감각적으로 읽히는 역할 뿐만 아니라, 생기발양한 봄의 모습과 생명의 자태를 보다 선명하게 하는 데 중요한 역할을 한다. 그러므로 「귀 간지러운 날」이라는 시제는 생명성을 나타내는 기표가 되고 있는 것이다.

최지형의 「물의 욕망」은 모든 생명의 씨앗이며 시원인 물을 통해 생명성을 탐구한 작품이다.

> 이슬방울 모여앉아
> 강을 넘는 꿈을 꾼다
> 지천에 널브러진 하소연에 눈길 주며
> 부름을
> 거역하지 않고
> 필승의 길을 달린다.
>
> 오직, 생각 하나 바다에 걸어두고
> 사랑의 날개 부서지면

다시 모아 세우고
바람도
녹수도 껴안는
하늘빛을 닮으리라.

- 최지형, 「물의 욕망」 전문

주지하다시피 '물'은 생명의 기원이다. 또한 물은 생명 자체이기도 하다. 먼 옛날, 뜨거운 지구가 식으면서 수증기가 생기고 그것이 바다의 물이 되었다. 그리고 바다에서 처음 생명이 생겨 육지로 기어올라 왔다. 바다, 즉 물은 모든 생명의 자궁이며 젖이다. 오늘날도 마찬가지이다. 물이 없으면 모든 생명체는 존재하지 못한다. 그래서 강과 바다가 오염이 되면 인류뿐만 아니라 생명체는 멸종하고 말 것이다. 이처럼 물의 가치는 말할 수 없이 중요하기 때문에 전지구적으로 장차 다가올 물부족시대를 염려하고 있는 것이다.

강과 바다의 물은 이슬 한 방울 한 방울이 모여 된 것이다. 그러나 처음에는 작은 이슬 한 방울 한 방울이 모여 냇물을 이루고, 강물을 이루고, 그리고 마침내 바다로 향한다. 이렇듯 이슬방울이 냇물이 되고, 강물이 되고, 바다가 되는 순환활동은 결국 지구의 생명체를 살리기 위한 운동이다. 강물이 육지를 적시며 어머니가 아이에게 젖을 주듯 하다가 생명의 자궁인 바다에 이르면 태풍이나 뜨거운 햇볕에 의해 다시 지상의 생명체들에게 생명의 씨앗을 공급하는 순환의 활동을 통해 모든 생명활동을 지속적으로 가능하게 해준다.

「물의 욕망」은, 그러므로 헛된, 또는 탐욕스러운 것이 아니라 모든 생명을 살리겠다는 어머니와 같은 따스함이 내포되어 있는 마음이다. 즉 "이슬방울 모여앉아/강을 넘는 꿈을 꾼다/지천에 널브러진 하소연에 눈길 주며/부름을/거역하지 않고/필승의 길을 달린다." 이슬방울이 모여 강이 되어 달리고자 하는 것은 "필승"을 꿈꾸며 전쟁터로 가는 군대의 다짐이 아니다. "지천에 널브러진 하소연"이란 생명체들의 하소연이라고 할 수 있다. '목마름'이기도 한 "하소연"을 들어주기 위해 가는 "필승의 길"은 다름아닌 바다에 이르는 일이다. 그래서 물은 "오직, 생각 하나 바다에 걸어두고" 그곳에 이르려고 "길을 달린다" 그러나 바다에 이르는 길은 쉽지가 않다. 때로는 "날개 부서지"기도 하는데 그러면 "다시 모아 세우고" 길을 향한다. 이때 "바람도/녹수도 껴안는/하늘빛을 닮"을 것이라고 생각이 든다.

이 작품을 다른 관점에서 해석하면, 작은 물방울 하나가 거대한 바다가 되기를 꿈꾸며 길을 나서 강을 지나 바다에 이르는 과정에서 많은 시련을 극복하면 마침내 원대한 꿈을 이룰 것이라는 소망을 형상화한 것으로도 볼 수 있다. 그러나 이 작품은 앞에서 밝힌 것처럼 "물의 욕망"이 무엇이겠는가를 유추하면 생태학적 상상력으로 이해하는 것이 옳다.

지금까지 살펴본 것처럼 '생명시'는 단순하게 자연환경을 보호하고 지키자는 노래를 부르는 것이 아니다. 만약 생명시가 거기에 머문다면 하나의 구호가 되고 말 것이다. 생명시는 변하지 않는 자연의 생태적 특성을 배우고자 하는 의지와 생명성을 옹호하고자 하는 정신, 그리고 그것들을 향한 생명성 탐구의 생태학적 상상력이 고조되었을 때, 생명시의 생명력이 발아하고 꽃피울 수 있을 것이다.

제2부

작가론

아방가르, 혹은 보헤미안적 기질의 광기

— 범대순 론

1.

범대순 시인은 광주 문단의 어른이었다. 높은 데 올라가 쩌렁쩌렁 큰 목소리는 내지 않았어도 언제나 소리 없이 목소리를 내놓곤 하였다. 특히 끊임없이 새로운 목소리를 내는 실험정신과 창작 의욕은 후배들의 귀감이 되었다. 원탁모임 때는 언제나 와인을 한 병씩 들고와 원탁 동인들과 우의를 다지던 모습을 영원히 잊지 못할 것이다. 개인적으로도 내게 뜨거운 정을 베풀어 주셨다. 당신이 젊은 시절 한국시인협회 세미나를 광주에 유치해 열었듯이 당신 이후 30년 만에 필자가 한국시인협회 세미나를 유치했을 때는 무척 반가워하며 나의 어깨를 두드리며 기쁨을 함께하였다. 가끔 《시와사람》 편집실에 들러 찻봉지를 내밀거나 와인을 놓고 가곤 하였다.

이제 우리나라 최장수 동인지 《원탁시》에는 창립멤버인 범대순 시인이 떠나간 후 한 분도 안 계신다. 여러 원탁시 어르신들이 이런저런 사정으로 원탁시를 떠나갔어도 마지막까지 원탁의 자리를 지킨 마음을 알 것 같다. 그러므로 남은 자들은 원탁시를 지키고 성장시킬 책임이 있다.

시인은 갔어도 시는 남아 우리에게 위안을 준다. 시인의 삶과 생각을 되짚어볼 수 있을 것이다. 그러므로 이 글은 범대순 시인의 삶과 문학을 들여다보며 추모하는 헌사가 될 것이다.

2.

범대순 시인은 1930년 6월 16일 광주시 우치동 신촌에서 태어났다. 그에게 문학적 자양분이 되거나 그가 시인으로 서게 한 것으로는 어린 시절 한시인(漢詩)이었던 아버지를 따라다니며 아버지가 이끈 한시백일장체험이다. 더불어 초등학교 때 일본 교사의 지도로 일본의 명문장과 한시를 암송한 것도 그의 시적 자양분이 되었다.

그러나 초등학교 1학년 통지표 석차에 80명 중 71등의 기록을 본 아버지는 몹시 실망하여 아들의 미래를 걱정하였다. 1948년에는 5·10총선거 반대 동맹휴학 선동으로 무기정학을 당하고, 그해 10월에는 여순사건 관계 실언으로 두 달 동안 광주경찰서 유치장에 수감되기도 하였다. 특히 그가 시인이 되고자 마음을 갖게 된 것은 1950년 한국전쟁 때 외사촌 형이 자당과 함께 좌익의 손에 학살당하면서부터이다.

하지만 시인이 되고자 하는 꿈은 쉽게 이루어지지 않았다. 고려대학교 국어국문학과에 입학하였다가 영문학과로 전과하여 알게 된 스승 조지훈 선생을 통해 1954년 재학시절에 쓴 「불도오자」 등 기계시를 중심으로 《문학예술》지 추천이 예정되었으나 폐간되어 크게 좌절한다. 이후 10여 년이 지난 1965년 조지훈 선생의 서문을 위로 삼아 첫 시집 『흑인고수 루이의 북』을 펴냄으로써 시인의 길을 걷게 된다. 이 무렵까지는 신춘문예나 문예지 추천으로 등단할 때여서 시집 출간은 등단으로 인정하지 않았지만 이른바 '기계시'라는 새로운 시를 주창해 문단의 관심을 받는다. 기계시의 상징적인 작품이랄 수 있는 「불도오자」는 범대순 초기 시의 대표작으로 대학 시절 학교에서 공사 중인 불도저의 활기찬 에너지를 느끼며 쓴 작품이다.

다이너마이트 폭발의 5월 아침은 快晴
아카시아 꽃 향기, 그 미풍의 언덕 아래
황소 한 마리 입장식이 투우사보다 오만하다.

처음에는 여왕처럼 조심스레 주위를 살피다가
스스로 울린 청명한 나팔에 氣球는 비둘기
꼬리 쳐들고 뿔을 세우면 홍수처럼 신음이 밀려 이윽고 바위돌 둑이 무너지고

그것은 희열
사뭇 미친 폭포 같은 것
짐승 소리 지르며 목이고 가슴이고 물려 뜯긴 신부의 남쪽 그 뜨거운 나라 사내의 이빨 같은 것

그리하여 슬그머니 두어 발 물러서며
뿔을 고쳐 세움은
또 적이 스스로 무너짐을 기다리는 지혜의 자세이라.

파도 같은 것이여
바다 아득한 바위 산 휩쓸고 부서지고 또 부서지며 봄 가을 여름내내 파도 같은 것이여

BULLDOZER.
正午되어사 한판 호탕히 웃으며 멈춰 선 휴식 속에

진정 검은 대륙의 그 뜨거운 발목은 화롯불처럼 더우리라.

다이너마이트 폭발의 숲으로 하여 하늘은 환희가 자욱한데
내 오래도록 너를 사랑하여 이렇게 서서 있음은
어느 화사한 마을 너와 더불어 찬란한 화원
찔려서 또 기쁜 장미의 茂盛을 꿈꾸고 있음이여.

-「불도오자」 전문

범대순 시인은 사납고 힘센 황소와 상씨름꾼인 사촌 형보다도 더 기운이 넘치는 불도저를 바라보며 6·25 한국전쟁으로 폐허가 된 전후 사회에서 새로운 희망을 발견한다. 때는 아카시아꽃 향기 분분한 오월인데 "황소 한 마리 입장식"에서의 "투우사보다 오만"한 기계를 본다. "꼬리 쳐들고 뿔을 세우면 홍수처럼 신음이 밀려 이윽고 바위돌 뚝이 무너지"는 것과 "짐승 소리 지르며 목이고 가슴이고 물려 뜯긴 신부의 남쪽 그 뜨거운 나라 사내의 이빨 같은" 야성을 발견한다. 저돌적인 힘이 넘치는 현대 기계문명에 대해 시인은 동경한다. 이렇듯 문명예찬은 마니네티를 중심으로 한 미래파 운동에서뿐만 아니라 시인이 연구한 스펜더의 시에서 만날 수 있다. 더불어 1930년대 김기림의「기상도」등에서도 그 예를 찾을 수 있다.

이 작품은 읽기에 따라서는 해석이 다를 수도 있을 것이다. 기계문명이라는 메커니즘이 주는 폐해 또한 읽어낼 수도 있기 때문이다. 그러나 당시 범대순 시인은 분명 문명예찬의 면모를 보여주는 것에 집중했다고 할 수 있다.

전후 1950년대 한국시의 흐름 속에서 분명 이질적인 그의 기계시가 범대순 시인에게 나온 것은 그의 남다른 습작 과정에서 비롯된 것으로 볼 수 있다. 그는 남들이 김소월을 읽을 때 하이네, 바이런,

쉘리 등을 읽고, 남들이 정지용이나 김기림의 시를 읽을 때 그들의 시를 읽지 않고 산문을 읽었다. 이러한 습작 과정을 통해 그의 첫 시집『흑인고수 루이의 북』이 나온 것으로 짐작된다. 이 시집은 특히 1부에서 기계문명에 대한 관심을 보여주고 있는데 기계에 대한 친근함과 신념을 드러낸다. 주지하다시피 기계문명은 상처와 부작용을 드러내기도 하여 많은 시인이 문명 비판적인 시각을 보여줄 때 오히려 이러한 사조의 흐름에 역행할 수도 있다는 우려도 가질 수 있다.

그러나 서문을 쓴 조지훈의 말처럼 "강렬한 의식을 지적으로 처리한 그의 유니크한 시"의 새로움으로 읽히며 "기계와 문명과 사회에 대한 관심" 표명으로 볼 수 있다.

첫 시집을 통해 문단의 관심을 받은 범대순 시인은 1967년 윤삼화·정현웅·박홍원·문병란·구창환·손광은·김현곤·송선영·황규련과 함께《원탁문학》을 창립하고 초대 대표가 되어 창간호를 발간하였다.

문예지를 통해 등단하지 못하고 시집으로 시인을 신고한 후 본격적으로 문단 활동을 시작한 것이다. 이러한 결과는《원탁문학》을 전국적으로 주목받는 동인지로 성장시킴과 함께 두 번째 시집인『연가 Ⅰ Ⅱ 기타』를 1970년 시인들의 창의작업에 고무와 비약과 쇄신의 계기를 마련해주기 위해 한국시인협회가 추진한 사업의 일환으로 발간된다.

이 시집에서「사회주의」,「시인의 전설」,「사월에 우리가 기대했던 것은」,「6·25」,「욕설 고」,「자유를 주제로 울다」,「이농」,「한국저항사 서」등을 비롯한 여러 작품에서 현실 참여적인 목소리를 내보인다. 이는 4·19 이후 문단에서 다양한 목소리가 터져 나오는데 특히 4·19 혁명과 5·16 군사 쿠데타 등 사회 혼란과 변혁에 그가 가세한 것으로 보인다.

그 광장에 처음 분수가 올랐을 때
나는 저것이 욕설이라면
또 얼마나 멋있는 것이냐고
그렇게 생각한 적이 있다.

처음엔 하늘에 달 듯
그렇게 위로 솟구쳐 겨누다가
버섯 구름처럼 버르더니
이윽고 소나기로 흩어지며 웃어버린
이웃집 김서방의 형 같은 자.

하나 예의와 바꾸는 일이 없이
천년을 가난하고 눌리고도
그러고도 살아 온 꼭 한 보람.

순수한 이 태초의 뜻을 잃었던들
나는 나의 할아버지 때쯤
벌써 씨가 싹으로 트지 않았으렷.
산 같은 욕을 퍼붓는 자에겐 산 같은 관계가
강 같은 욕을 흐르게 한 까닭은
또 강 같이 흐르는 까닭이 있기 때문.

솟구치다 말고 꺾이어 흩어져도
그러면서도 또
솟구치며 어느 땐 쉬었다가
또 솟구치며 쏟아버린 나의 섭리.

그 입은 결코 부서지지 않으리니
뿜으며 또 뿜으며 위로 위로 혹은 알로 향한
다 하지 못한 채 길이 있을 의로운 나의 언어여.

지금 나는 내 애기들의 욕하는 것을
착한 어린이가 아니라고 나무라는 것이지만,
속으론 실은 이놈들아 조금 더 큰 것을
조금 더 큰 놈들에게
아프리카의 어느 사건 만큼이나 그렇게 크게 해 보라고
속으로 실은 그렇게 희망하고 있는 것이다.

-「辱說考」 전문

사회참여적인 범대순 시인의 목소리는 직설적이지 않다. "그 광장에 처음 분수가 올랐을 때/나는 저것이 욕설이라면/또 얼마나 멋있는 것이냐고" 생각한 적이 있다는 고백에서 짐작할 수 있듯이 물은 높은 데서 낮은 데로 흐르는 것이 순리일진대 낮은 곳에서 높은 데로 솟구치니 순리를 거역하는 것이야말로 욕이 될 수 있다. 민중들의 봉기를 간접화법을 통해 말하는 것이다. "분수"로 상징되는 "욕"은 실상은 "천년을 가난하고 눌"려 살아온 사람들의 저항으로, "솟구치며 쏟아버"리는 것을 반복한다. 여기에서 시인은 "그 입은 결코 부서지지 않"을 것이라고 한다. 더불어 "다 하지 못한 채 길이 있을 의로운 나의 언어여."라고 하면서 결기를 보여준다. 청년 시절 범대순 시인의 현실참여적인 시각이 엿보이는 이 작품에서 시인은 "아프리카의 어느 사건만큼이나 그렇게 크게 해 보라고/속으로 실은 그렇게 희망하고 있는 것이" 속내이다. 즉 그가 겪었을 4·19 등 각종 체제 저항적인 시위 등을 보아오면서 보다 적극적으로 저항하기를 희망하고 있는 것이다.

범대순 시인의 이러한 기질은 해방 직후 진보성향의 교사들에게 지도받은 것으로 1948년 5·10 총선거 반대 동맹휴학을 선동하여 무기정학을 받은 것과 무관하지 않을 것이다.

두 번째 시집을 펴낸 후 범대순 시인은 1986년 세 번째 시집 『이방에서 노자를 읽다』를 펴낸다. 무려 15년 만이다. 그가 1974년 《현대시학》에 「白紙」 외, 1982년 「자화상」 등 30여 편을 발표하며 시인으로서의 맥을 이어왔음에도 불구하고 시보다는 평론과 연구 논문에 시간과 정열을 집중한 까닭이다.

『이방에서 노자를 읽다』는 자신을 바로잡기 위하여 고심한 작품과 외국에서 겪은 문화적 충돌과 갈등을 시편들로 엮어졌다. 이 중에서 외국에서 겪은 문화적 충돌과 갈등의 내용을 담은 작품들은 1981년 미국 오하이오 데니슨대학에서 개교 150주년 기념행사의 일환으로 모집한 문학작품현상공모에 응모한 작품들로 밖에 나가 자신과 자신의 모국을 새롭게 바라보려는 노력이 깃들어 있다. 역시 이 시집에서 주목되는 작품들은 외국에 나가 쓴 작품들이다. 서양과 동양을 두루 섭렵한 시인이 해외여행에서 얻은 기행시들을 통해 그의 고향과 가족 및 삶의 뿌리를 확인하는 시들로 특유의 익살과 저항적인 태도를 보여준다.

한편 범대순 시인은 두 번째 시집을 출간한 이후 1974년 《현대시학》에 이른바 백지시를 발표하는데 이는 늘 새로운 것을 탐구하는 그의 지적 호기심의 결과이다. 백지시는 인간의 언어에 대한 한계와 절망에서 나온 것이다. 그는 인간의 언어는 감정을 완벽하게 표현할 수 없음을 깨달았다. 더불어 언어에 대한 자각도 내포되어 있다. 뿐만 아니라 언어의 제약, 가령 부조리나 비시적 혹은 시적 제약 때문에 표현이 억제된다면 그 시적 경험은 영원히 말살될 수도 있다고 인식한 것이다.

문학은 언어를 통해 표현하고 소통하는 예술 양식이다. 그런데 그의 백지시는 말 그대로 백지뿐이다. 독자들은 당황했을 것이 뻔하다. 이에 대해 여러 비평가들에게 주목을 받았다. '백지'도 한 편의 시이며 표현방식으로 여긴 것이다. 이러한 인식에서 생산된 백지시를 범대순 시인은 현대시의 대표적 작품으로 인식되기를 소망하였다. 백지시에 대한 이러한 자신의 생각을 에세이로 써서 1981년 미국 오하이오 데니슨대학교 개교 150주년 문학작품공모에 응모하여 당선되었던 것이다.

3.

범대순 시인이 1980년대 초 재직하고 있던 전남대학교에서 학생들에 의해 잠시 물러났다. 이 사건에 대해 그는 "나의 가장 큰 스승은 학생들이었다"고 술회한다. 그러나 학교에서 물러난 것에 대해 큰 충격을 받고 영국 케임브리지대학으로 향한다. 마음도 달랠 겸 자신을 뒤돌아보기 위해서였을 것이다. 그곳에서 공부하며 체류할 때 다가온 시의 형식이 '기승전결(起承轉結)'이다. 5·18 직후여서 이방인들이 망명자냐고 물을 때 극심한 정신적 혼란과 실의에 빠져있던 시기이기도 하다. 이 무렵 이방에서 자신과 우리의 모습을 보다 내밀하게 탐구하였다. 그가 쓴 작품은 300여 편으로 1993년 『기승전결』이라는 시집을 세상에 내놓는다.

'기승전결'에 대해 범대순 시인은 우리를 있게 하는 원리이고 사상이며 생명이라고 하였다. 즉 사계절이 뚜렷한 우리나라의 계절 변화에서 그 원형을 착안한 것으로, 생성하고 무성했다가 사멸하는 원리를 계절의 순환과 생명의 생성, 그리고 죽음의 원리를 상징하고 있다. 이는 서양사상이 너무 과정을 중시하고 있기 때문에 어딘지 불안하다고 인식한 결과이다. 과정에서 원인과 결과를 찾고 있으므로 부분적이기 쉽고 부분적으로 판단하기 쉬우므로 사물을 전체적으로 판난하는데 약하다고 판단한 것이다. 이에 반해 기승전결은 전체를 강조하는 사상이다. 그러므로 생성에서 과정은 물론 결말까지 전체를 조망할 수 있다. 범대순 시인은 이러한 사상을 그의 시에 적용하려 했던 것으로 보인다.

이렇듯 그가 기승전결 사상을 시에 대입시킨 것은 외국에서 연구하는 동안 끊임없이 변화의 압력을 받고 심중한 전통적 태도를 보이는 영국에서조차 마찬가지로 기승전결이 추구하는 종합적인 정신에 미치지 못함을 느끼면서 우리 민족의 삶의 정신이며 체질인 기승전결 사상을 생각한 것이라고 볼 수 있다.

그러나 우리 민족의 사상이 깃든 전통 형식인 기승전결은 자칫 진부하기 십상이다. 언제나 새로운 흐름을 강요받고 있는 현대시에서 기승전결이라는 형식은 시작이 있고 중간과정을 거쳐 결말에 이르는 형식이다. 어쩌면 너무나도 뻔한 형식과 내용이어서 새로운 상상력을 요구하는 현대시에 알맞은 시의 형식이 될 수 없다. 이러한 위험부담을 안고 그가 기승전결의 형식과 사상을 자신의 시에 적용한 것은 그의 시론에서 연유한다. 즉 그는 시는 형식과 내용이 함께 완벽을 추구해야 하는데 한시(漢詩)의 형식인 기승전결이 한국시사에서 단절되고 있는 것을 불행하게 생각하였다. 시가 어쩔 수 없이 형식과 사상에 있어서 과거의 영향을 갖고 있다는 것은 전제되어야 한다고 생각하였다. 시가 전통적이어야 하는 것은 아니지만 시가 어쩔 수 없이 형식과 사상에 있어서 과거의 영향을 갖고 있다고 믿었다.

그렇기 때문에 그는 기승전결이 시의 형식과 사상을 갖춘 위대한 그릇이라고 생각한 까닭인데 기승전결이 현대적 사상과 감정을 담는데 손색이 없다고 판단한 것이다.

범대순 시인의 기승전결 형식은 1993년 『기승전결』을 출간한 후 이듬해인 1994년에 펴낸 『백의 세계를 보는 하나의 눈』에까지 이어진다. 이들 시편은 그가 이방에서 쓴 300여 편 중에서 선정한 것들이다. 이들 작품들은 그의 삶에서 만나는 다양한 경험을 형상화시킨 것들로 특히 그는 관념을 배제하고 경험을 더 신뢰하며 시를 쓴다. 이는 자신을 궁극적으로 지배하는 것은 이성이나 관념보다는 경험을 통해서 자신이 형성되었기 때문이라고 고백한 것에서 알 수 있다.

> 나무랄 수 없이 완벽한 하늘을
> 평생에 한 번만이라도 그려봤으면,
> 우러러보는 것만으로도 어림없고
> 고개를 떨어뜨리고 생각한다.
>
> 아버지가 장군을 지고 나간 뒤에
> 통시깐에 짚다발이 그대로 널린 것을
> 어머니는 맨손으로 서슴없이 쥐었다
> 한줌씩 조심조심 두엄자리에 버렸다.
>
> 옆에 놀다가 나는 코를 싸고 달아났다.
> 또랑에서 손발을 대강대강 씻고
> 저고리 치맛자락에 묻은 것도 닦고
> 어머니는 부리나케 부엌으로 들었다.
>
> 생각지도 않은 일인데 글을 쓰다가

늦은 가을 온 들이 푸른 하늘에 닿는
아버지가 장군을 지고 가는 모습과
뒤를 치우고 부엌에 드는 어머니를 본다.

-「기승전결(起承轉結)」 전문

4행 4연으로 구성된 기승전결의 시형식을 보여주고 있는 작품이다. 첫 연에서 화자는 "나무랄 수 없이 완벽한 하늘을/평생에 한 번만이라도 그려봤으면," 하고 소원한다. 그것이 쉽지 않기 때문이다. 2연과 3연에서는 어린 시절 아버지가 똥간에서 장군을 지고 나간 뒤에 어지럽혀진 똥간의 뒷 마무리를 어머니는 맨손으로 처리하는 것을 보았다. 그리고 어머니는 손을 대강대강 씻고 부엌으로 들어간다. "옆에 놀다가 나는 코를 싸고 달아났"지만 아버지와 어머니는 아무런 망설임도 없이 냄새나는 똥간에서 일한다. 4연에서는 다시 현재로 돌아와 어머니의 모습을 떠올리며 이것이야말로 "늦은 가을 온 들이 푸른 하늘에 닿는" 모습과 오버랩되는 것을 깨닫는다. 즉 화자가 완벽한 하늘을 그려보고자 하지만 보지 못하다가 어느 날 어린 시절 아버지와 어머니의 일을 생각하며 그것이야말로 하늘을 보는 것이라고 인식하게 된다. 기승전결은 시의 형식뿐만 아니라 내용에 있어서도 「기승전결」에서 보았듯이 우리 선조들의 삶 속에 배어있는 전통과 그리고 '하늘'로 은유된 어떤 정신을 내포하고 있다.

4.

1994년 범대순 시인은 『유아원에서』를 펴내는데 첫 시집을 펴낼 때부터 30여 년 시를 써 오면서 시집에 수록하지 않은 것들을 묶은 것들이다. 이 시집에서 특히 주목되는 작품들은 제1부에 배치된 짧은 시편들이다. 그동안《심상》,《원탁시》에 실려 화제가 되었던 것들로 모두 4연 20행 내외의 형식을 취하고 있다. 이 짧은 시는 특히 명사형의 시어들이 많이 등장하는데 이는 감정을 최대한 절제하려는 의도 때문으로 보인다.

이렇듯 짧은 시를 오랫동안 실험한 결과 그는 마침내 2년 후인 1996년에 펴낸『아름다운 가난』에서 보여주는 절구(絶句) 시집으로 나타난다. '범대순 절구시집'이라고 스스로 명명한 이 시집의 작품들은『유아원에서』보여준 짧은 시의 실험을 정리하여 완성한 시형식을 취하고 있다. 모두 4연으로 구성되어 있는데 20행에서 한 자도 벗어나지 않고 있다. 이 짧은 시에서도 자신의 기승전결을 지키고 있는 점이 특히 눈에 띈다. 여기에서도 시인은 "기승전결은 내 방식으로 말하면 시작과 끝인데 이 절구시집에 나의 시작과 끝, 즉 아름다운 가난과 사는 그 작고 큰 없음을 공존시키면서 그것이 실로 하나임을 말하고자 하는 것이다. 왜냐하면 그것은 같이 나의 인생이기 때문이다."고 고백하고 있다. 더불어『기승전결』보다 더 발전한 것으로 인식하고 있다.

이 시집에 나타나는 내용들은 시인의 어린 시절 가난했던 시절과 우리가 잃어버린 자연, 초현실적인 그러나 우리의 현실에 면면히 살아있는 인식을 담았다. 그리고 황혼에 든 자신의 고독과 극복을 형상화했다. 1연을 2행으로 하면 4연 20음절, 즉 8행 8음절 20음절로 구성된 그의 절구시는 절제된 감정과 정신을 담아냈는데 우리 민족의 호흡과 일치하는 것으로 노래처럼 잘 읽히는 것이 특징이다.

이 시집에는「아름다운 가난」과「사는 그 작고 큰 없음」등 2편이 실려있는데 모두 소제목은 없고 일련번호를 붙였다. 한 편 한 편이 독립된 작품으로도 읽힐 수 있지만 모두 111번까지 숫자를 붙여 한

편의 긴 시로도 읽히고 있어 그가 이 시집에 얼마나 공을 들였는지를 짐작해 볼 수 있다.

1
봄날
앞마당

쌀 뉘
가리는

할머니
옆에

의 좋은
암탉.

2
겨울
밤이면

문 밖에
속 옷

토실
토실한

이 동태
사냥.

「아름다운 가난」에 처음 등장하는 작품들이다. 첫 작품에서는 봄날 앞마당에서 쌀의 뉘를 가리는 할머니 옆에 쌀 부스러기가 땅에 떨어지면 먹으려고 있는 암탉의 모습을 마치 카메라로 한순간을 포착한 것 같은 사진 한 컷의 모습을 보여준다. 두 번째 작품에서는 앞의 작품의 이야기를 이어가지 않은 전혀 다른 풍경을 제시한다. 겨울밤 문밖에 걸어둔 속옷만을 제시하고 있는데 이는 그 시절 이가 하도 많아 추운 날씨에 이를 소탕하기 위한 것으로 절제된 형식을 보여준다. 두 작품은 서로 연관성이 없어 보이지만 어린 시절 가난한 모습들을 마치 카메라로 구석구석 촬영한 것처럼 보여 궁극적으로는 하나의 이야기로 통일성을 이루게 한다.

시인은 「아름다운 가난」에서 겨울에도 맨발로 산 한 어린이가 겪은 세상을 단순하고도 정직하고 직관적으로 그리게 하였다는 그의 말에 공감이 가는 것은 서정시 역시 체험을 바탕으로 하였을 때 그 감동의 깊이와 폭이 넓은 까닭일 것이다.

『아름다운 가난』과 더불어 범대순 시인은 『세기말 길들이기』를 함께 펴냈다. 이 시집도 절구시집의 형식을 갖추었다. 『세기말 길들이기』에서도 크게 바라보면 「세기말 길들이기」와 「靜夜思」 등 2편의 작품이 수록되었다. 그러나 내면을 들여다보면 모두 제목이 붙은 시작품 50편씩 100편으로 구성되었다. 다만 『아름다운 가난』이 유년의 정서적 사건들을 담아낸 것이라면 『세기말 길들이기』는 시인의 말대로 20세기를 바라보는 여러 생각들이 깃들어 있다.

지존
막가파

겨울
여름에

저물고
동 튼

뒤섞인
하늘
-「세기말 9」 전문

한때 온 나라를 충격에 빠뜨렸던 이른바 지존파라고 불리는 살인 집단의 무차별적이고 잔인했던 인명 경시 풍조가 횡행하는 현실을 형상화한 것이다. 「세기말 4」에서도 향락적이고 소비지향적인 물질 중심의 자본주의의 폐해를 드러내고 있는데 그가 시를 쓰기 시작한 이후 끊임없이 관심을 보여준 사회성과 현실의 모순을 드러내고 있다. 이밖에도 점점 사회문제가 되고 있는 노인 문제를 「양로원」에서, 남북분단 현실을 「통일로」에서, 외국에 아이를 팔아 돈을 버는 세태를 고발한 「입양문제」 등 우리 사회가 안고 있는 제 문제에 관심을 보여주고 있다.

5.

시인으로서 본분을 다해야 한다고 생각한 듯 끊임없이 시집을 발표하던 범대순 시인은 또다시 1999년 『北窓書齋』를 펴냈다. 이 시집에서는 그간 끊임없이 탐구해 온 시에 대한 실험을 내려놓는다. 그렇지만 눈에 띄는 것은 모든 시편이 산문이라는 형식을 보여준다. 그가 시의 형식을 풀었으나 정신은 기승전결의 기본을 지키고 있어 여전히 그의 시는 고집스러움을 지켜나가고 있음을 알 수 있다.

이 시집에는 장소성을 나타내는 작품들이 많다. 「시골장」, 「목포 오거리」, 「다시 오거리」, 「또 다시 목포 오거리」, 「목포의 흑백사진」, 「뒤안이 넓은 집」, 「마라도 기행」, 「광주 충장로」, 「북창서재」, 「다시 북창서재」, 「소재 구렁목」, 「목포 오거리 나의 터미널」, 「목포 취가」, 「비엔날레 기행」, 「무등산」, 「천지」 등이 그것들이다. 칠십 줄에 들어가니 옛날 생각이 많이 나서일까.

> 꿈은 언제나 살아서 깨어 있다. 가슴 속에 온도로 때로는 파도로 목포 오거리가 나에게 그러하듯 그리움으로 알몸으로 깨어 있다. 오거리는 언제나 사나움의 푸른 빛살들 밤에는 더욱 아름다운 맨발로 뛰는 사람들 소나기 같이 욕설이 시원하게 길을 적셨다. 무수히 손때가 그리운 바위산에 다았었다. 나는 거기서 젊음을 배웠었다. 젊음의 부두와 그리고 기적(汽笛)을 배웠었다. 떠나가면서 들어오고 들어오면서 떠나가는 소리 전설 같기도 울분 같기도 한 바위를 배웠었다. 逸松도 三夏도 平步도 載錫도 다 가버린 오거리 송사리들도 날개를 달고 멀리 바다로 날아갔다. 그리하여 지금은 슬픔 같기도 하고 기쁨 같기도 한 옛날 젊음이 나를 멀리 거기 우두커니 서서 있다.
>
> -「木浦 오거리」 전문

이 시집에서 범대순 시인은 유독 목포교육대학에서 교수로 있던 젊은 시절을 많이 회상하고 있다. 유달산에 올라갔다가 "거기서 젊음을 배웠었다."고 기도하고 항구도시 목포에서 "젊음의 부두와 그리고 기적(汽笛)을 배웠었다."고도 술회하고 있다. 특히 시인 권일송과 윤삼하, 서예가 서희환 등과 한때 같이 어울려 다녔던 것을 회상하고 있다. 이들은 벌써 이 세상을 떠나버렸으니 그들을 그리워하면서 그 시절의 젊음과 꿈을 뒤돌아보고 있다. 이렇듯 특정한 장소와 공간을 통해 그곳에 얽힌 이야기들을 반추하는 작품들에서 때로는 그리움과 더불어 회한의 정서를 환기시키고 때로는 삶의 의지를 드러내기도 한다.

한편 『北窓書齋』에서는 「다시 三夏에게」, 「南秀 생각」, 「金宗吉 선생」, 「黃吉顯 詩人을 위하여」, 「李炳勳 詩人을 위하여」, 「할머니 생각」, 「아내도 고희」, 「中洋 선생」, 「성춘경 시인」 등 인명이 많이 등장한다. 산문이라는 시 형식으로 비교적 자유롭게 시를 서술한 이 시편들에서도 함께 교분을 쌓던 시절을 회상하며 추억하고 있다. 더불어 그들에게 자신의 메시지를 보이기도 한다.

2002년에 펴낸 『破顔大笑』 역시 산문시를 묶은 것들이다. 그러나 『北窓書齋』 보다 짧은 형식을 보여준다.

'파안대소'는 어처구니없는 정황을 맞게 되었을 때 터져 나오는 웃음이다. 그러나 기가 막혀서 웃는 역설적 행위이다. 그러므로 웃음이지만 웃음이 아니다. 겉으로는 즐거운 소리를 내지만 심층에는 준엄한 비판이 숨어있다. 이 시집에는 낭만적이랄 수만은 없는 시대의 특징을 반영하고 있다. 더불어 상황에 대한 주체의 초탈이 담겨있기도 하다. 파안대소 속에는 애정, 역설, 해학, 초탈, 은혜, 비판, 절망 등 다양한 기능이 내재해 있다.

범대순 시인은 파안대소를 '헛소리'라고 하였다. 헛소리는 알다시피 무의미 없는 소리인데 미친 사람이거나 정신없는 사람이 지껄이는 비정상적인 소리이다. 그렇지만 범대순의 헛소리는 의미 이상의 진실을 가지고 있다. 세상을 향해 바른 소리를 하면 헛소리가 되는 시대에 범대순의 헛소리는 역설적이어서 진정 바른 소리이다. 일종의 깨달음음이며 비판이다.

유명한 사람들이 많이 보였다. 그들은 모두 북소리 같이 말했다. 꽃을 단 사람들이 품앗듯 박수를 주고받았다. 구석진 자리 나는 다만 수를 채웠다. 서울은 헛소리다. 그러자 비로소 마음이 풀렸다. 천리 길 단일로 돌아오는 밤기차 속에서 나는 이제 서울에 더는 빚이 없다 그렇게 생각했다. -「헛소리다」 전문

오늘날 사회 저명인사라는 사람들이 한 말씀 하면 수많은 사람의 생각은 단숨에 묻히고 유명 인사의 말만 살아남는다. 유명한 사람의 목소리가 북소리처럼 크기 때문이다. 유명하다는 것은 하나의 권력이다. 그래서 매우 정치적이다.

화자는 "유명한 사람들이 많이" 모이는 곳에서 "북소리같이 말"하는 그들의 소리를 들었다. 그러나 화자는 유명한 사람들과 다른 생각을 하고 있었던 것 같다. 북소리 같은 큰 소리에 진실이 묻혀버리는 서울에 갔다가 단숨에 서울을 빠져나와 돌아오는 화자는 "밤기차 속에서 나는 이제 서울에 더는 빚이 없다"고 생각한다. "서울은 헛소리"이기 때문이다.

6.

끊임없이 보헤미안적인 범대순 시인의 기질은 마침내 자신의 심층에 있는 원시적 야성을 일깨운다. 그것이 2005년에 펴낸 『나는 디오니소스의 거시기氣다』이다. 이 시집은 자신의 시작품에 대해 담론을 좋아하는 시인의 담론 「시적 진실인 나의 야성」에 밝혀져 있듯이 문명 비판적인 시각과 끊임없이 시의 새로움을 추구하는 자신의 야성적 기질을 말하고 있다.

나는 집요하게 나를 세뇌시킨, 기승전결에서 탈출할 수 있었고 이 탈출은 가장 파격적이고 가장 야성적이고 자기 파괴적이면서 문화비평적인 싸움이었다. 그 싸움에서 나는 내가 이긴 것으로 믿고 있다.

나는 『나는 디오니소스의 거시기다』가 평생 야성을 찾는 나의 예술을 대표했으면 한다. 그러나 나는 아직도 끊임없이 안이한 문화의 유혹을 받고 있으며 이것은 늘 생활에 대한 실용성과 교차하면서 나의 시적 진실성을 위협하고 있다. 나의 자연 나이는 공자도 누리지 못한 80이지만 그러나 나의 시적 시간은 결코 그 끝부분에 다 있지 않다. 물론 현실적 한계는 늘 나를 춘하추동, 즉 춘추, 세월, 즉 기승전결로 계산하려 하고 있는 것도 사실이다. 기승전결을 간략하게 줄이면 시작과 끝이 된다. T.S. 엘리엇의 시 「사중주」의 첫 구절은 '시작은 끝이요 끝은 시작이다'로 시작되고 있다. 이것은 엘리엇이 힌두교의 직관에서 배운 것으로 짐작된다. '나는 가끔 나의 끝을 인식하고 있다.' 이것을 힌두교의 가르침으로 풀어보자면 내가 어떤 출발점에 서 있는 것이 되기도 한다. 그 출발점이 원시적 야성이기를 나는 바란다. 나는 이 길이 나를 오래 살리는 길이라고 믿고 있다. 야성 즉 그 생명력으로 나의 과거와 현재 그리고 미래를 하나의 카오스 속에 뒤섞으면서 그것이 하나의 예술로 기억되기를 나른 바란다.

- 범대순, 「시적 진실인 나의 야성」 중에서

그는 이 시집을 통해 시적 진실을 '야성'에서 찾고 있다. 그가 평생 탐구해 온 야성은 초기에 기계시와 백지시를 추구하다가 노자의 사상을 현대화하는 시, 기승전결 형식의 시, 산문 형식의 단형시, 그리고 자유분방하면서도 광적인 시에서 짐작할 수 있듯이 아방가르적인 시적 궤적은 어지러울 정도로 변화무쌍하다. 『나는 디오니소스의 거시기氣다』라는 새로운 깃발을 들고나오기 위해 그동안 천착해 온 기승전결에서 탈출하고자 하였음을 밝히고 있다. 이렇듯 늘 변화를 추구하는 그의 기질과 이전의 시와는 다른 낯섦에서 야성이 빛나는 것은 당연하다 할 수 있다.

그러므로 범대순 시인은 『나는 디오니소스의 거시기氣다』를 평생 야성을 찾는 자신의 예술을 대표하는 마음이었던 것 같다. 안이한 문화의 유혹을 받으면서도 그것을 뿌리치고 새로운 시의 영토를 확장한 그의 승리감이 느껴진다.

> 나는 너무 갇혀 있었다.
> 나는 너무 뜰에 갇혀 있었다.
> 나는 너무 골목에 갇혀 있었다.
> 나는 너무 산에 들에 갇혀 있었다.
> 나는 너무 강에 구름에 갇혀 있었다.
> 나는 너무 푸른빛 붉은빛에 갇혀 있었다.
> 나는 너무 나의 신장에 나의 체중에 갇혀 있었다.
> 나는 너무 나의 춘하추동 나의 기승전결에 갇혀 있었다.
> 나는 너무 너의 눈 너의 입 너의 가슴에 갇혀 있었다.
> 나는 너무 너의 꿈 너의 해 무지개에 갇혀 있었다.
> 나는 너무 그들의 행진 그들의 깃발에 갇혀 있었다.
> 나는 너무 그들의 사람에 짐승에 갇혀 있었다.
> 나는 너무 그들의 신들에 갇혀 있었다.
> 나는 너무 늦게 광기를 발견하였다.
> 나는 지금 광기와 같이 자유롭다.
>
> -「나는 너무 갇혀 있었다」 전문

고대 그리스신화에 등장하는 디오니소스의 광기처럼 자신의 시적 광기로 시를 일궈온 범대순 시인은 끊임없이 변화를 추구해 왔음에도 불구하고 "나는 너무 갇혀 있었다"고 통찰한다. "뜰"과 "골목"과

"산에 들에" "강에 구름에" " 푸른빛 붉은빛" "신장에 나의 체중에" "춘하추동 나의 기승전결에 갇혀 있"었음을 깨닫고 "나는 너무 늦게 광기를 발견하였다."고 실토하기에 이른다. 그래서 마침내 "나는 지금 광기와 같이 자유롭다."고 쾌재를 부르고 있다. 시인의 예술관과 삶을 대하는 태도가 잘 나타나 있다.

7.

2011년 4월 2일 범대순 시인은 개인 시낭송회를 개최한다. 오후 3시부터 5시까지 이어진 이 시낭송회는 그 무렵 펴낸 『산하』의 전작을 낭송하는 행사였는데 지금까지 한국 시단에서 시집 한 권을 낭송한 전례가 없었을 것이므로 과연 범대순 시인답다는 생각이 든다. 그날 시 낭송에 참여한 후배 시인들과 시 낭송가들은 지루할 뻔한데도 불구하고 그 열기가 무척이나 뜨거웠다.

범대순 시인의 시집 『산하』의 주요 모티브는 '무등산'이다. 그 무렵 50여 년 동안 1천 회 이상을 산행했다고 하였다. 그래서 그와 가까운 광주의 시인들은 오래전부터 그가 언제쯤 무등산 산행 1,000회를 달성할 것인지에 궁금해할 정도로 관심을 가졌다.

『산하』는 무등산에서 우연히 마주친 풍경 묘사에 머물지 않고 자신의 기억과 삶, 그리고 자유로운 상상력이 새로운 의미를 낳는다.

무등산 덕산 계곡 내내 겨운 산길
한여름 흐르지 않은 물을 그리며 걸었다

마침내 바람재 맑은 바람 맑은 까닭
지팡이가 먼저 알아보고 누워버린다

저만큼 노란 날개 붉은 부리의 산새들
서로 추상으로 말해도 다 알아듣겠다

도시도 민주주의도 동상도 얼마나 다 헛소리냐
바람재에 서면 그렇게 생각해도 죄가 아니다

-「바람재」 전문

화자는 "무등산 덕산 계곡 내내 겨운 산길"을 걸어간다. 무더운 여름날이어서 갈증이 났을 것이다. "마침내 바람재"에 이르렀는데 머리가 개운하다. 산을 오르기 위해 뻘뻘 흘렸던 땀도 바람재의 바람이 식혀줬을 것이다. 바람재는 도심에서 멀리 벗어난 공간이기 때문에 바람이 맑은 까닭이다. 이때 산새 소리가 들려왔다. 알아들을 수 없는 산새 소리이지만 다 알아듣는다고 한다. 지금까지 인류가 이룩한 문명인 "도시도 민주주의도 동상도 얼마나 다 헛소리"라고 말한다. 문명 비판적이고 이성적인 인간의 노력을 화자는 문명 세계와 한 발짝 떨어진 자연에 와서 비로소 그 실체를 바라보는 것이다. 그렇기 때문에 "바람재에 서면 그렇게 생각해도 죄가 아니다"라는 인식에 도달한 것이다. 그동안 인류가 도시니, 민주주의니 하면서 소리쳤던 것들이 얼마나 탐욕스러운 것들이었는지를 시인이 산에 와서, "맑은 바람"의 세례를 받으며 깨달았듯이 자신의 내면에 깃든 모순과 부조리를 통찰하기 위해 산에 오르는 것이 아닐까 하는 생각이 든다.

시집 『산하』를 펴낸 이후 1년 만에 다시 『가난에 대하여』를 출간한다. 이 시집 역시 주된 시적 소재는 산이다. 날마다 무등산에 오르내리는 것이 하루 일과가 된 까닭인지도 모른다. 그러다가 그의 마지막 시집인 『무등산』을 2013년에 펴낸다.

『무등산』에는 101편의 시가 수록되어 있다. 56편은 신작이고 45편은 발표한 것들이다. 평생 무등산을 산행하면서 고개 이름, 바위 이름을 제목으로 때로는 비유로 쓴 작품들이다.

> 중국 고전에 비유하고 때로 과장하고 영풍명월하면서 끊임없이 자기를 일상에서 멀리 하였다. 따라서 힘들어도 글에 자기의 거친 숨결이 보이면 정도가 아니었다. 나는 아니다. 나의 산행은 잃어버린 무등산의 원시를 찾아가는 고산고수(苦山苦水)의 길이고 자기의 영혼과 육체로 짊고 산을 오르는 짐꾼이고 셰르파의 기록이기도 하다. 진경(眞景)에 대한 인식도 다르다. 나는 자기 자신에게 단순하고 순수하고 솔직하다. 그리고 산행이 고행이고 중독이고 광기이기 때문에 그래서 산행인 것이라고 나는 믿고 있다. -「시인의 말」 중에서

인용문에 의하면 옛사람들은 자연을 감상하면서 자신을 드러내지 않았다. 그러나 범대순 시인에게 산행은 "잃어버린 무등산의 원시를 찾아가는 고산고수(苦山苦水)의 길이고 자기의 영혼과 육체로 짊고 산을 오르는 짐꾼이고 셰르파의 기록이다"고 한다. 원정대와 함께 에베레스트를 오를 때 무거운 짐을 지고 오르는 고통스러움의 기록이 자신의 시라는 뜻이다. 이때의 고통은 단순히 육체의 고통만을 말하는 것이 아닐 것이다. 원시를 찾고자 하는 고통이어서 고통이지만 고통이 아니다. 이러한 그의 지칠 줄 모르는 산행은 한편으로는 고행이지만 그러나 중독이고 광기이다.

그렇다면 그가 영혼과 육체를 짊어지고 오르는 산에서 구하고자 하는 원시성은 무엇인가.

무등산 솔바람은

눈보라 속
큰불이 식는 소리를 낸다

서석 입석 규봉이
찬 겨울과 같이
타는 원시를 달래고 있다

덕산 지공 너덜겅
아직 흥분이 가시지 않은
둥근 돌의 그리움

사람들이 서서 그렇듯
지리산이 그렇듯
눈감고 같이 부르는 노래

무등산 솔바람은
헤아릴 수 없는 삶
멀고 아득한 마음 그 자색(紫色)을 분다

-「무등산 솔바람」 전문

도시 문명 속에 매몰되어 살아가는 자신이 두려웠을 것이다. 그래서 시인은 자꾸 원시와 야만의 자연을 그리워하며 그것들이 남아있는 산을 찾아다녔을 것이다. 어린 시절부터 늘 보아온 무등산에서 시인은 그리워하는, 자신에게서 달아난 원시성을 찾아 무등산에 오르는 일에 몰두했을 것이다. "무등산 솔바람은/눈보라 속/큰불이 식는 소리를" 듣고, "서석 입석 규봉이/찬 겨울과 같이/타는 원시를 달래고 있"는 것도 본다. 뿐만 아니라 무등산 구석구석 다니면서 오래전에 잃어버린, 그래서 인간이 지니지 못한 원시를 찾는 것이 있으리라. 그런 까닭에 "무등산 솔바람은/헤아릴 수 없는 삶/멀고 아득한 마음 그 자색(紫色)을" 부는 것을 보았던 것은 아닐까.

뿐만 아니라 시인은 "무등산 새인봉에선/산새도 바위도 조선말로" 놀고, "전라도 사투리 같이 모음자음이 따로 없"(「새인봉」)는 것도 듣는다. 더 나아가 무등산에서 "아프리카도 히말라야도 모두 다 같이 있"음을 보고, "무등산 규봉에서는 계절은 의미가 없"(「무등산 규봉」)음도 발견한다. 이는 무등산뿐만 아니라 원시를 간직하고 있는 순결한 자연이어서 그가 즐겨 찾는 풍경들일 것이다. 다시 말해 범대순 시인은 욕망으로 건설한 문명사회에서 지은 죄, 혹은 때 묻음을 자연이 불어주는 바람이 씻어주는 세례를 받기 위해 산에 중독되어 올랐던 것이다.

고향의식과 실존의 서정

— 이흥식 론

1.

이흥식(李興植)은 1942년 의사이며 장흥호생병원 원장인 이준용의 외아들로 전남 장흥군 장흥읍 기양리에서 태어났다. 장흥초등학교 44회를 졸업하고, 광주로 진출하여 광주서중학교를 졸업하였다. 이후 서울 경동고등학교를 거쳐 고려대학교 의과대학을 졸업하고, 서울대학교 대학원을 수료, 전문의과정을 마쳤다. 군의관으로 입대하여 이동외과병원 수술실장, 포사 의무참모로 근무하다가 만기 제대하였다. 어려서부터 글쓰기를 좋아했던 그는 〈의학신문사〉 자문위원을 하기도 했는데, 신갈을지병원에서 진료부장 겸 부원장을 역임하였다. 이후 서울 강남구 대치동에서 서울호생병원을 열어 원장을 역임하였다.

이흥식의 문학적 연대기에 대해서는 아쉽게도 별로 알려진 것이 없다. 또한 문학과 관련된 자료 또한 유실되어 그의 문학적인 삶에 대한 자료들이 유실되어 안타깝다. 스무 살 무렵인 1962년 《자유문학》 제5회 신인상에 「당신과 나를 위한 說話」로 입상되었으나, 1968년 《현대문학》에 「전장은 뜰보다 슬프다」로 초회 추천받는다. 이후 1972년 「봄비가 내리는 창가에서」로 추천 완료되어 시단에 나온다.

그러는 사이 1965년 수도의과대학 주최 제1회 우석문학상을 수상하게 되는데 이 무렵은 그가 군 복무 중으로 수상 작품명이 「병원선의 봄」인 것으로 보아 그때의 체험을 시로 형상화시킨 것으로 짐작해볼 수 있다. 그런데 안타깝게도 이 작품은 유실되어 그 행방을 알 수 없다. 그보다 세 살 아래인 고종조카 손태원(홍익대학교 교수 역임) 박사의 증언에 의하면 1965년 의대 재학 중 KBS의 환자를 위한 라디오 프로그램인 〈희망등대〉의 고정 시인으로 매회 이흥식의 시가 소개되었을 정도로 시에 깊이 빠져있었다고 한다. 또한 이흥식은 세계시인협회 회원으로 활동하기도 하였다고 하는데 이 단체에 대해서는 알려진 바가 없다.

아쉽게도 이흥식 시인은 2007년 66세의 일기로 일찍 타계하여 시인으로서의 아쉬움이 크다. 더욱이 생전에 시집을 낸 적이 없어 시인으로서의 그의 존재가 우리 문단에 별로 알려진 것이 없다. 그러므로 이 글은 이흥식 시인의 삶과 더불어 작품세계를 규명하는 의미가 있다고 하겠다.

다행스럽게도 친척들을 통해 이흥식 시인의 작품들을 발굴하여 아쉬운 대로 작품집으로 엮었으나 아직 햇빛을 보지 못한 작품들이 있을 것으로 짐작된다. 이는 앞으로 연구자들에 의해 발굴되기를 기대한다.

2.

이흥식 시인은 평생 결혼하지 않고 살았다. 그가 의사라는 선망하는 직업을 가지고 있으면서 왜 결혼을 안 했는지는 알 길이 없지만, 그의 가족인 누님들의 성화도 있었지만 혼자 살았다. 그런 까닭에 그의 작품이 제대로 보관되지 못하고 많이 유실되었을 것으로 짐작이 된다. 또한 작품의 발표연대를 알 수가 없어 작품세계의 흐름을 전혀 짐작할 수가 없는 것이 이 시인을 연구하는 데 많은 어려움이 있을 수밖에 없다. 그러므로 그의 유작인 이 시집은 대체로 작품 경향별로 구성되어 있다.

그런데 그의 시적 언어는 한문으로 된 것들이 많고 1960년대 시의 한 특징처럼 난해한 문맥들이 눈에 띈다. 그의 작품은 대부분 젊은 시절에 써진 것들이어서 때로는 감성이 앞서는 것들이 많은 것이 사실이다.

그의 작품 경향들을 보면 어렴풋이 작품의 흐름이 감지되는데, 주로 시작을 젊은 시절에 몰두한 것이라는 생각이 든다. 그가 오랫동안 살아남아 작품에 몰두했다면 보다 아름답고 수준 높은 작품을 생산했을 것이 분명하여 일찍 세상을 타계한 것이 안타깝다.

그의 작품 경향은 인간으로서의 존재에 대한 자각과 실존의 문제를 다룬 작품들, 고향에 대한 인정과 그리움을 그린 작품들, 자연의 변화와 아름다움을 그린 작품들, 계절의 흐름과 철마다 변화하는 풍경의 아름다움과 심상을 그린 작품들, 이성에 대해 때로는 애틋하고, 때로는 안타까운 심정을 보여주는 작품들, 그리고 군 시절의 체험과 분단의 아픔을 체험을 통해 비판적인 시각으로 다룬 것들과 병원 생활에서의 생체험들, 마지막으로 도시 메커니즘을 다룬 모더니즘적인 세계를 형상화시킨 작품들, 일상의 다양한 체험을 노래한 시편들로 나누어 볼 수 있다.

3.

이흥식 시인의 작품들에서 두드러지게 눈에 띄는 경향은 시인 자신의 삶을 살피는 것들이다. 시인뿐만 아니라 인간은 누구나 자신의 삶을 살펴본다. 때로는 반성하기도 하고 미래를 향한 준비를 한다. 특히 시를 쓰는 시인에게 이러한 태도는 당연한 것으로써 서정시가 추구하는 본질이기도 하다. 짐작하건대 이흥식 시인의 시편들은 주로 젊은 시절 써진 것들로 짐작된다. 시를 통해 젊은 시절 시인의 모습이 드러내 보인다.

너는 허스키한 목성
나는 듣는 놈.

너와 나는
너무나 거리가 멀어

하나의 소리에
가까울진 모르지만

똑같은 문제에
엉뚱한 解答.

입과 귀가
다르다고

우리가 멀까
우리가 거리일까
-「너와 나의 거리」 전문

화자는 주로 듣는 쪽이었나보다. 이에 시적 대상은 화자와는 많이 다른 "너는 허스키한 목성"을 내는 쪽이었던 것 같다. 이를 알 수 있는 것으로 두 번째 연의 "너와 나는/너무나 거리가 멀"다고 한 것에서 유추할 수 있다. 시적 대상과 화자가 "하나의 소리에/가까울진 모르지만//똑같은 문제에/엉뚱한 解答."이라며 상대와는 전혀 이질적인 존재, 또는 그런 관계임을 알 수 있다. 여기에 대해서 화자는 "입과 귀가/다르다고//우리가 멀까/우리가 거리일까"라고 되묻는다. 이 작품은 시인이 자신의 삶과 더불어 타자의 삶을 살피고 있다. 서로 이질적이지만, 그래서 목소리가 다르지만, 그렇다고 하여 "입과 귀" 즉 말하는 것과 듣는 것이 다를지라도 가깝다거나 멀다고 말하지 않겠다고 한다. 그래서 인간의 거리는 서로 다른 목소리를 낸다고 하여서 자로 재듯이 서로의 관계를 결정짓는 것이 아니라고 말한다. 다시 말하면 흔히 하는 말처럼 자신과 생각이 다르다고 하여 우리 편, 또는 남의 편이라고도 하지 않고, 좋은 사람, 나쁜 사람이라고 할 수 없다는 것이다. 이홍식 시인이 젊은 시절부터 인간관계 설정을 어떻게 하였는지를 짐작해볼 수 있는 작품이다.

다음의 작품도 젊은 시절 시인의 생각을 들여다볼 수 있다.

짓눌린 여름 空氣가
살을 베어 삼키는
베짱이의 울음같은 序曲이 울어댄다.

나팔꽃 原色으로
'크레졸' 같은 내음이
이마위로 번져 흐른다.

江은 아직 맑은데
우리의 시달린 얼굴엔

수박씨같은 탐스럼이 깃들어 있고
눈을 흘기며 기운을 버려야하는
모진 怨恨이 가시지 않아
苦痛과 情熱을 바꿔야 한다.

流行을 좇아가는
젊은 群像들의 땀망울이,
軌道위에 메아리쳐 흐르는 結晶.

더위를 살아버리는
차거운 얼음짱의 抒情이
끝까지 스며들어

우리는 作定된 軌道위에서
늙은 마음으로
旋律을 즐겨야만 한다.

가슴을 에는 젊음의 情熱과
永遠한 歲月처럼
希望의 季節을 기다려야하고
우리의 길을 걸어야 한다.

-「젊음의 抒情」 전문

때는 "짓눌린 여름 空氣가/살을 베어 삼키는" 계절이다. "베짱이의 울음같은 序曲이 울어"대고 "나팔꽃 原色으로/'크레졸' 같은 내음이/이마 위로 번져 흐"르는 계절이어서 "江은 아직 맑"고, "우리의 시달린 얼굴엔/수박씨같은 탐스럼이 깃들어 있"는 청춘시절인데,

"모진 怨恨이 가시지 않아/苦痛과 情熱을 바꿔야 한다." 이렇듯 젊음은 고통뿐만 아니라 모진 원한이 가시지 않은 때이기도 하다. 이러한 때 "流行을 좇아가는/젊은 群像들의 땀망울이,/軌道위에 메아리쳐 흐"른다. 젊음의 청춘들은 유행을 좇아가지만, 그러나 "늙은 마음으로/旋律을 즐겨야만 한다."고 생각하는 화자는 "더위를 살아버리는/차거운 얼음짱의 抒情이/끝까지 스며"드는 '속 깊은 존재'이다. 그러므로 "가슴을 에는 젊음의 情熱과/永遠한 歲月처럼/希望의 季節을 기다려야하고" 그 "길을 걸어야 한다."고 한다. 일반 젊은 청춘들과는 다른 제법 어른스러운 정신세계를 지닌 시인의 정신지리를 짐작해볼 수 있다.

위의 작품에서 보았듯이 시인의 정신세계는 젊은 세대들의 보편적인 정신세계를 뛰어넘고 있다. 그런 까닭에 「永遠한 삶」에서 "영원한 나라" "영원한 삶"을 찾으려 하는 것이다.

하루를 怨望하는
하루살이의 벌레같이
草露와 같은 마음을 찾는
여기 우스운 우리가 있다.

여울진 그늘속에서
신기한 무엇을 찾고파하는
우리의 所望이 교차하고

피맺힌 어제의 生活도
외로운 나그네의 傳說같이
보내야하는 구석진 마음속

애달픈 눈을 감아야 하고
눈물의 방울을 씻어야 하나

福된 大地를 그려야 하고
희미한 노래를 불러야 한다.

아! 人生의 지친 줄달음질이여
모진 結實의 숱한 내음이여
멀리 사라진 산울림 같이

이제는 버려진 꿈속을 돌며
永遠한 나라를 찾아야 한다.
永遠한 삶을 찾아야 한다.

-「永遠한 삶」 전문

하루살이는 말 그대로 하루를 살다 간다고 한다. 그러므로 그 하루를 소중하게 여기기도 하겠지만, "하루를 怨望"하지 않을까. 하루밖에 살지 못하기 때문이다. 마치 "草露와 같은 마음을 찾는/여기 우스운 우리"는 "그늘속에서/신기한 무엇을 찾고파하는/우리의 所望이 交차"한다. 하루살이 같은 풀잎에 맺힌 이슬 같은 존재도 "신기한 무엇을 찾고파" 한다는 것이다. 이는 "피맺힌 어제의 生活도/외로운 나그네의 傳說같이/보내야하는 구석진 마음속//애달픈 눈을 감아야 하고/눈물의 방울을 씻어야" 하는지를 생각한다. 인생이란 '피맺히기도 하고' '외로운 나그네'와 같은 존재이기 때문이다. 그러면서도 화자는 "福된 大地를 그려야 하고/희미"하지만 "노래를 불러야 한다." 이렇듯 지친 인생이라도 줄달음질은 "모진 結實의 숱한 내음"

이 아닐 수 없다. 또는 "멀리 사라진 산울림"처럼 허망해도 모진 결실을 꿈꾸는 것이다. 그러므로 "永遠한 나라를 찾아야" 하고 "永遠한 삶을 찾아야 한다." 여기에서 영원한 나라는 특정한 어떤 장소에 있는 것이 아니어서 자신이 사는 현실에서 찾아야 한다. 영원한 삶도 마찬가지이다. 현재 살고 있는 삶을 인간답게 살 수 있다면 그것이야말로 영원한 삶이 될 수 있는 것이다.

앞에서 살펴보았듯이 이홍식 시인의 반성과 성찰의 시편들은 특별히 어떤 정서적 사건에 대해 반성하거나 성찰한다기보다는 그의 본래 생각 속에 반성과 성찰이 내재해 있는 까닭에 이미 그런 삶을 지향하고 있는 것이다.

4.

서정시의 본질에서 '고향'은 '유년'과 함께 때 묻지 않은 원초적인 공간을 의미한다. 어쩌면 인간에게 고향은 '어머니' 같은 존재여서 가장 나를 생각해주고, 가장 포근한 곳이다. 그런 고향은 언제나 탐욕스럽지 않은 시간적인 공간이어서 세상에 나와 살다가도 고향을 생각하면 마음이 정화되고 순수해져 사악하거나 삿된 마음이 사라진다. 이홍식 시인 역시 고향을 떠나 살면서 가끔 고향을 생각하며 자신의 모습을 마치 거울에 비춰보듯 살펴보는 것이다.

벌써 여러 해가 지났다.
내 그 故鄕길을 찾던 그 가을도.

무심히 피어오르던 모닥불을 지켜보며
童心의 꿈들을 마냥 수놓던 그 江둑,

이제는 그 시골에 近代化의 바람이
인다고 들었다.

첩첩이 쌓인 山과 유유히 흐르던 江에서
수없이 묻어난 情과 얼을 잊을 수 있을까.
꿈에라도 지켜보던 그 옛집에서
언제까지라도 다시 또 살 수는 없을까.

-「故鄕有情」 전문

유행가 제목과 비슷하다. 고향유정도, 고향무정도 고향을 떠나 산 까닭이다. 화자는, 아니 시인은 고향을 떠나 산 지 "벌써 여러 해가 지났다." 고향을 찾아간 지도 "故鄕길을 찾던 그 가을도" 오래된 모양이다. 화자는 "무심히 피어오르던 모닥불을 지켜보며/童心의 꿈들을 마냥 수놓던 그 江둑,"을 잊지 못하고 떠올린다. 유년의 추억은 많은 세월이 흘러도 기억에 남기 마련인데 고향에 관련된 추억은 아름답다. 그런데 "이제는 그 시골에 近代化의 바람이/인다고 들었다." 한다. 유년의 고향이 순수한 그대로의 모습이 아니라 변화한다고 하니 마음이 불편하지 않을 수 없다. 그러므로 화자는 옛 모습 그대로의 고향에서 "첩첩이 쌓인 山과 유유히 흐르던 江에서/수없이 묻어난 情과 얼을 잊을 수 있을까."를 생각하고 "꿈에라도 지켜보던 그 옛집에서/언제까지라도 다시 또 살 수는 없을까." 하며 옛날처럼 살 수 있기를 희망한다. 그러나 시인은 그것이 모두 꿈일 뿐 그럴 수 없음을 잘 안다. 화자의 고향에 대한 정과 그리움이 넘치는 작품이다.

다음 작품은 꿈속에서 보는 고향이다.

아침 햇살이 퍼져드는 창을 제쳐 놓은 채

밤늦게 돌아온 나는 선잠을 시작했다.

개소리를 듣다가 마른 침을 삼키고
꿈속에서도 일렁이는 손바닥에 땀이 흘러
나는 黃昏 神들의 黃昏을 보고 있었는 모양이다.

그리고 뒷골목에서
발가숭이 동네애들과 구슬을 치는
흡사 옛날의 나를 또 넘어오고 있었다.

눈만 감으면 메아리도 삼삼한
솔바람 소리 그리고 까치 소리.
故鄕은 누군들 나를 기다리기나 할까

나는 잠을 깬다.
지금 피로히 나를 채워버린 내가
창문 앞에 와 선 것은
빈대 벼룩으로 시달린 記憶뿐 이다.

永遠히 이 같은 어리둥절한
알쏭달쏭한 꿈길은
누구도 이해할 수 없는 悅樂의 웃음이었다.

아마 이것이 산다는 것일까.
살아남기 위하여 기다리는
죽음의 길이란 것일까.

-「故鄕의 꿈길서」 전문

"밤늦게 돌아온 나는 선잠을 시작했다." 꿈 속에서 "개소리를 듣다가 마른 침을 삼키고/꿈속에서도 일렁이는 손바닥에 땀이 흘러/나는 黃昏 神들의 黃昏을 보고 있었는 모양이다." 화자는 꿈속에서 손바닥에 땀이 날 정도로 황혼을 바라보며, "그리고 뒷골목에서/발가숭이 동네애들과 구슬을 치는/흡사 옛날의 나를 또 넘어오고 있"는 모습을 본다. 꿈 속에서 유년의 자신과 만나는 화자는 "발가숭이" 모습이며 "구슬치기"를 하고 있다. "눈만 감으면 메아리도 삼삼한/솔바람 소리 그리고 까치 소리."가 들리는 "故鄕은 누군들 나를 기다리기나 할까"를 생각한다. 소년 시절 고향을 떠나온 시인에게 고향은 인정이 넘치고 그리운 곳, 오래전에 떠나온 곳으로 돌아가면 누군가가 반겨줄지를 생각한다. 꿈을 꾸다가 화자는 잠에서 깬다. 화자가 지금 생각나는 고향은 "빈대 벼룩으로 시달린 記憶뿐"이라고 고백한다. 그렇다고 하여 고향이 부끄러운 것은 아니다. 빈대 벼룩에게 시달린 기억이 유별나게 떠오를 뿐이다. "알쏭달쏭한 꿈길은/누구도 이해할 수 없는 悅樂의 웃음이"라고 하지만 "아마 이것이 산다는 것일" 것이라고 생각한다.

다음의 「水門浦追憶」은 자신이 자란 장흥읍에서 그리 멀지 않은 포구에 대한 기억이다.

먼동이 트는 浦口의 아침,
옛 少年의 선잠이 아롱거린다.

때묻은 '런닝'에 검은살을 드러내고
바다를 찾던 내 십여 세의 記憶,

지금쯤은 어떻게 되었을까,

박꽃이 피던 그 草家지붕과
시원하던 원두막과 海上의 집들은,

모두가 어렴풋이 腦裏에 맴도는
바닷가 모래사장에 뒹굴던 그 追憶

이젠 꿈속에서나 기다려 보는가,
또 그런 여름들이 오고 있는데…

-「水門浦追憶」 전문

이 작품 역시 다른 고향 시편들과 마찬가지로 직접 고향에 가보지 못하고 타향에서 고향을 그리워하고 있다. 그 배경 또한 유소년시절로 여러 가지 추억을 소회하고 있다. 화자는 "때묻은 '런닝'에 검은 살을 드러내고/바다를 찾던 십여 세의 記憶,"을 떠올리는데 "지금쯤은 어떻게" 변했는지를 되묻는다. "박꽃이 피던 그 草家지붕과/시원하던 원두막과 海上의 집들"이 궁금하고 "모두가 어렴풋이 腦裏에 맴도는/바닷가 모래사장에 뒹굴던" 때를 회상한다. 또다시 어린 시절의 그때처럼 여름이 다가오고 있는데 "이젠 꿈속에서나" 그때를 "기다려 보는가," 하며 되돌아올 수 없는 날들을 생각한다.

5.

이홍식 시인은 66세에 타계할 때까지 독신으로 살았다. 가족들의 증언에 의하면 시인이 특별하게 결혼을 안 해야겠다든가, 그래서 독신주의를 고집했다고는 하지 않았다고 한다. 그렇다고 무슨 신체적인 결함이 있는 것도 아니어서 그가 결혼하지 않은 것은 뚜렷한 이유가 없었던 것으로 짐작된다. 이홍식 시인의 여러 시편을 살펴보면 그가 이성에 대해 관심을 가진 것을 짐작해 볼 수 있다. 다음의 두 편의 작품에서 '純'이라는 여성에 대해 호감을 가진 것을 짐작해 볼 수 있다. 물론 시는 시일 수밖에 없지만, 그가 갖는 이성에 대한 생각을 유추해볼 수 있는 단서들이다.

오늘
이 純한 지붕 아래서
몸부림치는 따거움을 바라보는

아득한 처마위에는
담배 꼬투리에 맺힌 因緣처럼
영 떨어질 수 없는 쇠사슬이 되고 말았다.

노상 은방울만 願해오던 마음이라
그렇게 서툴지는 안 했지만

그늘진 너의 얼굴을 볼 때마다
내 마음은 무얼 잃어버린 양
마음의 가시담을 쌓고 있다.

요사히는 어떠한지
잠자리는 편안한지

못내 잊을 수 없는 마음의 가슴 한자리가
이 밤도 몹시 애처롭단다.

그러나 여름이 가고 시원한 바람이 이는

天高의 季節이 온다면
너의 주위도 갸륵한 平安이 찾아오겠지

그럼 오늘은 서로가 피곤할테니
우리 그만 생각하기로 하자.
우리 그만 생각하기로 하자.

-「너와 나의 視野에서」 전문

뜨거운 청춘들이 나누는 말을 살펴보면 상대에 대한 마음이 어떠한지를 알 수 있다. 이 작품은 '- 純의 窓가에 부치는 글'이라는 부제에서 보듯 '純'은 분명 여성이다. 화자는 '純'이라는 시적 대상에게 "노상 은방울만 願해오던 마음"이라고 했다. "은방울만 원해오던 마음"이 분명하게 무엇을 의미하는지 이 작품을 통해 짐작해보기는 어려워도 화자가 純이라는 여성이 긍정적이기를 바라는 마음인 것은 분명하다. 그런데 시적 대상인 純이라는 여성의 "그늘진 너의 얼굴을 볼 때마다/내 마음은 무얼 잃어버린 양/마음의 가시담을 쌓고 있다." 한다. "그늘진 마음", "무얼 잃어버린 양", "마음의 가시담"에서 짐작하듯 純은 어떤 부정적인, 그리고 어려운 처지에 놓여 있다. 그래서 화자는 純에게 "요사히는 어떠한지/잠자리는 편안한지" 염려스럽고 "못내 잊을 수 없는 마음의 가슴 한자리가/이 밤도 몹시 애처롭"다고 고백한다. 그러면서도 화자는 "그러나 여름이 가고 시원한 바람이 이는/天高의 季節이 온다면/너의 주위도 갸륵한 平安이 찾아"올 것이라고 한다. 이성의 여성에게 특별한 감정이 있었음을 알 수가 있는 대목이다. 특히 이 작품의 말미에 "그럼 오늘은 서로가 피곤할테니/우리 그만 생각하기로 하자./우리 그만 생각하기로 하자."에서 엿볼 수 있듯이 화자가 시적 대상에게 한두 번 서간을 보낸 것이 아님을 짐작케 한다.

弱한 純의 體溫이
유리알 같이 맑아지는 瞬間.

먼 훗날을 기다리는
괴로운 時間들이 走馬燈처럼 지나가면
回復되는 花信의 記憶이 오리라.

아지랑이 아롱거린
山頂의 抒情이 흐르면
더 더욱 바쁜 季節이 오리라.

지금은
試驗中-

시달린 心身이면서도
이런 글을
쓰지 않고는 못 배기는
不信의 客이 되었오.

純
純 아!
어서 疲勞의 地帶를
벗어나라.

어서
薰風의 입김을

내 뿜으라.

나는 이렇게
꿈이 아닌
現室을 짓씹는다.
-「純의 寢牀에 부치는 글」 전문

「純의 寢牀에 부치는 글」은 부제가 '- 弱한 몸을 念慮하면서'라고 하여 더욱 애틋한 정서가 흐르고 있다. 純이라는 여성은 몸이 매우 약하다. 그래서 화자가 그것을 염려하고 있다. 몸이 약하지만 "純의 體溫이/유리알 같이 맑아지는 瞬間."은 화자가 純을 생각하는 마음이 아닐까. 純이라는 여성이 몸이 약하지만, 화자가 그 여성을 떠올리면 유리알처럼 선명하게 맑아져 보인다는 것은 어쩌면 화자가 純을 생각하는 마음, 또는 사랑의 순도일지도 모른다. 아직은 "괴로운 時間들이 走馬燈처럼 지나가"는 괴로운 시간이지만, 언젠가는 "回復되는 花信의 記憶이" 올 것이라고 기대한다. 그렇지만 "지금은/試驗中- "이다. 시험 중이기 때문에 더 지켜보아야 한다. 어쩌면 사랑하는 사람일지도 모르는 시적 대상에게 화자는 건강을 염려하며 "시달린 心身이면서도/이런 글을/쓰지 않고는 못 배"긴다고 고백한다. 그러면서 마치 절규하듯 "純/純 아!/어서 疲勞의 地帶를/벗어나라."고 외친다. 더불어 "어서/薰風의 입김을/내 뿜으라."고 하는 것이다.

앞의 두 작품은 화자가 남성이었다. '純'이라는 여성에게 서간 형식의 글이었는데 반해 다음의 「라일락꽃의 少女」는 소녀가 哲이라는 남성에게 보내는 편지글 형식으로 3인칭 형식을 띠고 있다.

보슬비 내리는 아침에

소녀는
라일락꽃이 필 날을 그리며
편지를 썼다

哲이!
라일락꽃 봉오리가 제법 굵어…

해풍이 불어오는
그윽한 마을에서
소녀는
기다리는 마음을
사연으로 적어 보냈다.

라일락꽃 같이 따스하고
향기로운 이야기와
흐뭇한 정다운 마음을

들창이 밝아오는
아침까지 자꾸만 썼다.

아차
라일락꽃이 필 날은
또 먼데
소녀는
가슴을 두근거렸다.

라일락꽃이 피면
한 가지 꺾어 가슴에 꽂고

또 한 가진
哲이에게 보내야지…

봄비가 내리는 아침에
라일락꽃은 토옥! 톡…-
눈을 뜨고-
소녀는
편지를 쓰고-
소리없이 보슬비는 나리기만 한다.
-「라일락꽃의 少女」 전문

"소녀는/라일락꽃이 필 날을 그리며/편지를 썼다" "哲이!/라일락 꽃 봉오리가 제법 굵어…" 어쩌고 썼을 것이다. "해풍이 불어오는/그윽한 마을에서/소녀는/기다리는 마음을/사연으로 적어 보냈다." 그것은 "라일락꽃 같이 따스하고/향기로운 이야기와/흐뭇한 정다운 마음을//들창이 밝아오는/아침까지 자꾸만 썼다." 그러는 사이 라일락꽃이 다 지고 말았을까. "라일락꽃이 필 날은/또 먼데/소녀는/가슴을 두근거렸다." 소녀는 "라일락꽃이 피면/한 가지 꺾어 가슴에 꽂고/또 한 가진/哲이에게 보내야지…" 생각하며 "봄비가 내리는 아침에/라일락꽃은 토옥! 톡…- /눈을 뜨고- /소녀는/편지를 쓰고- /소리없이 보슬비는 나리기만 한다." 봄날 보슬비가 내리는 날 그래서 라일락꽃이 토옥! 톡 꽃망울을 터트리는 날 소녀는 소년에게 편지를 쓴다. 지극히 단조로운 내용의 작품이지만 편지를 쓴다는 반복적인 말을 통해 비내리는 봄날 보랏빛이거나 흰빛의 라일락 꽃향기가 풍기게 하고 있다.

6.

춘하추동이 선명한 우리나라는 철마다 풍경이 다르고 의식주도 다르다. 그러므로 계절마다 삶의 방식에도 변화가 있기 마련이다. 또한 계절별 특징과는 무관하게 어떤 정서적 사건이 있다면 그것은 특별한 것으로 남아 기억되곤 한다. 「七月의 꿈」은 7월에 발표될 작품에 대한 젊은 시인의 기대가 있다.

> 七月이 왔다.
> 食糧 事情으로
> 早期 放學이 왔다.
>
> 自由文學 七月에
> 弟九回 新人賞
> 發表가 실린다는데
>
> 일주일 후에나 그 册이
> 發行된단다.
> 기다리고프다
> 기다리고프다
>
> 나의 詩人에의 꿈이 말이다.
> 나의 詩人에의 꿈이 말이다.
>
> -「七月의 꿈」 전문

이 작품은 1962년 7월에 쓴 것으로 짐작된다. 1962년 7월에 이흥식 시인은 「당신과 나를 위한 說話」를 발표했기 때문이다. 《현대문학》을 통해 1974년에 추천 완료되었지만, 시인은 그보다 훨씬 전에

《자유문학》 신인상에 입상되었다. 이후 《자유문학》에서 추천 완료하지 않고 《현대문학》에서 추천 완료한 까닭은 알 길이 없지만, 필자의 생각으로는 김광섭 시인이 발행하던 《자유문학》이 폐간되었기 때문일 수도 있다. 어쨌든 이흥식 시인은 1962년 《자유문학》에 작품을 발표하면서 설레는 마음을 시로 형상화하였다. "七月이 왔다./食糧事情으로/早期 放學이 왔다." 그렇지만 화자는 "自由文學 七月에/弟九回 新人賞/發表가 실린다는데//일주일 후에나 그 册이/發行된단다./기다리고프다/기다리고프다"라며 작품이 실린 책을 기다린다. 아니 시인으로서의 꿈이 이루어지는 것을 기다리고 있다. 시인이라면 누구나 한 번쯤 느꼈던 등단 무렵의 설렘이 아주 쉽고 정직하게 잘 그려져 있다.

이흥식 시인에게 7월은 앞에서 살펴본 설렘이 있는 달이다. 그럼 가을은 시인에게 어떻게 인식되었을까.

푸른 하늘을 向하여
유리알 같이
파아란 마음을 굴려
높은 하늘을 머리에 이어본다.
하이얀 구름을 머리에 이어본다.

가을은 정녕
나의 못견디게 안타까운
葡萄의 季節,
荒廢의 季節,

송이송이

맺혀진 그리움에
가슴조이는 孤獨의 季節
孤獨은 가을의 呼吸.
孤獨은 가을의 世界.

나는
코발트빛 想念을 지니며
먼 追憶의 溪谷을 간다.

나의 가슴엔
붉게 타 오르던
꿈마저 잊혀진
애탄 숨결이
낱낱이 부서져 내린다.

어느 때고
季節이 새겨 가면
傳說을 짓씹어야 할 그런
메스꺼운 心情은
波濤 같이 출렁이는데

설어진
내 가슴에 파아람을 안고
안타까이 나는
落葉을 밟는다.
-「가을과 나」 전문

이흥식 시인에게 '가을'이라는 계절은 유독 특별한 계절이 아닌가 싶다. 가을 시편들이 무척이나 많은 까닭이다. 오늘날에는 환경이 오염되어 맑은 하늘 보기가 어려워졌지만, 옛날에는 "푸른 하늘을 向하여/유리알 같이/파아란 마음을 굴려/높은 하늘을 머리에 이어본다./하이얀 구름을 머리에 이어본다."는 말을 실감했다. 화자는 "가을은 정녕/나의 못견디게 안타까운/葡萄의 季節,/荒廢의 季節,"이라 했다. 그것은 포도 "송이송이/맺혀진 그리움"과 더불어 "가슴조이는 孤獨의 季節"이었기 때문이다. 이처럼 하늘이 맑고 푸르러 "나는/코발트빛 想念을 지니며/먼 追憶의 溪谷을 간다."며 푸른 물빛처럼 깊은 상념을, 가을 하늘처럼 깊은 추억을 간직하고 있는 까닭이다. 그래서 화자는 "나의 가슴엔/붉게 타 오르던/꿈마저 잊혀진/애탄 숨결이/낱낱이 부서져 내린다."고 하는 것이다. 이 작품은 여린 시인의 마음이 느껴질 정도로 매우 감상적인 시편으로 아직 내밀하게 성숙한 것은 아니지만 가을의 정서가 물씬 느껴지는 작품이다.

「待春賦」는 제목이 말하듯 봄을 기다리는 시편이다. 그러므로 아직은 겨울이다.

> 그이는 오래지 않아
> 이 흙속의 풀잎들을
> 파아랗게 뽑아 올리실 것입니다.
>
> 그이는 오래지 않아
> 바람받이 비탈에 잠자는 山脈들을
> 푸른 등성이로서 소용돌이치게 하실 것입니다.
>
> 그이는 오래지 않아
> 窓 안에 갇혀있는 나를 불러내어

순한 사슴처럼 맑은 우물에 서게 하실 것입니다.
하늘위에서는 마구 눈부신 햇빛을 쏟아지게
하실 것입니다.

그리고는 그이는 드디어 편히 쉬실 것입니다.
그러면 세상은 또 한동안 눈부신 속에만
담겨있을 것입니다.

-「待春賦」 전문

이 작품의 배경은 앞에서 밝힌 것처럼 아직 겨울이다. 땅은 차디차고 찬바람이 불고 있을 것이다. 모든 생명이 죽은 듯이 움직이지 않지만, 곧 땅이 풀리고 생명의 기운이 돌 것을 기대하고 있다.

이 작품은 전체적으로 의인화법을 쓰고 있다. '그이'로 표상되는 시적 대상은 '봄'을 나타내며(때로는 神的 존재로도 볼 수 있다) 아직은 보이지 않지만, "그이는 오래지 않아/이 흙속의 풀잎들을/파아랗게 뽑아 올리실 것입니다."라며 "흙속의 풀잎"으로 표상되는 생명체들을 다시 살아오게 할 것이라고 한다. 또한 "그이는 오래지 않아/바람받이 비탈에 잠자는 山脈들을/푸른 등성이로서 소용돌이치게 하실 것입니다." 하며 단순히 땅 속에서 풀잎만 뽑아올리는 것만이 아니라 "비탈에 잠자는 山脈들을" "소용돌이치게 하실 것"이라고 한다. 그러므로 '그이'로 표상되는 '봄'은 대단한 힘을 지닌 존재이다. 생명의 고리를 말할 때 '춘하추동', 즉 봄날 새싹이 나고, 여름날 무성하였다가 가을날 풍성한 결실을 얻지만, 겨울은 세상 모든 골짜기를 사망의 골짜기로 만들고 만다. 죽음을 부르는 겨울의 힘이 쎄기 때문이다. 그러나 그 겨울을 이겨내는 것이 '봄'이니 봄은 부드럽고 약해보이지만, "窓 안에 갇혀있는 나를 불러내어/순한 사슴처럼 맑은 우물에 서게" 한다. 뿐만 아니라 "하늘위에서는 마구 눈부신 햇빛을 쏟아지게/하"는 힘을 지녔다. 화자는 바로 이 위대한 봄을 부푼 마음으로 기다리고 있는 것이다.

7.

이흥식 시인의 시적 주제에서 자주 등장하는 것은 6·25전쟁이 끝난 지 얼마 되지 않은 시점이어서일까. 전쟁(군대)에 관한 시편들이 많다. 더불어 시인 자신이 의사여서일까, 병원과 관련된 시편들도 적지 않다. 그리고 1960년대 한국시의 특징처럼 모더니즘 시편들도 자주 눈에 띈다.

먼저 전쟁 관련 시편을 본다.

> 불쌍한 低能兒,
> 너는 초콜렛을 입에 물고
> 뼈아픈 戰後의 비에 젖고 있구나.
>
> 우울한 올드미스의 長男,
> 너는 엄마도 없이 아프기 시작했고
>
> 밤마다 이름 모를
> 여인들의 손에 커왔다.
>
> 철조망 부근에서
> KOREA의 戰雲을 알리는
>
> 쓰라린 砲聲의 그날 아침이

엄마와 생이별의 첫날이었지.

이제 KOREA의 하늘 아래도
戰後의 비가 오는데

불쌍한 低能兒,
너는 고아원의 식당에서
아침상을 받고 있구나.

-「戰後의 아침」 전문

부제가 '- 다시 맞는 6·25에 부쳐'이다. 6·25 한국전쟁이 끝난 직후 어느 날의 심상을 시로 형상화한 것으로 짐작된다. "불쌍한 低能兒,"란 전쟁고아가 아닐까. 아니면 당시 전쟁을 겪은 우리나라의 어떤 소년일지도 모른다. 모두가 배고픈 시절 무엇을 먹느냐가 문제가 아니라 전쟁은 어떻게 해서든 살아남아야 한다를 가르쳤다. 그래서 "너는 초콜렛을 입에 물고/뼈아픈 戰後의 비에 젖고 있"다고 한다. 전쟁이 끝난 후 흔히 미군들이 초콜렛 등을 던져주면 그것을 받아먹었다고 하는 말과 겹쳐지는 대목이다. 그는 "우울한 올드미스의 長男,/너는 엄마도 없이 아프기 시작했고//밤마다 이름 모를/여인들의 손에 커왔다." 이러한 시적 내용은 시인이 알고 있는 특정인의 사연인지, 아니면 주변의 이야기인지는 잘 모르겠지만 시인 연배 소년들의 이야기여서 시인에게는 공감대가 더욱 컸을 것이다. "철조망 부근에서/KOREA의 戰雲을 알리는//쓰라린 砲聲의 그날 아침이/엄마와 생이별의 첫날이었지." 이젠 전쟁이 끝나 살아있는 사람들만 남아 "너는 고아원의 식당에서/아침상을 받고 있"다. 시인은 어린 나이에 겪은 전쟁의 참상과 더불어 전쟁이 끝난 이후 한국 사회의 비극적인 모습을 아프게 그리고 있다.

「괴로운 마음」은 시인으로서, 그리고 의사로서의 고뇌가 함께 어우러진 작품이다.

아쉬운 삶의 울타리가
괴로운 삶의 울타리가
둘려진 마을의 변두리를 지난다.

바이러스와 싸우는
原稿紙와 엉키는
앳된 情熱의 틈바구니 속에서

오늘도
흐르는 시냇물을 聯想한다.
아카시아의 香氣와

아네모네의 香氣처럼

希望을 쌓고 樓閣을 지어보는
早春의 괴로운 마음이다.

筆을 들겠다고
메스를 들겠다고
망설이는 時間이 가득함은
그린色 草原을 바라는 마음이다.

回復室에 들어선 患者의 얼굴처럼

輪轉機속에 들어간 新聞紙 조각처럼
가벼운 마음이 와야만 한다.
괴로운 마음이 가야만 한다.

이 瞬間도
이 季節도
서로를 爲한
마음의 窓門을 열어야 한다.
마음의 窓門을 열어야 한다.

-「괴로운 마음」 전문

"아쉬운 삶의 울타리" 또는 "괴로운 삶의 울타리가/둘려진 마을의 변두리를 지난다."에서 이곳은 실제의 어떤 마을이 아니라 "바이러스와 싸우는/原稿紙와 엉키는/앳된 情熱의 틈바구니 속에서" 만나는 일상을 의미한다. "아카시아의 香氣와//아네모네의 香氣처럼//希望을 쌓고 樓閣을 지어보는/早春의 괴로운 마음이다." 때는 아카시아 향기와 아네모네의 향기가 흐르는 이른 봄, 화자가 괴로운 것은 시를 써야 할지, 메스를 들어야 할지 망설이는 시간이 가득하기 때문이다. 세상은 봄이 와서 온통 초록의 초원이지만 "回復室에 들어선 患者의 얼굴처럼/輪轉機속에 들어간 新聞紙 조각처럼/가벼운 마음이 와야만 한다." 또는 "괴로운 마음이 가야만 한다." 이 질문에 대해 화자는 "마음의 窓門을 열어야" 함을 되풀이 하고 있다.

마지막으로 살펴볼 작품은 도시의 육교 위에서 바라보는 비 오는 날의 풍경이다. 현대문명 속에서 살아가면서 오랫동안 잃은 풍경을 기억해내는 모던한 풍경은 스스로를 뒤돌아보게 한다.

꼭 비 오는 날에는
나는 한번쯤 올라가 보곤 한다.

'레인코트'도 없이 그냥 '셔츠'만
입고서라도
어느 高層빌딩 위에서 보는 그런,
사치스러운 풍경이 아니어서인가 싶다.

거기에는 色 '파라솔'의 무늬가 떠있고
검정우산, 비닐우산의 行列이 뒤를 따른다.

높지도 않은 陸橋 위에서
鋪道 위에 떠가는 色色의 우산과
그 위를 때리며 부서지는 빗방울을 보면

나는 문득 어느 童心에서 그려지던
그 무지개의 사연을 記憶하곤 한다.

파랑빛 노랑빛 빨강빛의 그 色들,
꼭 비오는 날에는
나는 한번쯤 올라가 보곤 한다.

'레인코트'도 없이 그냥 '셔츠'만 입고서라도
高層빌딩도 아닌 낮고 흔한 陸橋위에서
잊었던 追憶의 童心들을 찾고있는 것일까.

-「비나리는 陸橋에서」 전문

화자는 "꼭 비 오는 날에는/나는 한번쯤 올라가 보곤 한다.//'레인코트'도 없이 그냥 '셔스'만/입고서라도/어느 高層빌딩 위에서 보는 그런,/사치스러운 풍경이 아니어서인가 싶다." 화자는 '고층빌딩'으로 상징되는 현대문명을 사치스럽다고 여긴다. 그런 까닭에 육교 위에 올라가 바라보면 여러 가지 색의 '파라솔' 무늬가 있고, 검정우산, 비닐우산의 행렬이 뒤를 따른다. 이러한 모습은 비 오는 날의 지극한 평범한 풍경이다. 육교 위에서 바라보는 각도, 또는 시각을 검정우산이나 비닐우산으로 기표되는 평범한 사람들보다 높은 빌딩이 아니어서 같은 눈높이가 되기 때문인데 길 위로 흘러가는 길 위의 우산에 부서지는 빗방울을 보면 화자는 문득 "어느 童心에서 그려지던/그 무지개의 사연을 記憶하곤 한다." 검정우산, 비닐우산뿐만 아니라 형형색색으로 빗속을 걸어가는 사람들의 모습에서 화자는 동질감을 느끼며 그들과 하나가 되기 위해 비 오는 날이면 "파랑빛 노랑빛 빨강빛의 그 色들,"을 만나기 위해 육교에 한 번쯤 올라가 보곤 하는 것이다. "'레인코트'도 없이 그냥 '셔츠'만 입고서라도/高層빌딩도 아닌 낮고 흔한 陸橋위에서/잊었던 追憶의 童心들을 찾고있는 것"이다.

이 작품은 내용적으로는 매우 간단하지만 사치스러운 문명의 이기, 즉 도시적 감수성에서 한 발짝 일탈하여 유년의 때 묻지 않은 마음, 즉 '무지개'를 만나 마음을 정화하고자 하는 것이다.

휴머니즘을 통한 삶의 완성

— 김남조의 시세계

1.

문학의 기능을 교시적 기능과 쾌락적으로 나눌 때 김남조의 시는 교시적 기능에 기운다. 문학작품을 통해 삶에 대한 새로운 깨달음의 모습을 보여주는 것이 그의 시이기 때문이다. 그렇다고 그의 시가 도덕적·윤리적 주장을 설명하거나 진술하는 것이 아니다. 자신에 대한 반성적 성찰이나 사물과 세계에 대한 새로운 인식을 보여주면서 독자들에게 스스로 깨닫게 하기 때문이다.

"그 사람의 영혼성이 선하고 은혜로워야 할 것 같다. 역순으로 말하면 아름다운 영혼이어야 좋은 사람일 수 있고 그가 쓰는 글로 값진 것이리라"고 그가 밝힌 것처럼 김남조는 시 쓰기 자체가 삶의 목적이 아니라 시를 통해 '인간다움'을 이뤄가며 삶의 완성에 이르고자 한다.

> 내가 한 강렬한 감정 안에 분산됨 없이 있을 수 있었던 어느 그때처럼, 나의 인생이 하나의 확신 있는 가치와 신뢰 안에 복되게 통합될 수 있다면, 나는 굳이 시인이기를 덧붙여 바랄 아무런 까닭도 없었으리라.

이렇게 해서 시의 미흡은 인생 자체의 미흡을 해결함으로써만 고칠 수 있다고 나는 거듭 말하게 되며, 그러기에 앓는 어린애의 열 끓는 머리를 짚고 있듯이 나의 시가 스스로 그지없이 근심스럽다.

1958년 『나무와 바람』의 후기에 시인 자신이 밝힌 것처럼 삶의 완성을 위해 시를 쓰고 있음을 알 수 있다. 그러므로 김남조에게 시 쓰기는 보다 나은 삶을 향한 실존의 몸부림이라고 할 수 있다.

불모지나 다름없는 인간성이 유린당하는 시대에 김남조는 휴머니즘만이 자신을 구원할 수 있다는 신념으로 존재에 대한 근원적 인식과 함께 인간성 회복에 대한 다양한 시도를 모색해 왔다. 그 과정에 그의 관심은 생명 의식이 깃든 시편들을 쏟아낸다. 첫 시집 『목숨』의 현장이 되고 배경이 되는 6·25 전쟁의 직접적인 체험의 결과이다.

그의 시는 전쟁을 통해 서정적 자아를 인식하고 생명 의식에 눈뜨며 존재론적 가치관을 탐구하게 된다. 이때 인간의 존재에 대해 절망하며 절대자를 바라보게 된다. 김남조의 시가 자연스럽게 신앙 시 쪽으로 이행되어 가게 되는 것이다.

다시 말해 생명의 근원과 존재의 형식에 대한 사색이 고독과 갈망으로 나타나 사랑이라는 모체에 회귀하는 것이다. 이렇게 해서 그의 시는 생명을 발견하고 실존적 존재로서의 불안과 죄의식, 그리고 그로부터 오는 근원적 고독과 구원을 향한 갈망 속에서 사랑이라는 지향점을 찾게 된다.

그 사랑의 구체적인 모습 속에는 존재와 고독과 기독교적 원죄 의식 등 기독교적 세계관에 바탕을 두게 되는데 그러한 그의 시는 신을 바라보기는 하지만 신은 인간을 매우 닮은 모습으로 나타난다.

김남조의 시는 오랫동안 기독교적 휴머니즘에 바탕을 두고 '사랑'

의 의미에 천착하며 마침내 구원을 노래하게 된다. 구원 역시 사랑의 또 다른 변용으로 서정시의 본질에 충실한 시인임을 보여준다.

2.

해방공간의 어수선함과 6·25 전쟁을 겪으면서 수많은 인간의 생명이 쉽게 버려지는 것을 보며 김남조의 첫 시집은 '목숨'에 대한 간절한 집착을 담고 있다. 그는 "살면서 배운 가장 욕심 없는/기도를 올렸읍니다"라고 「목숨」에서 기도하고 있다. 그것은 그가 얼마나 엄청난 공포를 경험했는지를 짐작하게 한다. 6·25라는 사회적 야만성에 분노할 겨를도 없이 우선 살아남아야겠다는 원초적 본능을 보여준다.

> 아직 목숨을 목숨이라고 할 수 있는가.
> 꼭 눈을 뽑힌 것처럼 불쌍한
> 사람과 가축과 신작로와 정든 장독까지.
>
> 누구 가랑잎 아닌 사람이 없고
> 누구 살고 싶지 않은 사람이 없고
> 불붙은 서울에서
> 금방 오므려 연꽃처럼 죽어갈 지구를 붙잡고
> 살면서 배운 가장 욕심없는
> 기도를 올렸읍니다.
>
> 반만년 유구한 세월에
> 가슴 틀어박고 매아미처럼 목태우다 태우다 끝내 헛되이
> 숨져간 이건 그 모두 하늘이 낸 선천의 벌족이더라도

돌멩이처럼 어느 산야에고 굴러 그래도 죽지만 않는
그러한 목숨이 갖고 싶었습니다.

-「목숨」 전문

인간은 누구나 현재의 삶을 조금이라도 더 풍요롭고 은혜롭게 만들고자 노력한다. 주어진 인간적 상황에서 조금이라도 '인간답게' 살고 싶다는 욕망을 가지고 있다. 그러나 전쟁같이 폭력적인 죽음의 상황에서는 도리어 삶에 대한 강한 애착을 가지게 된다. '인간답게' 사는 것은 고사하더라도 어떻게 해서라도 살아야겠다는 본능이 앞선다. 그래서 "누구 살고 싶지 않은 사람이 없고" "돌멩이처럼 어느 山野에고 굴러 그래도 죽지만 않는/그러한 목숨이 갖고 싶"은 것이다.

이 작품은 인간으로서 가질 수 있는 최소한의 존엄성마저 말살된 상태, 오로지 목숨을 건져야겠다는 본능만 남아있는 상황을 제시하고 있다. 즉 유한한 삶을 사는 인간이 지고 갈 수밖에 없는 죽음에의 두려움이나, 불완전한 존재이기 때문에 겪어야 하는 고통 등을 드러낸다.

첫 시집 『목숨』에서 삶과 죽음이라는 인간적 삶의 조건들에 대하여 천착하는 모습을 보여준 김남조는 제9 시집 『동행』에 이르러서야 '생명'이 고통이나 절망의 과정이 있기에 더욱 빛나고 아름다운 것임을 노래할 수 있게 된다.

생명은
추운 몸으로 온다
벌거벗고 언 땅에 꽂혀 자라는
초록의 겨울보리,
생명의 어머니도 먼 곳

추운 몸으로 왔다
진실도
부서지고 불에 타면서 온다
버려지고 피 흘리면서 온다
겨울나무들을 보라
추위의 면돗날로 제 몸을 다듬는다
잎은 떨어져 먼 날의 섭리에 불려가고
줄기는 이렇듯이
충전 부싯돌임을 보라
금가고 일그러진 걸 사랑할 줄 모르는 이는
친구가 아니다
상한 살을 헤집고 입맞출 줄 모르는 이는
친구가 아니다

생명은
추운 몸으로 온다
열두 대문 다 지나온 추위로
하얗게 드러눕는
함박눈 눈송이로 온다

-「생명」 전문

위의 시는 상반된 이미지를 배열하여 그 의미를 강조한다. 따뜻함을 내포하고 있는 '생명'이 '추운 몸'으로 오는 것과 '벌거벗고 언 땅'에 '초록의 겨울보리'가 꽂혀 자라는 것 등은 서로 대립되는 개념이다. 이렇듯 시의 의미 구조가 반어와 역설로 이루어져 있는 이 작품은 시인이 의도적으로 생명과 봄의 관계를 왜곡시키면서, 일상이나 경험을 넘어선 어떤 형이상학적 의미로 나아가고자 한다. 이 작품은 '겨울나무'라는 상징을 통해 생명이 아무렇게 온 것이 아님을 말하고 있다. 일반적으로 생명을 '따뜻하고 축복받은 존재'로 인식할 수 있지만, 그러나 김남조의 의식 속에서 '생명'은 "추운 몸"으로 "벌거벗고 언 땅에 꽂혀 자라는/초록의 겨울 보리"로 인식되고 있다. 그렇기 때문에 생명은 '강인하고 건강한 것'이다. 생명처럼 "진실"도 "부서지고 불에 타면서" "버려지고 피 흘리면서 " 오기 때문에 그 가치가 있음은 당연하다 하겠다.

또한 이 작품은 인간세계의 부조리와 아픔을 통해 보다 큰 가치를 지닐 수 있음을 말하고 있는데 부정적 가치마저도 긍정함으로써 고통 너머의 진실을 볼 수 있도록 하는 시인의 인식을 엿볼 수 있다. 김남조의 이러한 인식은 이 세상을 주관하는 절대자의 보이지 않는 손길에 의해 움직여지는 것이라는 신앙적인 관점이 작용한다. 인간은 겨울나무처럼 고통을 수반하는 존재이지만, 그 고통은 절대자가 내려준 것이기 때문에 고통 속에서도 의미를 찾아내고 그것이 절대자의 뜻임을 알아야 한다는 것이다. 이러한 김남조의 태도는 기독교 휴머니즘 차원에서 절대자에 대한 순명에 따른 것으로 그의 삶의 자세를 짐작해 볼 수 있다. 특히 고통과 좌절 등 인간이 어떻게 할 수 없는 한계 상황을 절대자만이 해결할 수 있고 특히 인간의 죽음 이후의 세계까지 관장할 수 있다고 생각하기에 이를 것이다. 그러므로 현세적 삶의 고통에 대해 의미를 부여하고 그것을 영원성이라는 범주로 포괄하고자 한다. 이러한 그의 삶의 태도는 절대자를 매우 신성한 존재로 인식하고 신뢰하기 때문이다.

3.

김남조의 시의 한 특징은 '고독'의 정서이다. '고독'은 '부재'와 '공복'의 의미를 지닌다. 또한 '고독'은 누군가와 나눌 수 있는 것이 아니기에 혼자서 감당해야 할 허기이기도 하다. 김남조에게 있어서 '고독'의 정서는 우선 인간적 '외로움'에서 시작된다.

말하려나
말하려나
겨우내 아무도 오지 않았다고
산울림도 울리려나
나의
겨울나무

새하얀 바람 하나
지나갔는데
눈 여자의 치마폭일 거라고
산신령보다 더 오래 사는
그녀 백발의 머릿단일 거라고
이런 말도 하려나
산울림도 울리려나

어이없이 울게 될
내 영혼 씻어내는 음악
들려주려나
그여운 담아둘

쓸쓸한 자연
더 주려나
아홉 하늘 쩌렁쩌렁
산울림도 울리려나

울리려나

나의 겨울나무

-「겨울나무」 전문

이 작품의 '겨울나무'는 산에 홀로 서있는 나무이다. 겨울나무는 누군가를 기다렸지만 "겨우내 아무도 오지" 않았다. 이때 겨울나무는 "산신령보다 더 오래 사는" 외로움을 느끼며 혹독한 눈이 내린 겨울 산에 서 있었기 때문에 더욱 외로움을 느꼈을 것이다. 시인은 자신이 어찌할 수 없는 고독을 "겨울나무"에 투사시킨 것으로 이해할 수 있다. 즉 한 인간으로서 시인이 느끼는 해결할 수 없는 근원적 감정을 서정적 자아와 합일시킨 것이다. 그러면서 겨울 산에 서있는 "겨울나무"를 통해 "영혼 씻어주는 음악"을 듣고 싶어 하고 "하늘 쩌렁쩌렁 산울림도" 듣고 싶어 한다. 즉 시인이 거친 세상을 살면서 맑게 씻지 못한 자신의 정신을 "겨울나무"를 통해 정화하고자 한다. 이 작품에서 시인은 '고독'이라는 '부재' 또는 '공복'의 정서를 '정화'를 통해 충족시키려 한다. 그러므로 '고독'은 삶의 형식을 긍정적으로 이끌어 가는 에너지가 되고 있다. 시인에게 '고독'은 단순한 인간의 문제만이 아니며 신앙의 절대적 본질이기도 하다.

오늘은
고독의 일로 아뢰나이다
저희는 고독의 양떼
고독에 있어서도
주께서 목자시나이까

나직히 이르시되
바로 그러하다 그리고
너희가 고독을 모른다면
어찌 사람이겠으며
내가 고독을 모른다면
어찌 신이겠느냐
너희와 나는 서로 닮았으며
언제나 함께 있다
오오 하느님
고독의 위안 바람 불고
양털 두른 듯 따스하나이다

-「고독 문답」 전문

인간은 "모두가 고독"한 존재라고 말한다. 뿐만 아니라 "고독에 있어서도/주께서도 목자시나이까"라는 물음에 "바로 그러하다"고 대답한다. 뿐만 아니라 절대자는 "너희가 고독을 모른다면/어찌 사람이겠으며" 절대자 또한 고독을 모른다면 "어찌 신이겠느냐"고 말해준다. 그러므로 인간과 절대자는 고독을 느끼는 점에서 "서로 닮았으며/언제나 함께 있"는 존재이다. 이에 서정적 자아는 "고독의 위안 바람불고/양털 두른 듯 따스하"게 느낄 수 있는 것이다. 이 작품은 인간만이 '고독'하다고 생각할 수 있음을 불식시켜주며, 절대자 신이 혼자 높은 곳에 있는 것이 아니라 늘 인간의 모습으로 인간과 함께 있음을 깨닫게 하고 있다. 더불어 참된 신앙의 길이 깊은 고뇌와 인간적인 고통을 수반함을 말해준다. 또한 인간과 신과의 멀게 느껴지는 거리를 메꾸어 신과의 합일을 이루어내는 모습을 보여준다.

시인과 절대자와의 '고독'의 공유로 인해 그의 삶이 신실한 신앙으로 승화되기도 한다.

하루의 짜여진 일들
차례로 악수해 보내고
밤 이슥히
먼데서 돌아오는
내 영혼과 나만의
기도시간

"주님!"
단지 이 한 마디에
천지도 아득한 눈물.
날마다의 끝순서에
이 눈물 예비하옵느니
남은 세월
모든 날에
나는 이렇게만 살아지이다
깊은 밤 끝순서에
눈물 한 주름을
주께 바치며 살아지이다

-「밤 기도」 전문

서정적 자아는 하루의 일과에 열심하며 잠시 자신의 영혼을 잊는다. 영혼을 잊는 생활이란 세속적인 평범한 삶을 말할 것이다. 일과를 마치고 비로소 "내 영혼과/나만의 기도시간"을 갖게 되는데 이 시간은 절대자를 만나는 시간이기도 하다. 이 만남의 형식은 '기도'

인데 기도를 통해 "주님." 이름을 부를 때 "천지도 아득한 눈물"이 난다고 고백한다. 기도 시간은 서정적 자아와 신이 고독을 공유하는 시간으로 그 고독을 매개로 해서 자기 모습을 확인할 수 있고 신앙심도 보다 신실해질 수 있다.

이처럼 김남조의 고독은 삶의 완성에 이르는 삶의 형식이기도 하다.

4.

김남조에게 '사랑'은 오래된 질문이고 대답이다. 사랑에 대해 김남조 시인은 "세상에 태어나서 가장 심각하고 가장 지엄한 명령으로 나는 바치고 내가 사역 당한 그 대상이란 사랑과 시"라고 밝혔다. 뿐만 아니라 "사랑은 몇 갑절 어려웠다"고 고백한 것처럼 김남조에게 사랑을 실천하는 일은 실존의 문제이다.

특히 기독교 신앙인으로서 김남조에게 사랑은 실천 덕목이어야 했는데, 주지하다시피 기독교 신앙의 가장 큰 정신은 사랑이다. 그러므로 김남조는 시를 통해 '사랑의 노래'를 끊임없이 부를 수 있었다.

기독교 신앙 안에서 사랑의 의미는 예수의 죽음을 통해 시작된다. 예수의 죽음이 인류구원의 상징이기에 십자가의 고통에 대해 오래 사색하며 참사랑의 의미를 헤아려 보는 것이다.

당신에게선
손발에 못박는 소리
아슴히 들립니다

사랑하는 분이
눈 앞에서 못박혀

죽으신 후로
당신 몸은 못박는 소리와
그 메아리들의
소리 사당(祠堂)입니다

세상에서 가장 강한 건
고통입니다
고통의 반복 앞에 서는
율연한 공포입니다
그대도 사랑하는, 사랑입니다

사리(舍利)를 쌓아
태산을 이룰 때까지
선혈을 탈색하여
증류수의 강으로 넘칠 때까지
천지간 오직 변치 않는 건
죽음과 참사랑뿐

하여 당신에게선
어느 새벽 어느 밤에도
손발에 못박는 아픔
그치지 아니합니다

-「막달라 마리아 4」 전문

많은 사람이 김남조를 '사랑의 시인'으로 말할 수 있었던 것은 그가 사랑을 노래한 시편이 많은 까닭이며, 그가 사랑시편을 많이 내놓을 수 있었던 것은 타자에 대한 지극한 사랑의 마음이 작용했기 때문이다. 뿐만 아니라 그가 기독교라는 신앙을 신실하게 믿고 있었기 때문일 것이다. 주지하다시피 기독교 신앙은 '사랑정신'의 구현에 그 목적이 있다.

예수가 십자가에 못 박혔을 때 그 아픈 모습을 끝까지 지켜본 여인이 막달라 마리아이다. 이 작품은 막달라 마리아의 눈을 통해 죽음으로써 인류의 죄를 대신 짊어진 예수의 사랑을 고통스럽게 전한다. 서정적 자아는 "사랑하는 분이/눈앞에서 못 박혀 죽"은 모습을 보았을 때 "당신 몸은 못 박는 소리와/그 메아리들의 소리 사당"이 된다고 말하고 있다. 그 못 박는 소리는 세상에서 가장 아픈 소리가 될 것이다. 또한 가장 큰 공포이며 고문이 아닐 수 없다. 그러나 그 고통스러움은 세상에서 가장 강한 사랑이 될 수 있다. "천지간에 오직 변하지 않는 건/죽음과 참사랑 뿐"이기 때문이다. 막달라 마리아를 떠올릴 때 김남조는 "당신에게선 어느 새벽 어느 밤에도/손발에 못 박는 아픔/그치지" 않음을 느낀다. 더불어 인류구원을 위해 죽은 예수의 참사랑을 고통스럽게 지켜본 막달라 마리아라는 여인의 고통이 자신에게 전이된다. 그러므로 막달라 마리아에게서 죽음보다 더 강한 참사랑을 느끼는 것이다.

예수의 죽음을 통해 뼈아픈 참사랑을 노래한 김남조는 「참회」를 통해 진정으로 참회하는 삶의 모습을 보인다. 이는 신앙을 관념으로 받아들이는 것이 아니라 실천 덕목으로 이해한 까닭이다. 그럼으로써 보다 절대자가 원하는 참사랑을 실천할 수 있다.

사랑한 일만 빼곤
나머지 모든 일이 내 잘못이라고
진작에 고백했으니
이대로 판결해다오

그 사랑 나를 떠났으니
사랑에게도 분명 잘못하였음이라고
준열히 판결해다오

겨우내 돌 위에서
울음 울 것
세번째 이와 같이 판결해다오
눈물 먹고 잿빛 이끼
청청히 자라거든
내 피도 젊어져
새봄에 다시 참회하리라

-「참회」 전문

신앙인으로서 회개하는 삶을 사는 김남조의 모습을 짐작해 볼 수 있는 작품이다. 끊임없는 회개를 통해 자신의 존재를 확인하는 신앙인의 모습을 보여주는 「참회」는 시제처럼 "겨우내 돌 위에서/울음 울"고자 하는 서정적 자아의 본성을 보여준다. 서정적 자아는 "사랑한 일만 빼고/나머지 모든 일이 내 잘못이라고/진작에 고백했"음을 밝힌다. 다시 말해 서정적 자아는 절대자의 뜻대로 사랑하는 일에 최선을 다했다. 그러나 "그 사랑 나를 떠났으니" 그것마저도 자신의 잘못이라고 생각한다. 기독교에서 인간은 원죄를 가지고 이 세상에 태어난다. 인간이 아무리 참된 사랑을 바친다고 해도 원죄에서 자유로울 수 없음을 시인은 인식하고 있는 것이다. 마침내 서정적 자아는 "눈물 먹고 잿빛 이끼/청청히 자라거든/내 피도 젊어져/새 봄에 다시 참회하리라" 다짐한다. 신앙인으로서 철저하게 참회하는 시인의 심정을 엿볼 수 있다.

살펴본 것처럼 김남조의 '사랑'은 기독교 신앙에서 그 물줄기가 시작된다. 물론 신앙적인 배경을 떠난 작품들도 있겠지만 김남조의 사랑시학은 인간애를 바탕으로 사랑의 본질과 인간적 한계, 그리고 그것의 초월을 통해 이룰 수 있는 사랑의 가능성을 노래하는 것이다.

5.

김남조의 시의 궁극적인 목적은 '구원'에 이르고자 함에 있다. 이는 기독교 신앙인으로서의 간절한 염원이기도 하다. 그러기 위해 생명을 부르짖으며 단독자 인간의 고독을 혼자 되씹는다.

그러한 것들이 참된 사랑을 만나는 과정이었음은 당연한 일이다. 그 참된 사랑이란 절대자의 뜻대로 사는 일로써 그가 시를 쓰는 이유이기도 하다. 다시 말해 '인간다움'을 지키며, '참된 사람의 길'을 가는 일이었다. 절대자에게서 주어진 삶의 길을 어떻게 가야 하는가에 대한 대답을 구하는 일로써 스스로 자신의 삶을 완성시키기 위한 끊임없는 질문과 대답의 형식이 김남조의 시 쓰기라고 할 수 있다. 그렇게 자신의 삶을 완성하는 것이 구원에 이르기 위해서는 기독교적 세계관에 바탕을 둔 그의 시는 필연적으로 용서를 통해 화해에 이르러야 한다.

김남조의 시는 처음부터 절대자와 수직적 관계 설정하지 않고 수평적 관계가 이루어진다. 인간 문제를 제시하고 절대자의 섭리에 순명하는 그의 시작 태도는 만년에 이를수록 사람과 사람 사이, 사람과 절대자 사이에 소통과 화해의 모습을 보여준다. 모든 관계에 존재하는 불화를 해소하고자 하는 그의 노력은 용서를 통해 가능하다. 이 용서의 힘이 고통과 상처를 치유하는 처방이 되고 인간 김남조의 삶을 완성에 이르게 하는 에너지로 작용한다.

처음은
민망한 배고픔과 착오를
스스로 용서하고
아슬아슬 허깨비놀음을
맛있게 받아먹던
눈 먼 세월을
다음으로 용서하고

-「용서」에서

그녀의 사랑
그가 용서하고
사랑 없는 그를
그녀도 용서하며
혹여는 이와 반대일 때도
그들 서로 용서하며
살아 있는 한
이렇게들 외로와 보아라

-「고백」에서

용서는 용서받는 자뿐만 아니라 용서하는 자까지도 불안이나 죄의식에서 자유롭게 한다. 용서는 인간을 인간답게 하는 행위로 인간다운 삶을 완성하는 감정의 표현이다. 그러므로 용서는 삶을 긍정적으로 표현하는 사랑 표출의 한 방식이다.

「용서」에서는 "민망한 배고픔과 착오를/스스로 용서하고/아슬아슬 허깨비 놀음을/맛있게 받아먹던/눈 먼 세월을/다음으로 용서"한다. 이 작품에서 서정적 자아는 지나온 자신의 삶을 용서한다.

「고백」에서는 "그녀의 사랑/그가 용서하고/사랑 없는 그를/그녀도 용서하"라고 한다. 서로가 서로를 용서할 때 진정한 용서가 이루어지며 세상은 불화에서 화해를, 절망에서 희망을 꿈꿀 수 있는 것이다.

김남조는 스스로를 용서하고, 나 아닌 누군가를 용서하고 마침내 자신의 시와도 불편한 관계를 해소하기에 이른다.

너를 수술대 위에 뉘이고
해부도를 들이대는 짓거리들
더는 하지 않으리
맨손에도 진맥이 잘 잡히는
수척한 네 오장육부

오랜 불화 동안
둘 사이에 둔 은장도 한 자루도 거두리라
상처에 소금 뿌려 부비는
잔혹함도 삼가리

무엇이나 잊어버리는
건망증의 노년기,
잘 마른 바람 속에 나란히 앉아
아슴한 지평이나 바라보자
지평선 그가 곧
새로이 기억할 오늘의 친구이며
여생의 우리 스승일지니……

해으스름에야
처음으로 편안해지는

나의 시여

-「나의 시에게 3」 전문

주지하다시피 서정시는 불화에서 화해를, 절망에서 희망을 추구한다. 그것은 나와 세계가 불화하기 때문이다. 이렇듯 불편한 관계를 원만한 관계로 변화시키기 위해 시인은 때로는 드잡이질을 때로는 싸움을 말리는 존재가 되어야 한다. 김남조 역시 자신이 시와의 "오랜 불화"의 관계를 지속해 왔다. 그러나 시인은 이제 "둘 사이에 둔 은장도 한 자루도 거"둘 것이며 "상처에 소금 뿌려 부비는/잔혹함도 삼가"할 것이라고 다짐한다. 이제 시인은 "노년기"를 맞아 자신의 시가 "해으스름에야/처음으로 편안해"졌다고 고백한다. 시가 편안해졌다는 것은 이 세상에 완전한 평화가 왔다는 뜻이 아니라, 세계를 바라보는 그의 시선이 여유로워졌다는 의미이다. 그 평화를 가져오는 여유는 온갖 풍상을 다 겪은 시인이 세계와 인간의 삶에 대한 큰 이해와 깨달음에서 연유한 것으로 봐야 할 것이다. 이는 한 시인의 삶에 풍랑과 굴곡의 오랜 세월을 겪어낸 뒤에야 완성한 삶의 모습이기도 하다.

휴머니즘의 길, 사회주의의 길
— 최석두 론

1. 생애와 시작활동

최석두는 전라남도 함평군 함평읍 기각리에서 비교적 넉넉한 살림의 전주 최경천(崔敬天)과 어머니 손숙자(孫淑子) 사이에서 첫아들로 1917년 9월 19일에 태어났다. 그는 부잣집 아들로 태어났으나 서자 신분이었기 때문에 넉넉한 가정생활을 누리지 못했을 뿐만 아니라, 모순되고 굴절된 가족제도의 그늘 때문에 자신의 삶을 늘 혼자서 해결하며 외로움과 괴로움을 견뎌야 했다.

최석두는 둘째 동생 연봉의 친구인 최판례와 결혼하여 1남 2녀를 낳았다. 남한의 가족들은 그의 자녀들이 남쪽에 살고 있을 것이라고 추측을 했지만 필자의 조사에 따르면 모두 6·25전쟁 때 월북한 것으로 확인이 되었다.(1957년 조벽암이 박세영과 함께 평양에서 펴낸 최석두의 시집 『새벽길』 서문에서 최석두 가족의 월북을 알 수 있는데, 그 내용은 다음과 같다. "나는 이 글을 쓰면서 그의 가장 가까운 사람들인 그의 승애 부인과 그의 아들 순민이와 그의 딸 란이와 숙이와 함께 또는 그가 항시 존경하고 또 이 시집 편찬에 시간을 아끼지 않은 박세영 형과 그의 동무들과 함께 그의 묘 앞에 조촐한 비석을 세워 주고자 이야기한 기억을 더불어 본다.)

최석두는 당시 교육적 여건에서도 아주 특별하게 유치원을 3년씩이나 다녔다. 그것으로 보아 서자였지만 아버지에게 크게 사랑을 받았던 것이 아닌가 싶다.

1924년 함평공립보통학교를 입학한 최석두는 재학 중 비교적 우수한 성적을 유지했음을 그의 학적부를 통해 알 수 있다. 1930년 3월 함평공립보통학교 19회로 졸업하고, 이듬해인 1931년 4월에는 광주공립농업학교에 입학해 광주로 생활의 근거지를 옮기게 된다.

1936년 광주공립농업학교를 졸업한 최석두는, 그해 4월 경성사범 단기 강습과에 입학한다.

이때 그는 유일한 친구인 작곡가 김순남을 만나 음악과 문학, 그리고 혁명적 삶의 동반자가 된다. 김순남과의 친교는 1948년에 출간한 그의 시집 『새벽길』의 발문에도 나타나고 있으며, 이후 북에서 쓴 「동무들의 함성이 들려온다- 부상병의 노래」를 김순남이 작곡하고 있는 것에서도 추정할 수 있다.

또한 1957년 북에서 나온 시집 『새벽길』의 서문에는 최석두와 조벽암의 관계가 잘 나타나 있다.

서문에는 1947년 조벽암이 광주에 있는 최석두를 만나러 온 일과, 이후 잡지에 그의 작품을 발표하게 해 실질적으로 시인의 길을 열어준 것을 알 수 있다. 또한 조벽암이 최석두의 첫 시집을 출간해 주고 첫시집 출간 직후 1948년 9월 15일 《조선문예일보》를 통해 「생동의 정화- 최석두시집 『새벽길』을 읽고」라는 서평까지 쓴 것과 사후의 시집을 북에서 펴내게 해준 것으로 보아 이들의 관계가 매우 각별했던 것으로 짐작이 간다.

1936년 9월 경성사범 단기 강습과를 마친 최석두는 이후 경기도 여주군 점동보통학교에서 교편을 잡는다. 그러나 북한에서 나온 그의 시집 『새벽길』에 나타난 약력에 의하면 최석두는 일제의 식민지 교육정책에 불만을 품고 교직을 떠난다. 그러다가 1939년 독서회 사건에 연루되어 잠시 형무소에 수감된다. 그후 그는 출옥하여 일제의 식민정책에 환멸을 느껴 모든 것을 접어두고 고향 함평에서 어머니와 함께 농사일에 전념을 한다.

1945년 해방을 맞은 최석두는 광주에 거주하면서 지하운동을 전개하는 등 어떤 사람보다도 치열한 삶을 산다.

가족들의 증언에 의하면 당시 최석두는 광주에서 〈조선문학가동맹〉전남지부의 책임자로 있었는데, 이후 광주에서의 활동이 어려워지자 서울에 올라가 지하활동을 계속한다. 이런 와중에 조벽암의 도움으로 1948년 8월 2일 시 16편을 모아 시집 『새벽길』을 좌익문학계열 출판사인 서울의 〈조선사〉에서 간행한다. 그러나 이 시집은 경찰에 의해 판매금지조치가 내려져 이내 압수된다. 그 후 약 1여 년간의 행적은 밝혀지지 않고 있다. 그 무렵의 작품내용으로 보아 지하운동을 했을 것으로 추측할 수 있다.

최석두는 미제 퇴진과 인민의 비참상 폭로 등을 통해 사회주의 혁명을 꿈꾸는 내용을 담은 시집 『새벽길』을 출간한 이후 1949년 8월 24일 경찰에 체포되어 7년 징역을 언도 받고 서울 서대문형무소에 구금된다.

1950년 6·25전쟁의 소용돌이 속에서 서대문형무소에서 이용악 등과 6월 28일 인민군의 서울 점령시 풀려난 최석두는 1950년 7월 서울시 임시인민위원회 선전부 문화과장으로 활동한다. 그러다가 북행을 하던 중 기총 소사에 맞아 부상을 당해 의주 구호병원에서 치료를 받는다. 그후 회복되어 평양으로 나온 그는 1951년 3월부터 문화선전성 문화예술국에서 활동을 한다. 그러던 중 북한 사회가 전쟁의 상처투성이로 얼룩지고 있던 1951년 10월 22일 미군의 폭격을 맞아 사망한다.

이로 미루어 보면 최석두는 해방정국과 6·25전쟁기 등 우리 현대사의 가장 혼란스러운 격동기에 매우 투철한 실천적 시인이었음을 알 수 있다. 1957년 북한의 〈조선작가동맹출판사〉에서 그가 전쟁의 포연 속에서 썼던 작품까지 포함하여 42편을 수록, 첫시집의 이름과 똑같은 『새벽길』이란 표제의 새 시집이 간행되었다.

2. 작품세계

1) 역사인식 및 투쟁정신

해방이 되자 최석두는 과거의 소극적인 자신의 삶에 대해 비판하면서 혁명적 삶에 뛰어들었던 것으로 파악된다. 그가 사회주의 사상에 경도된 것은 기본적으로 출신환경과 무관하지 않았을 것으로 짐작이 된다.

당시 지식인이었던 최석두가 사회주의적 성향을 갖게 되는 것은 경성사범단기강습과 친구인 김순남 등과의 친교를 통해 아주 자연스러운 일이었을 것이다. 이런 사정은 1948년 조선사에서 간행된 『새벽길』의 발문을 쓴 김순남의 글에 의해서도 확인된다.

이 무렵 그에 의해 작사 · 작곡되어 불려졌던 한 편의 노래는 당시의 이런 상황을 잘 반영하고 있다. 자주 국가를 건설해야 한다는 해방정국의 민족적 열망을 그는 대중적인 노래형태로 민중들에게 들려주고자 했던 것이다.

호르는 강물 높이 솟아 뭇부리/무궁화 강산 위에 먼동이 떴네/만세 만세 만만세 우리 조선 만만세//깨어라 깊은 잠 들어라 두 주먹/씩씩한 자주로 발을 맞추자/만세 만세 만만세 우리 조선 만만세

(이 노래는 제목을 일실한 채로 그의 장조카인 함평의 최혁씨가 곡조까지 기억하며 들려준 노래이다. 윤여탁이 그의 누이 동생들을 면담할 때도 가사와 곡조까지 기억하고 있었다고 한다(윤여탁, 「문학과 삶의 문학사적 복원」, 『시의 논리와 서정시의 역사』, 태학사, 1995))

위의 노래에서 최석두는 아직 해방의 기쁨을 맘껏 자랑하며, 자주 조선의 희망찬 미래를 염원하고 있다. 이 무렵에 쓴 다음의 작품에도 아직 폭압적 상황으로 인한 그림자는 드리워져 있지 않고 있다.

코스모스 푸른 바람이/그득 찬 허공//자못 탐스럽다/솔개- //날랜 몸새/바람을 일워/超然한 그림자//大地를 굽어보는/꾸준한 눈추리/매섭게 빛나고//모든 용의가/끔찍이 숨겨 있는/날카로운 발톱/다만 네 가슴엔/과감한 鬪志가/살살이 어리다.

-「솔개」 전문(『새벽길 1』)

해방정국 초기는 적인지 아군인지를 분간하기 힘든 시기였다. 해방이 되던 1945년에 쓴 최석두의 위의 시에는 시인 자신의 모습이자 서정적 주인공으로 형상화되어 있는 '솔개'가 단지 매서운 발톱을 준비하고 있을 뿐이다.

위의 작품은 "코스모스 푸른 바람이/그득찬" 가을의 모습으로 보아 1945년 10월을 전후로 쓴 것으로 짐작할 수 있다. 그는 이 무렵 정국을 관망하고 있었던 것으로 보인다. 해방정국의 부산한 움직임이 심상치 않음을 감지하면서도 그는 "大地를 굽어보는/꾸준한 눈추리"를 매섭게 빛내고 있었으며, "날카로운 발톱"을 숨기고 가슴엔

"과감한 투지가/살살 어"려 있었던 것이다. 앞으로 전개될 혼미한 역사의 흐름에 언제든지 뛰어들 준비를 하고 있었던 것으로, 험난한 그의 삶의 여정이 예고되어 있음을 알 수 있다.

1946년 1월 1일자에 씌어진 그의 시 「레포」에는 그가 이미 사회주의 혁명운동가로 활동하고 있는 것으로 드러나 있다. 1946년 5월에 정판사위폐 사건으로 위축된 〈조선공산당〉과 박헌영이 미군정의 탄압에 적극적으로 대응하는 소위 7월 신전술을 채택한다. 그리고 그들은 이를 계기로 총파업과 10월 폭동으로 투쟁의 열기를 고조시킨다. 이에 따라 〈조선공산당〉의 지령을 받는 좌익문학 조직원들은 많은 희생을 치루었을 뿐만 아니라 공개적인 활동에서 더욱 제약을 받게 된다. 이처럼 급변하는 시대적 상황에 대한 최석두의 현실인식은 「폭풍의 거리」(1946), 「그리운 노래」를 위시하여 「일기」(1946), 「전단대」(1947), 「고향」(1948), 「모두들 일어섰다」(1947), 「새벽길」(1948) 등의 시에 잘 형상화되어 있다. 해방 직후의 상황으로부터 소위 인민 항쟁기를 거쳐, 1948년 단정에 반대하는 구국 문학논의의 시기 등에까지 이르는 상황을 담고 있는 이들 시는 변화하는 시인의 현실 인식을 매우 잘 보여주고 있다.

다음 시는 최석두가 바라보는 해방정국의 암울하고 긴장된 분위기를 형상화한 작품 중의 하나이다.

> 앙상한 그루마다/식어 내리는 하늘이다,//인젠 연 하나/날지 않는/남쪽 하늘이다.//이따금/성낸 까마귀떼의/데모가 벌어진다.//또 뉘집의 대밭이/불붙는거냐.//난데없는 총소리/아낙네들의/피 맺힌 가슴을 허비여,//들이고 산이고 무너져라/개 짖는 소리.//사내란 사내는/모두 끌리여 가고,//연신 시커먼 밤들이/으르렁거린다.//한 파수 기어이/사굿대질이 있고야 말//여기 내 고향/고향이 있다.

-「고향」 전문 (『새벽길 1, 2』)

이 시는 폭압적 상황으로 집안의 사내들이 위협을 느끼는 고향의 모습, 그 사내들을 염려하는 여인네들의 억장이 무너지는 소리만이 들리는 고향의 모습을 통해 해방정국의 분위기를 잘 보여주고 있다. 고향은 이제 한가롭게 솔개나 연이 나를 수 있는 곳이 아니다. 성난 민중들의 데모가 있은 후에는 항상 이에 대한 야만적 보복테러가 감행되어, 마치 대나무밭에 불이 붙은 것 같은 총소리와 함께 민중들의 생활이 어두운 밤으로 치닫고 있는 것이다. 즉 "들이고 산이고 무너져라/개짖는 소리"는 "사내란 사내"를 "모두 끌"어 가는 자들로 "연신 시커먼 밤"의 모습으로 "으르렁 거"리는 자들이기도 하다.

이 작품은 간명한 시행과 단호한 어조로 시적 긴장을 효율적으로 유발하고 있는데, 분노한 민중을 "까마귀떼"로 형상화시킨 것과 "대밭의 불"을 통해 총소리를 시각화시킨 것 등은 시인으로서의 능력을 평가할 수 있는 확실한 근거가 된다. 최석두의 시들 중에서는 해방정국의 분위기를 가장 극적으로 묘사한 작품으로 평가할 수 있을 것이다.

최석두의 시를 제작된 연대 순으로 읽다보면 그가 해방정국의 정치적·사회적 흐름에 얼마나 민감하게 반응을 보이며, 사회주의의 시각에서 조국 통일과 자주국가의 건설에 열망했는가를 잘 알게 된다. 이런 열망은 위의 작품 「모두들 일어섰다」에서 벽보가 붙어있는 벽이나 전신주마저도 거리마다 골목마다 "모두 일어섰다"라고 표현하는 것으로도 확인이 된다. 그는 이 시에서 남북 분단을 경계하며 통일을 열망하는 자신의 모습을 뜨거운 마음으로 나타내고 있다. 그의 이런 열망은 형무소 창 너머로 바라보는 「맨드래미」(1949)의 모습으로 나타나기도 한다. 특히 이 시에서는 "맨드래미와 같은 붉은 마음을 간직하고 너, 나 즉 우리 모두의 가슴에서 사회주의 혁명의 불길이 일어서고 있음"을 노래하고 있다. 이럴 때 그의 시에서 자연은 시인의 사상과 감정이 이입된 유정물로 형상화되거나, 시인이 바라고 원하는 바를 상징적으로 나타낸다.

이와 같이 해방 정국의 최석두는 현실의 급변하는 모습을 시에 담아내고 있으면서도 시적 자아를 통해 그 자신이 현실에 어떻게 대응하고 있나를 잘 보여주고 있다. 소극적으로 침잠하거나 은둔하기보다는 부정적인 현실에 온몸으로 맞서고 있는 것이 시인 최석두임을 알 수 있다.체험에서 우러나오는 목소리를 직접 들려주는 방법을 통해 그는 시적 형상을 창조하고 있는 것이다. 시대가 요구하던 목적의식적 성향과 정치적 성향을 남달리 강하게 나타내고 있는 것이 이 작품이다. 무엇보다 이 작품은 그의 투철하고 실천적인 삶을 오롯이 엿볼 수 있게 하고 있다.

2) 반미 및 반제의식

한없이 영광스럽고 인민만이/눈부신 하늘처럼 나타나야 할 이 날,/사랑하는 거리에는/미친 짐승 모양 묵중히 무장한/미국 전차의 교만한 총부리가/마음새 고운 고향 사람들을 놀라게 하고,/햇빛도 맑은 광주의 하늘을/사나운 먹구름인양 광란하는/미군 비행기의/심술궂은 시위가/하마트면 먹어 갈번, 훔쳐 갈번.//아, 그러나 흠뻑 울음에 젖으며/숨막히는 그 순간에/나는 보았다,/온몸뚱이가 터질번한 거대한 태풍을./눈에 안 보이는 철망을 뚫고/호수처럼 밀려 드는 방대한 발자국,/적동색 살덩이 그대로 대지가 일어 나듯/무등산 六○리 단숨에 차고 온/화순 탄광 동무들의 홍수 같은 대렬과 대렬,/이제 곧 굴을 빠져 나온 삼천의 철각(鐵脚)/거리와 거리에서 골목과 골목에서/모든 곳에서/마구 터져 나오는 인민의 물결.//쌀을 다오!/일을 다오!/모든 권력은 인민에게로! -「폭풍의 거리 - 다시 온 八·一五 레포속에서」 중에서

최석두의 시 중에서 미군에 대한 적개심을 최초로 드러내고 있는 것이 이 작품이다. 시인은 1946년 8월 15일, 해방 1주년 기념일을 맞아 "한없이 영광스럽고 인민만이/눈부신 하늘처럼 나타나야 할 이날" 미군이 해방군이 아니라, 우리나라를 지배하는 제국주의자로서 "미친 짐승모양 묵중한" "전차의 교만한 총부리"를 들어 "마음씨 고운 고향 사람들을 놀라게 하고" 있다고 표현한다. "화순 탄광동무들" 3,000여 명이 너릿재를 넘어와 광주의 시민들과 함께 광주의 거리에서 "쌀을 다오!/일을 다오!/모든 권력을 인민에게로!"를 부르짖고 있다고 노래하고 있는 것이다.

프로레타리아 혁명을 꿈꾸는 최석두에게 당시 남한을 통치하고 있던 미군들은 사상적으로나 이념적으로도 적이 아닐 수 없었다. 따라서 토지를 무상으로 분배하고 노동법령을 통해 노동자 농민의 권익을 보장하는 사회주의 공화국을 건설하고자 했던 최석두에게는 미국이 타도의 대상이 될 수밖에 없었다. 격정에 찬 최석두의 투쟁의 연대가 이미 진행되고 있었던 것이다. 그러고 보면 최석두는 이 시의 마지막 연에서 "내 울음이 다 마르고/내 숨가쁨이/시원하게 가시는 날이 온다면/비로소 이 무명시인의 노래도/정말 노래가 될 수 있으려니/너 그 얼마나 화려한 야심이냐."라고 외치며 자기의 존재와 역할을 분명하게 설정하고 있었음을 확인할 수 있다.

최석두의 두 권의 시집 『새벽길』의 모든 작품에는 반미 반제의식이 배경으로 깔려 있다고 해도 과언이 아니다. 당시 남한의 사정이

어떤 형태로든 미국이라는 자본주의 제국의 영향 아래 있었던 점을 생각하면 프로레타리아 혁명을 꿈꾸던 최석두로서는 누구보다도 먼저 투쟁에 자신을 던지지 않을 수 없었을 것이다.

3) 사회주의적 자의식과 6·25전쟁의 형상화

해방 이후 북쪽에서 토지개혁과 함께 남녀가 평등해진 노동법령의 실시 등은 최석두에게 북한사회를 '새로운 민주주의 사회'로 가는 기적으로 인식하도록 했던 것으로 보인다.

북쪽의 이러한 변화는 실제로 오랫동안 프로레타리아 문학이 꿈꾸어온 것이기도 했다. 따라서 그에게는 이런 기적의 소식을 전하는 것이 프로레타리아 문학의 임무라고 생각되지 않을 수 없었다. 물론 당시 최석두는 프로레타리아 문학의 이런 임무를 성실하게 실천하고 있었다.

이 무렵 남쪽에서는 해방 직후 일본인의 농지를 접수한 다음 미군정이 1946년 3월 신한공사를 설치해 토지개혁을 실시하려 했지만 지주들의 강력한 반대에 부딪쳐 결과적으로 농민들을 다시 소작농으로 만들어버리게 된다. 신한공사의 설치가 오히려 남한에서 일었던 토지분배운동에 쐐기를 박는 역할을 했던 것이다.

> 총아,/삼천만의 마음이/못 견디게 쥐여지는 총아.//나는/분에 지친 인민의 아들/젊은 빨찌산.//피멍이 든 안가슴에/너를 끼여 안고,//이제 거칠 바 없이/툭 트인 길을,//마구 사납게만/총알이 되여 나아 가련다.
>
> -「총아」 중에서

투쟁의 상징인 총을 내세워 미국과 보수세력에 대한 투쟁을 다짐하고 있는 것이 위의 시이다. 이 시에서 화자는 스스로 총알이 되어 싸우겠다는 굳은 결의를 보여주고 있다. 그는 여기서 총을 "정답다"라든가, "미덥다"라든가, "삼천만의 가슴에 시원한 울림을 보태"줄 것으로 인식하기도 한다. 총이 전쟁과 폭력과 불화의 상징임을 생각하면 무력에 의한 투쟁방법만이 혁명을 완수할 수 있는 길이라고 그가 믿고 있는 것이 된다. 더욱이 이 시에서 화자는 "제 아무리 놈들이/노린내 나는 무장을 하고/발광한들,//우리들 앞엔 바람보다도/더 큰 깃발이 있어 휘날리고,//이미 과녘은/한결 뚜렷한 것"이라고 말하며 "오냐/조국아 안심하라/인민은 반드시 승리한다"고 다짐하는 화자, 즉 최석두의 혁명 투쟁에 대한 생각이 매우 희망적이고 낙관적임을 알 수 있다.

그런가 하면 「철로를 끊어라」(1949)는 당시의 암담한 역사적 상황을 아주 명료하게 인지하고 있어 관심을 끈다. 그는 미국을 우리나라를 수탈하는 제국주의 국가라고 보고 있으며, 상대적으로 우리나라를 미국의 식민지로 보고 있다. "나가자 피의 바다와/허다한 죽음이 가로막을 지라도 단연코 놈들의 동맥/침략의 선을 끊어, 독 안에 든 쥐, 밀가루 단정(單政)을/산산이 부셔치우"겠다고 하며 그는 이승만 및 남한 정부를 타도의 대상으로 그리고 있는 것이다.

이러한 시를 통해 최석두가 단순히 시인으로 활동한 사람이 아니라 사회주의 혁명을 위해 투쟁한 열혈 투사였음을 여실히 보여주고 있다.

황해바다 성낸 물결 골에 올리고/눈보라 숲을 덜어 휘날리는 밤/아흔아홉 봉오리에 치솟는 불길/원쑤를 무찔러 우리는 간다 우리는 간다/구월산 구월산 빨찌산의 집 빨찌산의 집/조국을 지키어 더욱 높아라//원쑤 미제 총탄에 쓸어진 형제/령마루 바라보며 웨치는 마을/어서 가자 은률 산천 안악벌 넘어/짓밟힌 고향찾아 원한을 풀자/아아 구월산 구월산 빨찌산의 집 빨찌산의 집/조국을 지키어 조국을 지키어 더욱 높아라//복쑤의 불씨 안고 일어선 우리/인민의 기빨 아래 뭉쳐 싸워서/야수 미제 깨끗이 사뤄 없애고/성스러운 조국땅 길이 빛내자 길이 빛내자/아아 구월산 구월산 빨찌산의 집 빨찌산의 집/조국을 지키어 조국을 지키어 더욱 높아라 -「구월산 빨찌산의 노래」 전문

위의 시는 북한에서는 6·25전쟁 당시 민중들의 영웅적 투쟁의 전범으로 남북한 모두에게 알려진 구월산 빨찌산들의 결의를 노래한 것이다. 이 시에 드러나 있는 구월산 골짜기마다 전개되었던 인민들의 투쟁에 대한 형상화는 6·25 전쟁의 주적이 미제라는 규정과 함께 빨치산에 대한 일종의 찬가의 형식으로 나타나고 있다. 이 시는 노래라는 형식으로 창작되는 과정에 시의 원형이 변모되었을 가능성이 있다. 그렇다고 하더라도 위의 시는 북한에서는 긍정적인 평가를 받고 있지만, 이른바 찬가류시의 문제점을 과도하게 드러내고 있는 작품이기도 하다.

최석두가 6·25전쟁을 어떻게 인식하고 있는가는 1951년 3월 〈세계청년주간〉을 맞이하여 쓴 「전세계 청년의 크낙한 힘으로」(1951)에도 잘 나타나 있다. 1951년 1월 중국군의 참전으로 전쟁이 새로운 국면을 맞기 시작하였을 때, 그는 '중국 동무들'을 "조국을 지키고/세계 평화를 위해 싸우는/성스러운 길 우에서/우리를 소리높이 불러주는/온 세계 정의로운 청년들의/뜨거운 손길이"라고 노래한다. 곧 중국군이 의로운 전쟁에 참여하여 세계평화를 위해 싸우고 있다는 인식을 보여주고 있는 것이다.

전쟁의 상처와 상흔은 최석두가 6·25전쟁 중에 쓴 여러 작품들에서 가장 먼저 찾아볼 수 있는 내용 중의 하나이다. 이후 최석두는 앞

뒤 정황으로 보아 의주 구호병원 병상에서 일어나 평양에서 전쟁초기 서울에서와 같이 문화선전성 문화예술국에서 일하기 시작할 무렵으로 짐작이 간다. 이 때부터 최석두는 6·25전쟁의 상흔과 격정이 담긴 작품들을 본격적으로 생산하게 된다. 특히 전쟁중의 무용담을 통해 전후방 인민들에게 보다 생생한 전쟁의 모습을 보여주며 전쟁의 승리의식을 고취시킨다.

또한「너릿재」에서는 6·25전쟁 발발 1주년을 기념하여 전남 화순 너릿재 부근에서 활동한다는 빨찌산 영이를 생각하며 쓴 시이다. 이 작품엔빨찌산들의 전투 모습이 매우 실감나게 그려져 있다. 숨가쁘게 읽혀지는 속도감이 주목된다. 그러나「너릿재」는 실화를 바탕으로 한 것은 아니다. 인민군의 사기진작을 위해 남쪽 후방에서 영웅적으로 싸우는 빨치산들의 활약을 상상을 통해 그린 것이다.

3. 결론

최석두 시 세계에는 개인의 일상생활보다는 국가적이고 역사적이며 정치적 사건들이 소재로 선택되고 있다. 이는 그의 시가 개인의 생활정서를 노래하기보다는 목적의식적으로 사회주의 이데올로기를 노래하는 입장을 보여주고 있는 데서도 확인이 된다. 이런 사실은 이 시기의 북한문학이 기본적으로 카프에서 문학사적 정통성을 찾고 있는 점과도 상통한다.

서자출신으로 모진 서러움과 가난을 경험한 것도 그가 사회주의적 사고를 갖는데 다소간은 기여했던 것으로 보인다. 그러나 그가 정작 사회주의에 빠져들게 된 데는 독서회사건, 월북음악가 김순남 등과의 교류 등이 더 큰 원인으로 작용했던 것으로 생각된다.

해방 이후 남북이 이데올로기의 대립으로 혼란스러울 때, 그는 북쪽의 입장에서 사회주의 공화국 건설을 적극 옹호하며 시작활동에 뛰어들었다. 따라서 그의 시에 미군과 신탁통치 등 외세의 개입을 반대하는 사상이 드러나는 것은 당연한 일이라고 하지 않을 수 없다. 자신의 시를 통해 그는 미국의 자본주의를 남쪽에 이식시키려는 것에 대해 특히 반대했는데, 그것은 자본주의를 적으로 인식하기도 했지만, 미국이 일본을 대신해 한반도에 식민지를 건설하려 한다고 보았기 때문이다. 그는 남쪽 인민들의 비참한 실상을 폭로하고 북쪽 사회주의의 우월성을 강조하는 시를 쓰는 것으로 직접적인 투쟁을 대신한다.

해방 정국과 6·25 전쟁기라는 격동기에 활동한 시인 최석두는 해방기 신진 시인인 김상훈, 유진오, 박산운, 이병철, 김광현, 상민 등과 함께 우리 문학사에서 매우 독특한 위치를 차지하고 있는 것이 분명하다. 특히 최석두는 앞의 시인들에 비해 상대적으로 조명이 안 된 시인으로 그에 대한 연구는 해방기 신진 시인들과 견주어 보다 적극적인 연구가 필요하다.

한국적 정서와 기독교적 세계관의 형상화

— 이수복 론

1. 이수복의 생애와 시작활동

이수복은 1924년 2월 16일, 전라남도 함평군 함평면 함평리 193번지 산음부락에서 3남 1녀중 막내로 태어났는데 늦둥이로 태어났다.

독실한 기독교인인 그는 어렸을 때부터 교회에 출석한 것으로 알려졌다. 집이 가난하여 초등학교 과정을 독학하여 1942년 목포 문태중학교에 편입한 이수복은 함평에서 목포까지 기차를 타고 통학한다.

해방 무렵엔 큰형님이 일찍 사망하고 고향의 전답까지 친척들에게 빼앗겨 경제적 부담을 크게 느낀 이수복은 독학으로 무선사가 되어 우체국에 취직하여 두 집안의 생계를 책임지기도 한다.

1946년 6월 25일 목포 문태중학교를 졸업한 후 서울대 전신인 경성대학 예과에 진학한다. 1947년 '국립서울종합대학안(국태안)' 파동이 계속되고 있는 상황에서 서울대와 전남의전(지금의 전남대 의과대학)에 합격하였으나 기독교 학교인 광주 수피아여고 교사로 취임한 것으로 추정된다. 이때 그가 담당한 과목은 처음엔 국어였는데 영어교사 자격증을 취득하여 평생 영어를 가르친다. 그가 수피아여고에 있을 때 그에게 도움을 준 사람은 수피아여고의 미국인 선교사 유화례이다. 1950년대 말 유화례 선교사는 이수복에게 미국 유학의 길을 안내하지만 이수복은 가족 부양의 책임 때문에 미국유학을 포기한다.(서정주, 「광주에서」, 『서정주 문학전집』 333쪽. "한 칠판 년쯤 전엔가 李壽福이 서울 온 길에 나를 찾아와서 '美國 사람들이 공부를 하러 오라고 하니 얼마 동안 가 배우고 올까 합니다' 하더니만, 그 뒤 얼마 뒤엔가 또 만났더니 '妻子를 맡길 데가 있어야지요? 외국 유학은 자식들代로나 미루기로 했습니다.' 하고, 아주 누그러져 피식 웃었다."이수복이 가족부양을 위해 방과후 영어과외를 한 것에서 알 수 있듯 가족부양이 평생 그를 옥죈 것을 짐작할 수 있다.)

그의 문단활동은 6·25전쟁으로 피란와 광주의 조선대학교에 있던 미당 서정주와 가까이 하면서 시작된다.

내가 光州에서 生死未判 중에 나자빠져 있던 1952년 겨울로부터 1953년 봄까지 동안에 顯承 다음으로 내 삶을 도와 준 친구는 이곳 詩人 李壽福이다. 그는 이때 아마 須皮亞女子高等學校란 데에서 訓長 노릇을 하고 있었던 것 같은데, 학교에나 나가는지 안나가는지 모를 정도로 오전이나 오후나 잠깐 잠깐씩 그는 내 옆에 나타나서 내 엉덩이에 날마다 끊임없이 그 마이신 注射침을 놓고 있었다. (중략) //"……/홍치마 자락에 내린/하늘 비췬 누님의 눈물……"//꼭 이렇던가 다르던가 잊었지만, 이 비슷한 게 그 뒤 몇 해 뒤에 내가 現代文學誌에 처음 추천했던 그의 詩의 한 구절이고, 또 내가 지금도 외고 있는 몇 개 안 되는 이 나라 現代詩 구절 가운데 하나다. 이건 동백꽃을 두고 쓴 것이고, 또 李壽福 그의 고향이 全南 咸平이었다는 것을 들었으므로, 그 뒤 동백꽃을 보면 문득 그의 이 구절을 기억해 내고 아울러 함평이나 그런 언저리를 생각하고, 내게 그때 마이신 注射침을 이어서 꽂고 있던 것은 이 언저리의 '하늘 비친' 그런 눈물이었을 거라고 생각하는 습관이 생겼다.(서정주, 앞의 책, 332~333쪽.)

미당 서정주의 술회에서 보듯 서정주가 이수복의 인간적 면모와 그의 문학세계를 아끼고 사랑했음을 짐작할 수 있다. 더불어 서정주가 이수복의 시구절을 외울 정도로 이수복의 시적 능력을 높게 평가했음도 알 수 있다. 이수복 또한 미당 서정주를 스승으로서 존경과 인간적인 믿음으로 의지했음을 볼 수 있다.

이수복은 1952년 7월에 목포에서 발간된 《新文學》 제3집에 서정주·김현승·신석정·이동주와 함께 활동한다. 이후 1954년 「동백꽃」으로 《문예》에 서정주의 초회추천을 받는다. 이듬해 새로 창간된 《현대문학》에 서정주에 의해 2,3회 추천을 거쳐 정식으로 문단에 등단한다.

이수복이 경성대학 예과를 마치고 광주 수피아여고를 첫발로 내딛은 교직은 이후 숭일고, 광주일고, 순천고, 전남고, 주암고 등으로 이어진다. 1963년에는 조선대학교 국문과에 편입하여 1965년에 졸업한다. 그런데 이수복은 1950년대 말에 조선대학교에 출강하기도 했다.

이수복은 서정주가 심사위원으로 관여하는 《현대문학》에 주로 작품을 발표함으로써 서정주의 그늘을 벗어나지 못했다. 이는 시인으로써 행운이면서 손해이기도 했다. 서정주를 잇는 전통적 서정의 낡은 시인으로 각인시키기도 한다.

서정주의 지지를 받으며 시작된 그의 문단생활은 1958년 제3회 현대문학 신인문학상을 수상하며 각광받는 시인으로 문명을 알린다. 그리고 꾸준하게 작품을 발표한 후 1968년 2월 현대문학사에서 그의 유일한 시집 『봄비』를 출간하기에 이른다. 그해 5월 후배 범대순 시인의 주선으로 시집출판기념회를 가진다.

지금까지 알려진 이수복 시인은 말수가 적고 사람들 눈에 잘 띄지 않는 과묵한 사람이었다. 사색하는 분위기로 동료교사들과도 잘 어울리지 않았는데 그의 회갑날엔 두 내외만이 자축할 정도로 대인관계가 활발하지 못했다. 1986년, 정년을 몇 해 앞둔 63세 때 이수복은 승주군 주암고등학교로 부임했는데 그곳은 광주에서 버스로 출퇴근하기가 여간 힘든 거리였다. 그는 결국 과로사로 사망하고 말았다. 1986년 부임한 지 한 달 조금 지난 4월 9일의 일이었다. 그는 광주 망월동 묘역 입구에서 왼편, 제3묘원에 잠들어 있다.

이수복의 죽음은 봄비처럼 조용하였다. 그는 기독교 신자였지만 장례식은 교회가 아닌 방림동 허름한 자기 집에서 없는 듯 행해졌다. 그의 명성에 비해 조문객들도 별로 없었다. 알만한 사람들의 조문도 보이지 않았다. 출상하는 날 아침 어떤 분의 기도가 있었고 추모사가 있었고 가벼운 흐느낌이 있었다. 그리고 망월동 입구에서 왼편으로 제3묘원 한자리 인사없는 이웃들 옆에 묻혔다. 세상의 관례를 벗은 너무 초라한 장례식이었다.

생전 이수복의 생활은 그의 죽음처럼 아쉽고 조용한 것이었다. 혼자 생각하고 혼자 시 쓰고 책 읽고 그리고 혼자 산책하는 것이 전부였다. 가끔 후학이 찾아가면 그는 언제나 서쪽 작은 자기 방에 앉아 있었다. 다신의 시 봄비처럼 조용하고 다수운 사투리로 그는 말했다.(범대순, 「봄비 또는 이수복 시집」, 『눈이 내리면 산에 간다』, 전남대 출판부, 2002.)

생전에 그를 기억하는 사람들은 이수복은 겸손하고 담백하고 소탈했다고 한다. 자신을 둘러싼 삶의 환경을 극복하기 위해 늘 말없이 생활인으로 활동해야 했기에 문단에서 주목받지 않았던 그의 죽음은 쓸쓸했다. 위의 인용문에서 보듯 범대순은 그가 봄비처럼 세상에 왔다가 봄비처럼 말없이 떠났다고 적고 있다.

2003년 5월 6일, 함평군 함평읍 함평천 수변공원에 함평군과 고향의 후배들이 시비를 세웠다. 광주 사직공원에도 오래 전에 세워진 그의 시비가 있다.

이수복은 생전은 물론 사후에도 본격적으로 조명된 적이 거의 없다. 최근 이민호에 의해 본격적인 연구가 시도되었을 뿐이다.(『한국전후 문제시인 연구·4』, 「상(像)·상(想)의 시학」, 예림기획, 2005)

그 동안 이수복의 시가 연구자들에게 크게 관심을 끌지 못했던 것은 평생 광주를 벗어나지 않은 지역성을 극복하지 못한 까닭이며, 50~60년대를 풍미했던 외래 편향적 지적풍토와 현실인식에서 그를 제외시켰을 것이다. 또한 빈번한 고어 사용과 한자어 사용으로 그의 시는 난해하다. 이런 것도 연구자들의 관심에서 멀어졌을 이유도 될 수 있을 것이다.

이수복의 시세계는 간단하게 규정할 수 없다. 내밀하게 들여다보면 시적 다양성과 구체적 의미가 내포해 있음을 알 수 있고, 그 탐구의 방향도 여러 갈래이다. 그러나 크게 그의 시세계를 요약하면 한국적 정서를 형상화 시킨 것과 신실한 기독교인으로써 실천하고자 했던 기독교적 세계관을 형상화시킨 것으로 볼 수 있다. 그가 추천 과정을 통과할 때에 심사를 한 서정주는 다음과 같이 말하고 있다.

> "「蟋蟀」에서는 비록 얼마 안되는 文字로서나마 韓國人의 情緖生活의 中核을 소리나게 울리는 것이 있다. 民族固有의 生活慣習에서 詩의 感情과 知慧가 멀어져 가고 있는 때 그가 하고 있는 것과 같은 詩의 努力들은 精神채린 것이 된다. 漢語屬의 克服만을(어려운 일이다만은……) 꾸준히 해가면 잘 될 것이다."
>
> - 서정주, 「시천후평」, 《현대문학》, 1955년 3월호, 167면.

이수복의 시세계를 '한국적 서정'으로 최초로 언급한 대목이다. 문학사에서 이수복을 유일하게 언급한 김준오 또한 이수복의 시세계를 전통적 세계와 자연을 소재로 한 서정파로서 활동한 부류에 포함시키고 있다.(『한국 현대문학사』, 1995, 386면.)

그러나 그의 시세계의 한 축을 차지하는 것은 기독교적 세계관을 형상화 시킨 것이다. 이는 등단 초기에서부터 말년까지 지속적으로 그가 관심을 갖고 일궈낸 시세계이다.

2. 이수복의 시세계

1) 한국적 정서의 형상화

이수복은 초기부터 한국적 정서와 기독교적 세계관을 형상화시킨 작품을 병행하며 시를 써 왔다. 그러나 1968년 현대문학사에서 펴낸 그의 유일한 시집 『봄비』에는 「무서움」, 「…… 아려 앓다 자다」 등 2편을 제외하고는 대부분 한국적 정서를 형상화시킨 작품들이 수록되었다. 그런데 34편이 수록된 시집에 단 두 편만 제외하고 한국적 정서를 형상화시킨 작품만을 실었다는 것은, 그의 큰 관심사가 어디에 있었는지를 가늠해 볼 수 있는 단서가 된다. 이는 그의 시가 주로 한국적 정서의 색깔을 띠고 있다는 증거이다. 특히 죽음과 슬픔의 정서를 내재한 시편이 많다.

冬柏꽃은/홋시집간 순아누님이/매양보며 울던꽃//눈녹은 양지쪽에 피어/집에 온 눈님을 울리던 꽃.//홍치마에 지던/하늘 비친 눈물도/가녈피고 쓸쓸하던/누님의 한숨도/오늘토록 나는 몰라……//울어야던 누님도 누님을 울리던 冬柏꽃도/나는 몰라/오늘토록 나는 몰라……//지금은 하이얀 촉루(髑髏)가 된/누님이 매양 보며 울던 꽃.

-「冬柏꽃」 전문

이수복이 《문예》에 미당의 초회 추천을 받은 이 작품은 미당이 추천사에서 "홍치마에 지던/하늘 비친 눈물"을 인용하면서 괜찮게 생각하던 작품이다. 이 작품은 이후 《현대문학》에 2,3회 추천 과정을 거친 「蟋蟀」, 「봄비」와 같이 그의 초기의 대표작품으로 꼽을 수 있는데, 모두가 한국적 정서를 담아낸 작품이라는 데서 그의 시의 출발과 행방을 가늠해 볼 수 있다.

「冬柏꽃」에서 순아누님은 후처로 갔다. 무슨 사연이 있는지는 알 수 없지만 누님은 늘 그 꽃을 보며 울었다. 그런 누님은 끝내 이 세상을 떠나고 말았다. 화자가 바라보는 동백꽃은 슬픔과 한(恨)스러움으로 나타난다. 동백꽃의 붉은 이미지와 누님의 '홍치마' 이미지가 만나 누님의 한숨과 눈물로 변용되면서 '동백꽃'은 여인들의 한(恨)이 배인 상징이 된다.

앞의 작품에서는 누님의 죽음이 나타나지만 다음 작품에서는 딸아이의 죽음이 나타난다.

비맞는 蜀葵꽃에 가슴적시던/하늘빛 도라지꽃/도라지 꽃빛 닮은 딸아이를 외우는 肉聲……//서언한 눈자위/짜른 목숨/초사흘 달처럼 걸렸다 넘어간/안쓰러운 실눈썹……//들마을 水下里에선/새삼/닭울음이 밤을 잦추고//門밖에서는/내어걸린 초롱불빛이/흐부여히 물살을 일어……. -「꽃상여 엮는 밤」에서

죽은 딸아이는 도라지 꽃빛을 닮아 푸르다. 그 딸의 장례를 치루기 위해 꽃상여를 엮는 밤 화톳불이 날아오르고 골짜기에서는 쑥꾸

기가 애처로이 울고 있다. 밤은 야삼경인데 들마을에서는 닭이 새벽이 오기를 바라며 울고 문밖에는 내어 걸린 초롱불이 흐부여히 물살을 이고 있다. 야삼경인데도 쑥꾸기가 울어 슬픔을 더욱 고조시키고 있지만, 닭울음이 그 슬픔을 떨쳐버리기 위해서 새벽을 재촉하고 있다. 그렇기 때문에 문밖의 초롱불빛은 흐부여히 빛을 잃어가고 있는 것이다. 그러나 아직은 야삼경인지라 여전히 "두메마을 뉘집 門전에는/내어걸린 초롱불빛이/흐부여히 물살을 일고" 있다. 이 작품에서 죽은 딸아이의 모습을 '도라지 꽃빛'에 비유한 것에서 '죽음'을 떠올리게 한 것과 '야삼경의 쑥꾸기 울음' '문밖에 내어걸린 초롱불빛' 등이 '죽음' 혹은 '상갓집'을 암시해 주고 있다. 그런데 '베옷 입고 우는 쑥꾸기'는 딸을 잃고 우는 부모의 은유이다.

> 四溫의 窓옆에다가/水仙을 두고/새알을 비춰보다/기러기를 울리다……//밀알들과 빈 들은/눈으로 덮고/눈 산들 너머다는/바다를 붓고.//마지막에 열 줄의 魂을 위하여/鍾처럼 얼 얼 울릴/詩를 위하여/밤이 길사록/깊어 드는 마음……. -「겨울」에서

죽음을 상징하는 겨울에 알을 낳는 기러기의 운명에서 시인은 부화할 수 없는 자신의 존재를 확인하고 있다. '빈들'은 눈보라 속에 파묻혀 생명이 존재할 수 없는 죽음의 공간이다. 그렇기 때문에 슬픈 그의 시는 종소리로 울리고 있다. 그래야만 살아있는 자신의 존재를 확인할 수 있기 때문이다. 시인이 바라보는 겨울 들판은 '죽음'의 들판이지만 눈덮힌 겨울 들판은 결코 죽음만이 가득한 것은 아니다. 악기의 줄처럼 열 줄 선으로 변주되고, 종소리로 울리는 그의 시가 암시하는 것처럼 생명을 잉태하고 있다. 눈보라가 산과 바다와 들을 덮치고 있지만 빈 들에는 밀알이 생명을 간직하고 있다. 즉 시인은「겨

울」을 통해 '죽음'을 이야기하고 있지만 '죽음'이 무거울수록 '생명'도 자라고 있음을 놓치지 않고 있는 것이다. 즉 이수복은 '죽음' 속에서 '생명'을 보았던 것이다. 다음 작품도 '죽음'에서 '생명'을 발견하고 있다.

> 이 비 그치면/내 마음 江나루 긴 언덕에/서러운 풀빛이 짙어오것다.//푸르른 보리밭길/맑은 하늘에/종달새만 무에라고 지껄이것다.//이 비 그치면/시새워 벙글어질 고운 꽃밭 속/처녀애들 짝하여 새로이 서고//임 앞에 타오르는/香煙과같이/땅에선 또 아지랑이 타오르것다.
>
> -「봄비」 전문

"이 비 그치면" "서러운 풀빛이 짙어 오"는 것은 '봄비'의 죽음으로 '풀'이 자라기 때문이다. 즉 거룩한 희생으로 새로운 생명이 잉태되는 자연의 이치를 깨닫게 하는 이 작품은 '죽음'과 '생명'이 함께 지배하고 있다. '죽음'과 '생명'이 다름이 아니라 한 몸임도 말해주고 있다. 이 작품은 삶과 죽음을 하나로 인식하고 순종과 절제의 미덕을 지닌 한국적 정서를 보여주고 있다.

죽음을 통해 한국적 정서를 형상화 시킨 반면 그리움의 정서를 통해 한국적 정서를 형상화시키기도 한다.

> 즐거웠던 것/즐겁지가 못했던 것들이/한꺼번에 遠景 水墨으로 번진다./갈기 가기 시작하는/芭蕉ㅅ닢을/디디고 넘어 오는 가을비에.//무애(無涯)를 감싸 휘는 여유가/높이 부여 안은/스란치마 같은 풀./늦게사 생긴 외아들을/물끄러미 보시곤 하던…… -「思母曲」 전문

이 작품 역시 '죽음'과 '생명'의 순리를 깨우치고 있다. "갈기 가기

시작하는 芭蕉ㅅ닢"에는 낡은 잎과 새로운 잎이 있게 마련이다. 어머니는 낡은 잎이 될 것이고 외아들은 새로운 잎이 될 것이기 때문이다. 특히 어머니의 지극한 사랑을 넓은 파초잎을 발이 보이지 않는 폭이 넓고 긴 스란치마에 비유하고 있다. 이 작품은 어머니가 돌아가신 후에 그리워하는 정서가 시 기저에 깔려 있다. 다음에서는 우리의 전통적 정서를 새롭게 묘사하고 있다.

> 깊이 자느라고, 나는/영접도 못했는데//—밤을 새워 온, 이/그리움을.//石燈은 검은 頭髮이 긴 찬 눈을 이고 깊다.//오늘 밤은 귤(橘)빛 봉(封)할래.//새 누리/구워 놓고/—둥둥근 白瓷 항아리
>
> -「눈 抒情」에서

'눈'을 '그'로 의인화시킨 것이 눈에 띈다. 나는 "깊이 자느라고" "밤을 새워 온" 그리움을 영접하지 못한다. 그는 石燈에 검은 머리칼 늘이고 있다. 시인의 인식은 눈 내린 세상을 백자 항아리를 구워 놓은 것으로 바라보고 있다. 또한 시인은 그리움의 대상인 눈이 밤에 몰래 왔다가 가버렸다고 말한다. 즉 잠이 깬 아침에 창밖을 바라볼 때는 눈이 멈춰버린 것이다. 이 작품에서 눈 내린 세상을 백자(白瓷)로 비유한 부분이 새롭다. 다음의 「白磁水瓶」 또한 우리의 전통이 배인 도구로 그것을 바라보는 시인의 인식이 신선하다.

> 乳房을 깎아 팡가치지 않고서도/내 心室 바람벽을/바로 뚫은//그대/금촉 지른/흰/살이//부르르 꽂히어 아리는 妙法과, 그 震振과……//久遠의 둥근 치마 기슭을 떠오르는 江月이여 -「白磁水瓶」에서

白磁水瓶을 '유방을 깎은' '금촉지른 흰 살' '둥근 치마 기슭을 떠

오르는 江月'로 비유하고 있다. 그것은 "댁일대로 댁이고도 남은 것"으로 "용솟음쳐 오르는 뭉게구름"이기도 하다. 수병(水甁)이기에 "푸른/(噴火口)/門도/뚫"려 있다. 이수복은 전통적 정서를 간직한 사물도 신선한 시각으로 바라보며 새로운 해석을 낳고 있다. 즉 전통적 정서에 대한 진부함을 떨쳐 버리려고 무던히 애쓴 것을 작품을 통해 알 수 있다.

2) 기독교적 세계관의 형상화

유년기부터 신실하게 다져온 것이 이수복의 기독신앙이다. 그가 곧이곧대로 정직하게 살아온 것은 기독신앙의 영향이 컸음은 당연한 일이다. 말수 적고 사색하는 그의 생활 패턴도 신앙에서 연유한 것이다. 그렇듯 몸에 배인 신앙의 태도는 그의 시세계에 투사되어 이수복의 시세계 한 축을 이룬다.

이수복의 기독교적 세계관의 형상화 시킨 작품에서도 여러 갈래의 시세계를 이룬다. 기독교라는 종교가 죽음을 통해 새로 탄생하듯이 죽음을 극복하는 모습을 보이는 것과 인간으로서의 성찰과 통회를 보여주는 시세계, 그리고 기독교적인 삶의 자세를 드러내는 시의 세계를 이룬다.

> 두다려 보는 것만으로는 채워지지 않는 것/사뭇 휘져어버리고픈 悖逆氣質 같은 것이/빛깔로 轉身하연 우는겔까……//참말만 피뱉던 語訥한 혀(舌)가/거짓말을 드리키곤/술醉함일까……//빈 櫃를 갉아 뚫는/희고 꽝꽝한 쥐잇발 모양/이마가 깎이도록 뚫고 오른 하늘 밑/- 굳어 든 平地를,//(봄바람은 巫家집 첫닭 같은 넋두리)/누룩먹은 꿈들이/꽃이 운다. -「꽃의 出航」 전문

기독교적 윤리관에서는 패악하고 불순한 믿음의 부정을 죄악시하며, 예수가 십자가에 못 박혀 죽었다가 다시 살아난 것을 믿으며 신에게 순종함으로써 참된 기독교인이 될 수 있다. 즉 눈에 보이는 것만이 믿음이 아니라 보이지 않는 것까지 믿었을 때 진정한 믿음을 갖는다고 할 수 있다. 그러나 '두다려 보는' 것은 불신의 태도가 된다. 그렇기 때문에 불신의 태도를 버리고 轉身을 통해서 완성됨을 깨닫게 하고 있다. 즉 이전의 나를 죽이고 새로운 나로 변화되었을 때만이 내가 새로 태어날 수 있음을 말하고 있다. 그러므로 성령의 실체를 상실한 인간의 모습은 패역에 불과한 것이다. 이처럼 '꽃의 출항'은 죽음의 극복을 입체적으로 보여주고 있다. 다음 작품에서는 기독교적 성찰과 통회의 기도를 하고 있다.

> 길은 망설이는 손을 들어 無涯를 가르쳐 보여 준다. 나는 홀연 밑모를 구렁 꼭다기에 나귀를 타고 떤다. 그리고 〈더 가야 한다〉는 내 안윗말삼이 〈太初〉처럼 차거움을 깨닫는다. 인제 나는 믿을 소린지 못 믿을 소린지 모를 빈 祈願을 肉聲으로 뇌는 것이었다 … 〈나사로를 두고 온 時間 넘어로 한번만 더 돌려 보내소서 돌려 보내소서…… 셀라〉
>
> -「길」 전문

이수복 시인의 삶의 자세와 신에 대한 태도가 배인 작품이다. 이 작품의 화자는 "홀연 밑모를 구렁 꼭다기에 나귀를 타고 떤다"고 자신의 현실을 깊은 골짜기에 빠진 것으로 비유한다. 그러나 예수가 인류구원의 참된 길을 걸어간 것처럼 자신도 다시 한 번 바른 길을 갈 수 있는 기회를 기도한다. 즉 깊은 지옥이거나 위태로운 꼭대기 같은 삶에서 빠져 나갈 수 있기를 소망하고 있다.

이 작품은 이수복이 예수가 태어난 나사렛에 두고 온 시간 너머로 가고자 하는 염원과 기독교적 성찰이 깃들어 있다.

겨자씨를 되려 微分하며 있는/비좁은 나의 信仰을/격랑은 바위를 치듯, 치고 부서지고……//東學하던 四十대 祖父의 괴롬이랄까/새로이 고루이는 거칠은 영혼이여/七月 늦배 배를 풀고/바다는 후복을 앓는다.//心臟 하나로만 어둠을 가남하며/心臟으로 묻다가, 그것은/主를 거사리고 키를 거머쥐는/우람한 팔뚝이여

不安한 向方이여//말곳 말곳 별들 맑는 子正— /오 오 오 오 오/되풀이 되풀이하여 노래불러 무장 깊어드는/무궁한 音樂이여

-「바다의 律動」 전문

시인 자신의 신앙을 "겨자씨를 되려 微分하며 있는/비좁은 나의 信仰"으로 비유하고 있다. 솔직한 자기 성찰의 모습을 보여주고 있다. 좀처럼 '主'을 직접 드러내지 않는 이수복의 이 작품에서 만큼은 '主'를 이야기하고 있다. 그만큼 절실하게 주를 향한 자신의 흐트러진 신앙의 자세를 가다듬고 있다. 마음속으로만 어둠을 짐작하며 생각하다가 주를 거스리는 불안한 자신의 마음을 드러내고 있다. 화자는 끊이지 않고 출렁거리는 바다를 통해 좀스러운 자신의 신앙을 파도가 질타하듯 자신을 후려치고 있다는 인식을 하고 있다.

붉게 붉게 피는/꽃들을 대할 제면/이글 이글 타오르는/아침 해를 대할 제면/가뭇없이 슬어지는 내 꼴을 본다.//꼭 하나뿐인 목숨을 터쳐/푸르디 푸른 목숨으로 바꿔/미천한 나한테 자유를 준……/저 거룩한 불길 앞에서/隊列 앞에서. -「四月以後」 전문

1960년 8월《현대문학》에 발표한 「四月以後」는 4·19의거가 일어난 직후에 쓴 작품이다. 그러므로 그 내용으로 보아 '4·19의거'를 "미천한 나한테 자유를 준……" 것으로 인식했다고 이해할 수 있다. 그러나 그의 시의 경향으로 보아 십자가에 못 박혀 인류를 구원한 예수의 상징을 노래한 것으로도 읽을 수 있다. '사월'은 예수가 못 박히고 부활한 시기이기 때문이다. 결국 이 작품은 기독교적 구원관과 관련해서 해석해야 할 것이다. 화자는 붉게 피는 꽃들 앞에 서거나 이글이글 타오르는 아침 해 앞에 서면 볼품없는 자신을 발견한다. 그것은 예수의 고난과 십자가에 못 박힘으로 인해 내가 진정한 자유를 얻었음을 상기시키기 때문이다. 그것도 오직 하나 뿐인 목숨을 희생하여 얻은 푸른 목숨이기 때문에 더욱 소중한 자유임을 깨우치고 있다.

앞의 작품들에서 기독교적인 성찰을 보였다면 다음의 작품은 기독교인으로서의 삶의 자세를 보여주고 있다.

> 大 전돗부인 아주머니의 姓氏는 大氏,/수척하나 眉間에 주름은 아니 잡힌……./大 전돗부인 아주머니의 영감님은 평생을/카랑카랑 굶주리면서도 漢詩를 썼다/(時方은, 죽은 사람들이 말짱 덜 넘어가 살고 있는/잔등 너머 共同墓地/—저 不寐의 꿈나라에서 할미새나 듣노라며 消日하지만)//大 전돗부인 아주머니는 결곡하여 餘念이 없다/天國끝서 이따금씩/마른 막대기와 密會하는 迷夢말고는…./金曜日의 해질녘을 심방 돌고, 돌아와/발바닥에 못질하는 티눈이 아려 앓다 자다.
>
> -「……아려 앓다 자다」 전문

이수복 시인은 기독교인의 평범한 일상을 시로 엮어내기도 한다. 전도하는 아주머니는 생김새나 마음씨가 깨끗하고 여무져서 빈틈이 없다. 그런데 "大 전돗부인 아주머니의 영감님은 평생을/카랑카랑 굶주리면서도 漢詩를 썼다" 영감님은 기독교인이 되지 않았던 것이다. 그렇게 살다가 영감님은 죽어 공동묘지에 묻혔지만 大 전돗부인은 여전히 심방을 다니고 있다. 열심히 전도하러 다니다 보니 大 전돗부인의 발바닥에 티눈이 아려 앓는다. 즉 '티눈'→'영감님'이 기독신앙인이 되지 못한 것이 티눈처럼 아려 앓는 것이다.

> 깊이 모를 自我와… 自我를 쓰고 치고 쓰고 치고/부서지는 물결의 表象/- 돌아 앉는 바위의 否定이 아니라,//더듬는 손길에 만지이는/밤ㅅ중 얼라의 알빛 이마며 볼이며/손목 발목이며, 숨 고른 소리며들처럼//가장 깊은 곳을 건드려 주는 切實함이여/오묘한 흐름이여.
>
> -「구름」 전문

구름은 떠올랐다가 사라지는 상념처럼 자꾸만 떠올랐다가 사라진다. 변화를 쉽게 할 수 있다. 이에 비해 바위는 쉽게 변화를 가지지 못한다. 다시 말해 구름은 유동적이며 바위는 고정적이다. 이 작품은 유동성과 고정성의 대비를 통해 유동성을 가진 기독신앙을 선명하게 보여주려 한다. 즉 기독교적 윤리관은 유동성을 긍정하게 함을 말하고 있다. 구름은 생성과 소멸을 통해 자신의 존재를 일깨우며 하늘이라는 공간을 채운다. 궁극적으로 천사의 또 다른 이름인 어린아이의 형상으로 나타난다. 순수한 내면을 지닌 어린 아이를 통해 영원한 존재인 절대자의 실체를 확인하고 있다. 이는 시인이 끊임없이 추구하는 가치이기도 하다.

3. 결론

이수복의 시세계는 한국적 정서와 기독교적 세계관의 두 축으로 이루어졌다. 대체로 초기에는 한국적 정서를 형상화시킨 작품들이 우세하지만 기독교적 세계관을 탐구하는데 공을 많이 들여 시를 창작했다. 이는 기독교인으로서 일상에 충실하고자 했던 삶의 자세에서 비롯됐다고 볼 수 있다.

한국적 정서의 형상화 시킨 작품에서 죽음과 슬픔의 정서가 깃든 작품들이 다수를 이루는데 이는 한국의 전통 정서에서 죽음이나 정한(情恨)과 관련된 것으로 이해할 수 있다. 그러나 죽음이 패배, 상실로만 이어지는 것이 아니라 부활, 생명의 의지로 재생되기도 한다. 또한 이별과 그리움, 희망 등 전통적 정서를 새롭게 해석하기도 한다.

기독교적 세계관을 형상화시킨 작품에서 주류를 이루는 것은 성찰과 통회의 의지를 보인 작품들이다. 패악하고 불순한 존재를 새롭게 전신(轉神)시키고자 하는 것은 시인의 실제 삶을 변화시키고자 하는 의지의 반영이기도 하다. 또한 기독교인의 평범한 삶의 모습과 자세를 가다듬고자 한다. 이러한 그의 노력은 기독교적 구원관이 바탕을 이루고 있는데서 연유한다.

지금껏 이수복의 시에 대한 연구가 미흡했던 것은 그가 평생 광주를 벗어나지 않은 지역성을 극복하지 못한 까닭이며, 50~60년대를 풍미했던 외래 편향적 지적 풍토와 현실인식에서 그를 제외시켰기 때문이다. 또한 시인 자신의 문제로는 고어와 한자어 사용으로 시가 난해한 것도 연구자들의 관심에서 멀어지게 한 원인이 되기도 했을 것이다.

그러나 그의 시는 간단하게 규정할 수 없는 다양성과 구체적 의미가 내포해 있음을 볼 때 앞으로 많은 연구자들의 관심이 집중되길 바란다.

전후사회와 근대화의 흔들리는 풍경
— 정병우 론

1. 출생과 삶

소설가 정병우(鄭炳禹)는 1925년 8월 23일(음력 7월 7일) 전남 장흥군 유치면 조양리에서 아버지 정민채(鄭玟采)와 어머니 문인암(文仁岩)의 2남 1녀 중 셋째로 태어났다. 1945년 3월 광주사범학교를 수료한 후 5년 가까이 장흥초등학교에서 교사로 근무하였다. 해방 직전에는 일본병사로 징집되었다가 전주부대에서 제주로 파송 중 목포에서 해방을 맞아 원대복귀해 해산하였다. 고향에서 교직에 있던 정병우는 1955년 전주로 이거하여 〈전북일보〉에서의 근무를 시작으로 평생동안 언론사에서 일하였다. 1955년 전주에서 이금심(李今心)과 결혼하여 슬하에 1남 1녀를 두었다. 1958년 서울로 이주하여 세계통신, 동화통신, 경향신문에서 일하게 되는데, 경향신문의 편집부장, 문화부장, 부국장, 논설위원으로 활약하였다.

1990년 9월 2일 기독교에 귀의하여 교회에 출석하기 시작한 후 1996년 만 70세 때에 명예집사가 되어 독실한 크리스찬으로 신앙생활에 몰두하다가 2010년 7월 30일 86세의 일기로 영면하였다.

그의 아들 정현에 의하면 아버지는 참으로 자상해 자신이 병상에 있을 때 간호하는 자식들에게 부담주는 것조차 싫어했다고 한다. 또한 아들의 기록(「우리 아버지에 대한 단상」(2010. 8. 2))에서 "아버지는 성실하시고 검약한 분이셨습니다. 아버지가 정리하신 우리집 가계도와 여러 서류들을 보면 참으로 하나하나 빠짐없이 또 분명하게 잘 기록하신 것을 알 수 있습니다. 또 아버지는 병원비가 너무 많이 나오지 않을까 항상 염려하시고, 간병인을 쓰는 것도 싫어하셨습니다."에서 짐작할 수 있듯이 검약하고, 꼼꼼하고, 자상한 가장이었음을 알 수 있다.

실제로 그가 아내와 둘이서 만년을 보냈던 서울 은평구 불광동의 미성아파트는 28평의 단아하고 소박한 공간과 병원에 입원했다가 집에 돌아오면 누웠던 침대와 흔들의자는 조용하고 점잖은, 그리고 검소한 그의 내면을 들여다볼 수 있게 한다.

소설가 정병우는 장흥의 현대문학을 연 작가이다. 장흥을 우리나라 유일의 문학특구로 지정하게 한 100여명이 넘는 작가들의 고장에서 그는 그들의 맨 앞자리에 있다.

정병우는 1954년 《현대문학》의 전신인 《문예》에 김동리·김팔봉에 의해 초회추천을 하였다가 이듬해인 1955년 31세 때 《현대문학》에서 추천완료하여 문단에 나왔다. 1954년에 첫작품 「가재골」을 발표한 이래 1970년 9월 《월간문학》에 「너무나 긴 시간」을 발표하는 것을 끝으로 작품활동을 마감한다. 물론 10년 후인 1980년 《현대문학》에 「여신상」 한 편을 발표하지만 더 이상 작품을 발표하지 않았다. 그러므로 실질적으로 16년 동안 작품활동을 한 셈이다. 그 16년 동안 중 10여년 동안에 1년에 한두 편을 발표하고 이후로는 2년 또는 4년에 한 편 꼴로 작품을 발표해 그의 작품활동은 초창기에 비교적 활발했다. 그러나 1970년대 이후에는 거의 작품활동을 하지 않았다.

그것은 그가 언론사 생활로 인해 문학에의 관심과 역정이 현저히 줄어들 수밖에 없었던 걸로 짐작된다.

그의 등단작인 「가재골」에서 때묻지 않은 순박하고 아름다운 청년의 모습을 보여주지만 이후 사회문제에 관심을 갖게 되면서 전후 사회에서 방황하는 젊은이들의 모습과 불신사회의 건강한 인간상을 제시하기도 한다. 더불어 사회적 규범에서 일탈하는 젊은이들의 모습을 그려냄으로써 우리 사회가 안고 있는 그늘진 부분을 보여준다.

2. 소박함과 긍정의 아름다움

정병우가 등단작인 「가재골」을 쓴 시기는 아직 전쟁의 상흔이 깃든 시기이다. 1954년 《문예》 1월호에 발표하였으니 6·25전쟁이 끝난 1953년에 썼을 것이 분명하다. 이 시기는 아직 전쟁의 상처에서 헤어나지 못할 때인데, 이 작품은 주인공 경수가 국방의 의무를 다하기 위해 군대에 기꺼이 입대하려는 모습을 보여준다.

당시에 이 작품을 심사한 김동리는 심사평에서 "진실로 아름다운 작품이다. 여기엔 물론 거짓말도 과장도 들어있다. 그러나 그 거짓말과 과장마저도 여기서는 시(詩)로서 사는 길을 틔었다. 추한 것, 부정적인 것보다 아름답고 긍정적인 것을 우리는 좀 더 소박하게 사랑할 수 있어야 되지 않을까." 긍정적이고 소박한 작품의 정신을 높이 산다. 또한 함께 심사했던 김기진도 "「가재골은」 실로 드물게 보는 가작이다. 소집영장을 받아가지고 군복입고 철모 쓰게 된 일을 생각하고 기쁘면서도 한 옆으로 어머니를 두고 떠나는 것이 서운하여 밤새워서 가재골 논에 가서 김을 매고 돌아오는 경수를 기피자로 오해하게 되는 것이라든지, 면사무소 마당에서 트럭을 타고서 대뜸 희권(군인)이 생각부터 했다는 거라든지, 헐레벌떡 뛰어오는 어머니를 보고서 반기며 우는 목소리로, "엄니… 가재골 논이이." 하고 외치는 것이라든지 어쩌면 이렇게 사랑스러운지 불필요한 글자 한 개 없이 필요한 말만 제대로 제자리에 씌어져 있는 이 작품은 뻗어 나가려는 순진하고 청신하고 완강하고 반투명한 이 나라의 제2세 국민의 한 국면을 우리들에게 명확하게 보여주고 있다. 괴상망측한 망종의 청년들이 가두에 범람하고 있는 반면에 순진·청신·완강·반투명의 청년이 무수히 성장하여 가고 있는 것도 사실이다"라고 하여 김동리와 같은 평가를 한다.

수많은 사람들이 죽은 6·25전쟁의 참혹함을 직접 목격한 당시의 청년들은 군대 가는 일은 죽으러 가는 일이라는 생각이 들었을텐데, 오히려 기꺼이 군대에 입대하는 청년의 건강한 정신을 그려냄으로서 올바른 젊은이의 모습을 보여준다.

그러나 주인공 경수가 굳이 군에 가고자 하는 이유는 순수한 애국심보다는 "양권련"이나 "몇 벌이나 걸쳐입은 옷" "모자" "구두" "자동차 승차" 등 때문이다. 대단한 애국심의 발로보다는 지극히 사소한 것들을 누릴 수 있음에 군 입대에 대해 아무런 거리낌이 없었던 것이다. 이는 경수의 순짐함에서 기인한 것이긴 하지만, 어쨌든 많은 젊은이들이 기피하는 군대에 입대하려는 경수의 긍정적이고 적극적인 사고는 당시 시대적 상황에서 매우 반길만한 일이었을 것이다.

특히 이 작품에서 소박함을 돋보이는 대목은 주목된다. 소집영장을 받은 날 밤에 경수가 사라진 것에 대해 징집을 기피했다고 오해하는데, 실상은 혼자 남은 어머니를 위해 밤새 가재골 논에 가서 잡초를 뽑은 대목이 그것이다. 그랬기 때문에 입영열차를 타고 떠나면서도 주인공 경수는 "엄니! 가재골 논 아이!" 하고 울먹이며 부탁하는데 주인공의 소박함이 묻어난다.

소설작품은 필연적으로 갈등구조를 갖게 마련인데, 이 작품은 특별한 갈등의 모습을 보여주지 않는다. 그러면서도 독자들에게 재미있게 읽힌다. 이후 발표하는 정병우의 소설들은 모두 그물 같은 촘촘한 사건의 구조로 짜여지며 갈등구조로 만들었다가 그 갈등을 해소시키는 방식으로 전개된다.

3. 전후 방황하는 영혼들의 초상화

6·25전쟁 직후인 1954년에 문단에 데뷔한 정병우는 자연스럽게 전후 폐허가 된 사회의 현실에 관심을 갖게 된다. 철저히 파괴되고 잿더미만 남은 참담한 현실과 정치적으로 부패한 자유당시대의 혼란 속에서 정의롭지 못한 세상은 불신사회를 조장한다. 이러한 시대에 젊은이들은 절망한다. 이 시기에 쓴 정병우의 소설 작품으로는 「상흔기」(1955), 「배회」(1957), 「장미빛 사진첩」(1962) 등이 그것이다. 이들 작품은 한결같이 6·25전쟁 이후의 방황하는 사회의 모습을 보여준다.

「상흔기」에서 순호와 인애는 결혼할 사이였지만 순호가 전쟁터에 나가자 인애의 부모가 인애를 다른 남자와 결혼시켜 버린다. 그러나 인애의 남편도 결혼 일주일만에 전쟁터로 나가 전사해 버려 혼자 남게 된다. 순호는 전쟁터에서 한쪽 눈을 실명하고 다리를 하나 잃은 상이용사가 되어 제대를 한다. 다시 만난 순호와 인애는 순호의 끈질긴 설득에도 불구하고 하나가 되지 못한다. 인애가 자신이 기다리지 못한 것과 결혼했던 과거 때문에 순호에게 마음의 문을 열지 못했기 때문이다. 우여곡절 끝에 인애가 자신의 과거 때문에 마음을 열지 못한 것을 밝히자 순호는 인애를 받아들인다. 이로써 순호의 몸의 상처와 인애의 마음의 상처가 사라진다. 이후 순호와 인애는 함께 고아원에서 전쟁고아들을 돌보게 된다. 6·25전쟁 이후 1950년대의 사회적 풍경이 그대로 전해지는 「상흔기」는 방황하던 두 젊은이가 사랑을 찾아가는 과정을 그린 작품이다.

1957년에 발표한 「배회」는 6·25전쟁기 혼란스럽고 무기력한 현실을 배경으로 펼쳐지는 이야기로 이 작품은 정병우의 소설에서 유일하게 1인칭으로 서술된 작품이다. 앞에서 밝힌 것처럼 혼란스럽고 무기력한 현실은 답답하기만 하다. 주인공인 '나'는 취직하기 위해 여러 곳을 돌아다닌다. 그러나 '배회'라는 작품의 제목이 암시하듯 이리저리 돌아다니지만 미래에 대한 희망을 꿈꿀 수 없는 답답한 현실만을 보여준다.

> 지난해의 난리를 개운히 잊었는가. 엊그제부터 살구나무에 새움이 돋히기 시작했다. 봄은 분명 닥아 드는가 싶은데, 나는 늦은 아침을 치른 뒤에도 우중충한 방에서 튀어나가려곤 하지 안했다.
>
> 지금쯤 어머니는 가게를 지키고 앉았을 것이다. 반백의 머리를 이고 까딱도 않는 중에서 오직 하나 사람일 수 있는 표적으로 눈알을 말뚱말뚱 굴리고 있을 것이다. 숱하게 지나가는 행인의 스물에 열은 거들떠본다 치더라도 겨우 세 사람이나 들려주면 좋은 편이고 그중의 한 사람이라도 흥정이 되면 다행인 그 한 사람을 바라고 오늘도 진종일 못박혀 있어야 하는 것이다.
>
> 하지만, 솔직히 말해서 나는 어머니의 눈치를 매우 꺼리고 있다. 음성만 들어도 바늘에 찔린 듯이 찔끔하는 것이었다. 그런데도 아침에는 으레 한번씩 바늘끝이 내 살갗을 쑤시고 마니 말이다.

자연의 순환은 다시금 봄이 와 만물이 깨어나고 있지만 주인공 '나'는 "우중충한 방에서 튀어나가려곤 하지 안했다." 일자리를 구하러 다녀도 특별한 소득이 없는 모습을 보여준다. 인생을 의미없이 소비하고 있는 것이다. 어머니의 가게도 무기력하기는 마찬가지이다. "술하게 지나가는 행인의 스물에 열은 거들떠 본다 치더라도 겨우 세 사람이나 들려주면 좋은 편"이다. 이러한 집안의 사정에서 나는 "어머니의 눈치를 매우 꺼리고 있다." 위의 인용문은 이 작품이 어떻게 전개될지를 암시해주는 대목이다.

난리가 나서 어쩌다가 피난길에 발길이 머문 마을에서의 삶은 참담하다. 그런데 이 마을의 상모라는 사람은 한글사전을 보면서 무슨 시험준비를 하고 있다. 희망을 암시하는 대목이기도 하다. 나는 피난지에서 살구꽃이 세 번 피고 지도록 특별한 일 없이 이곳저곳을 배회한다. 어느 날 법정에 발길이 닿아 재판광경을 보게 된다. 아내가 남편을 죽이려 한 사건에 대한 공판이다. 남편은 생물학적으로 고자였다. 스무 살 먹은 여자는 재취였는데 남편이 악랄하고 잔인해서 견디지 못해 죽이려다 미수에 그친 것이다. 스무 살 먹은 문자라는 이름의 여자는 징역 2년을 받는다. 나는 공판정을 출근하다시피 하다가 다방에 들러 하루종일 죽치는 일까지 더하게 된다. 그러다가 문자를 면회하러 다니는 일까지 더했다. 문자는 팔일오 특사로 출감하게 되고 결국은 두 사람이 아이를 낳고 살게 된다. 나는 문자와 함께 밭에서 얻은 소출이 넉넉하지는 못해도 화락하게 살아간다. 그런데 고자가 나타나 평안은 깨지고 만다. 문자가 물에 투신해 죽고 말기 때문이다. 한글사전을 보던 상모는 마침내 중학교서무계 직원이 되고 나는 문자가 남긴 어린 아이를 먹여살려야 할 책임이 있기에 그동안 오랜동안 배회했던 삶을 마감하게 된다.

이 작품은 지루할 정도로 느껴지는 나의 배회생활이 어린애를 책임져야 하는 아버지라는 인식으로 인해 배회생활을 끝낸다는 단순한 이유를 갖고 있다. 전후의 어수선하고 무기력한 사회의 모습을 보여주며 그 속에서 자신의 길을 모색하는 젊은이들에게 희망의 메시지를 전하려는 작가의 의도가 엿보인다.

6·25전쟁의 사회분위기를 잘 그린 작품으로 「장미빛 사진첩」이 있다.

> "전후 사회는 똑바로 쳐다보기조차 무안해."
> 대욱은 불쑥 혼잣말을 했다.
> "서울에 지금 남아있는 것이 무엇일까? 사라져 간 빌딩자리에 술집이 막을 치고, 사람들은 공원 벤치에 앉아 시름시름 조는 것이 고작, 녹슬은 굴뚝, 바퀴 없는 자동차, 타다 남은 양복장, 찌그러진 장난감……."
> "지금 세고 있는 건 뭐죠?"
> "종로 네거리에 뒹구는 사발 조각……. 전쟁은 지상의 많은 것을 앗아가고 꿈도 함께 싣고 갔어. 행운이 다가올까 싶지도 않으려니와 있대두 아득해. 그저 괴로워하고 몸부림칠 밖에……."
> "그게 현실이란 말인가요?"

전후사회의 현실을 적나라하게 들여다볼 수 있는 대목이다. "사라져 간 빌딩자리에 술집이 막을 치고, 사람들은 공원 벤치에 앉아 시름시름 조는 것이 고작, 녹슬은 굴뚝, 바퀴 없는 자동차, 타다 남은 양복장, 찌그러진 장난감……."만 남은 폐허 뿐이다. 주인공 대욱이 전쟁터에 간 사이 그의 집과 가족도 사라졌다. 집은 폭격에 맞았는지 빈 터 뿐이고 창수, 창호 두 아이의 행방도 묘연하다. 아내 또한 생사를 알 수 없다.

정병우의 작품 속 인물들이 대부분 무능력한 것처럼 이 작품에서도 대욱은 군대에서 제대한 직후여서인지 무엇을 하긴 해야겠는데 특별한 일자리를 갖고 있지 못한다. 겨우 이발사를 하다가 아이를 찾기 위해 길거리에서 풍선장수를 한다. 그러다가 분뇨수거를 하는 것이 고작이다. 이는 정병우 소설의 시대적 배경이 대부분 6·25 직후의 어수선하고 불투명한 사회이기 때문이다. 그래서 대욱이 "전쟁은 지상의 많은 것을 앗아가고 꿈도 함께 싣고 갔어"라고 내뱉는 것이다.

이 작품 속에 등장하는 인물들의 처지도 6·25전쟁의 그늘이 드리워 있다. 순자 할머니는 아들 민수의 행방을 알지 못하고 있고, 언젠가 어떤 부인이 어린 여자아이 하나를 두고 가면서 아들 민수의 딸이라고 해서 키우고 있다. 순자 엄마라는 사람은 구이팔 서울 수복 때 쫓겨가는 놈들의 총에 맞아 죽었다고 한다. 소영은 남편을 전쟁터에서 잃고 전쟁고아들의 보모로 일하고 있다. 민수는 군대에서 탈영했는데 헌병들이 찾고 있다. 여자들을 끼고 살면서 개망나니 짓을 해대는데 그의 주머니에는 권총이 있다. 그 권총으로 사람을 죽이기도 하지만, 결국 죽음을 당한다.

대욱은 옛 전우의 아내인 소영과 우여곡절 끝에 가정을 꾸미는데 고아원에서 찾아낸 둘째 아들 창호와 할머니와 아버지를 잃은 순자, 그리고 소영이 낳은 씨가 다른 아이와 식구가 되어 함께 살게 된다. 참담한 전쟁의 비극을 통해 가족이 해체되고, 인정이 메마르고, 희망을 잃어버리지만 피가 섞이지 않은 사람들끼리 마치 누더기를 꿰멘 것 같은 가족을 이루게 되는 작은 희망의 메시지를 「장미빛 사진첩」은 전하고 있다.

4. 불신사회의 건강한 인간상

정병우 작품의 사회적 배경엔 불신이 드리워져 있다. 6·25전후 혼란스럽고, 절망적이고, 가난한 사회이기 때문에 인간의 본능인 순화되지 않은 비열한 욕망 때문에 서로에게 상처를 주고, 할퀴고 물어뜯는 사회풍경을 보일 수밖에 없었을 것이다.

이렇듯 불신사회의 풍조를 배경으로 전개되면서도 끝내는 건강한 인간성을 회복하는 모습을 보여주는 작품들은 「땀내와 더불어」, 「돼지집」, 「영도인간」, 「저류」, 「비예」, 「노루목」 등이다. 이들 작품들은 불신사회를 해학적으로 파헤친 것들로 불신을 극복하고 희망의 메시지를 전해준다.

「땀내와 더불어」는 제목이 암시하듯 열심히 일하며 사랑을 키워가는 젊은이 상을 그린 작품이다. 출판사 총무부장 영구는 일찍 출근하여 모범적으로 회사를 성장시키는 데 열중한다. 경리일을 맡은 경희 역시 성실하게 회사를 위해 최선을 다한다. 결말이 보이는 진부한 이야기 전개이지만 두 사람이 회사와 사랑을 키워가는 모습에서 정직한 기쁨이 엿보인다.

「돼지집」은 40대의 돼지집 여자와 인전이라는 가정부 소녀, 젊은 첩 등이 얽힌 이야기로, 첩이 인전이를 괴롭히자 돼지집이 혼내주는 휴머니즘을 보여준다. 이 작품에서 첩은 남의 남편을 빼앗은 이기적인 모습을 지니기도 하지만 슬픈 운명의 나약한 인간으로 묘사된 점이 인간의 모습을 이분법으로 바라보지 않는 작가의 모습이 돋보인다. 그래서 돼지집은 인전이에게 가끔 첩을 돌봐주도록 한다. 약한 자에게 이끌리는 돼지집의 인정이 아름답다.

「영도인간」 또한 택시기사 병두와 양품점 점원 인애의 서로를 위한 아낌없는 사랑을 그리고 있어 작품을 읽은 뒷맛이 행복하다.

「저류」는 교도소 부인인 은희에게 감옥에서 쉐타 하나가 전해지는 것으로 아름다운 사건이 전개된다. 이 옷은 교도소에 수감자들이 직접 손으로 짠 아이들이 입을 수 있는 옷이다. 쉐타 주머니에는 쪽지가 들어있었는데 "사모님, 김치 좀 보내주세요."라고 써 있었다. 그들은 영아살해범, 절도범, 간통범, 범인 은닉범 등의 여죄수들이지만 어린 아이가 입을 수 있는 옷을 만들어 보내는 따스한 마음을 지닌 사람들이다. 흔히 교도소를 떠올리면 부정적인 이미지만을 생각하지만 이 작품 속의 교도소 소장 부인 은희, 여죄수들을 감시하는 윤간수, 그리고 죄수들과, 교도소 소장의 마음은 부드럽고 인정이 넘친다. 겉으로 볼 때 죄수들을 감시하는 윤간수이기에 죄수들이 싫어하지만 슬쩍 눈을 감고 죄수들의 심부름을 하여 또다른 쉐타를 은희에게 전한다. 주머니 속에는 "사모님이 주신 김치 잘 먹었습니다"라고 써진 메모가 있다. 역시 윤간수가 은희가 담군 김치를 죄수들에게 전한 것이다. 교도소 소장의 딸을 통해 이러한 사실을 알게 된 교도소 소장인 은희의 남편은 "윤간수에게 내가 알고 있단 말을 절대로 말아…… 알았지" 한다. 그러면서 "도대체 왜 이런 걸 내가 알게 만들었냐 말야." 하는 교도소 소장의 능청 또한 이 작품을 읽는 재미를 더하게 한다. 겉으로는 엄한 표정이지만 속으로는 말랑말랑하고 부드러운 교도소 소장과 윤간수의 능청스러운 행동들에서 훈훈한 인정이 느껴진다.

앞에서 본 작품들이 독자들에게 훈훈한 인정을 느끼게 해 주었다면 반면에 「비예」와 「노루목에서」는 그야말로 불신사회에 대해 저항하며 건강한 사회를 꿈꾸는 인물들의 항거가 아름답다.

> 삼십 년의 역사를 지닌 이 사립 중학교에서, 창립 당시부터 군림해 온 이 학교장의 위치는 절대에 가까웠다. 다소 과장된 표현으로, 백 미

> 터 멀리서도 보이면 고개를 숙이고, 발자국 소리만 들어도 자세를 바로 잡았다. "교장선생님" 하기도 우러러보며 하여야 했다. 더욱 우스운 것은 이를 뛰어난 전통이라 자랑하는 것이다. 이 전통 이 자랑을 범은 늘 보고 들어 온 사람이었다.
>
> 언젠가 범은 이런 말을 했다.
>
> "오늘 교장실에 불려가서 보았더니, 교장이 꼭 우승컵이나 감사장과 같이 생각되거든."
>
> 그때 상우는 범의 말뜻을 얼른 새기지 못하였다. 교장을 교장실 책상 위에 올려 놓으면 우승컵처럼, 틀 속에 넣어 벽에 걸어 놓으면 감사장처럼 보이기 알맞은 존재라고 부연해 주어서야, 상우는 고소를 씹을 수 있었다.
>
> 그만 못하나 교감의 위치도 대단하였다. 교감은 교장의 직권에 깍듯이 의존하면서, 그 직권의 한 조각을 나누어 받았음이 분명했다. 이러한 권위로서 지배되고 있는 학교의 교무실하고도 직원회의 석상에서 "교감 그리고 교장"이란 과격한 말이라는 직원들의 표정이다. 교감을 분을 이기지 못해 어쩔 줄 모르고, 교장은 어느새 돌아앉아 버렸다.

심범이라는 교사가 송시민이라는 학생을 퇴학처분을 내리는 것에 분개해서 "우승컵이나 감사장과 같이 생각되"는 교장선생과 교감선생에게 과격한 표현을 한다. 이 말은 단순하게 반말조로 윗사람이 아랫사람에게 하대하는 말투만이 아니다. 심범이 학교에서 언제나 우월감으로 우쭐대며 교사들과 학생들 위에 군림하는 교장과 교감의 거짓권력에 항거하는 소리이다. 교사의 목숨을 부지하기 위해 감히 빼어들 수 없는 칼을 빼어든 것이나 마찬가지이다. "창립당시부터 군림해 온 학교장의" "절대에 가까"운 권력과 "교장의 직권에 깍듯이 의존하면서, 그 직권의 한 조각을 나누어 받았음이 분명"한 제2인자 교감의 권위를 순식간에 파헤쳐버린 이 항명은 심범이 교사직과 맞바꾼 사건이다.

자신보다 낮은 자들을 보살피고 마음을 써주던 심범이 끝내는 불신사회, 돼먹지 못한 불량한 사회에 한 알 밀알이 되지만 끝내는 죽음에 이르고 만다. 심범이라는 교사의 죽음이 슬프지만 교무회의 석상에서 모두가 교장과 교감의 눈치를 보며 머리를 조아리고 있을 때 내뱉은 그의 "교감 그리고 교장"이라는 과격하고 불손한 말은 더 나은 우리 사회를 위해 던지는 경종과 같은 것이었다.

「노루목에서」는 갖지 못하고 낮은 자들의 등을 쳐 먹는 비열한 사회의 어두움을 파헤친 작품이다.

상훈은 저수지 축조공사장에서 아내를 잃었다. 자신의 논도 물 속에 잠겼다. 현장감독 허정두는 회사에서 나온 장례비 삼만 원을 떼먹고 여전히 젊은 여자들에게 수작을 건다. 마을 사람들은 보상비 문제로 회사측과 옥신각신 싸운다. 이때 상훈은 죽기 위해 저수지에 뛰어든다. 이를 달례가 말린다. 여산영감과 마을사람들이 달려와 상훈과 달례를 구해낸다. 그런데 여산영감이 보이지 않는다. 물에 빠져 죽은 것이다. 이때 양녀인 권자는 허정두와 자동차를 타고 빠져나간다.

이 작품 역시 비극적인 결말을 보여준다. 우리 사회의 부조리를 보여주는 이 작품 속의 이야기가 주는 메시지는 아직도 유효하다. 가난하고 못난 사람들의 등을 쳐먹고도 희희낙락하는 사람들이 여전히 많기 때문이다.

5. 사회적 규범의 일탈, 이에 대한 성찰

정병우가 1960년대에 쓴 작품 중에서 「여인주택」, 「축도의 날에」, 「너무나 긴 시간」 등은 남녀간의 사랑을 매개로 한 것들로 제약된 사회규범을 일탈하며 나름대로 삶의 방식을 탐구하는 젊은이들의 모습을 그린 것들이다. 이들의 일탈된 모습을 통해 흔들리는 성(性)모랄을 보여준다.

「여인주택」의 세 자매 선이, 선아, 선애는 한 집에서 살고 있다. 가장 큰 언니인 선이는 남편과 사별해 혼자 돈 놀이를 하며 살고 있고, 둘째 선아는 최근 이혼해 혼자된 몸이다. 셋째 선애는 막내로 이들 세 자매는 이성과 성(性)에 대해 비교적 자유로우며 관대하다. 선이는 하숙생과 성을 나누다가 동생들에게 들켰지만 아무렇지 않다. 선아도 진호와 밀회를 하고 다닌다. 선애는 고궁에 나갔다가 우연히 만난 김선생과 연애 중이다. 김선생은 선애에게 호감과 신뢰를 주기 위해 4만 원을 맡겨놓는다. 그런데 이 돈을 동생 선애는 둘째 선아에게 빌려준다. 그러니까 이 돈은 맨처음 큰언니 선이에게서 김선생인 진호에게 빌려준다. 진호는 그 돈을 막내 선애에게 맡겨놓는다. 그러자 선애는 그 돈을 둘째 선아에게 빌려준다. 이렇듯 진호를 축으로 해서 세 자매는 돈을 매개로 자신들도 모르게 삼각관계에 빠진다. 이성간의 건강한 사랑이 아닌 돈을 매개로 한 그들의 사랑은 쾌락과 사회적 금기를 넘은 것이어서 마침내는 서로에게 불신만을 갖게 되고 사랑은 파탄에 이를 수밖에 없음을 보여준다.

다음의 두 작품 「축도의 날에」와 「너무나 긴 시간」은 1970년에 발표한 작품들로, 정병우가 초기에 보여준 혼란과 불안한 전후사회의 모습을 반영한 것에 반해 위의 두 작품은 1960년대의 산업화로 성장하는 경제성장기에 아직 성숙하지 못한 사회현실을 보여준다.

「축도의 날에」는 1960년대 젊은이들의 성과 결혼에 대한 의식을 드러낸 작품이다. 지영은 크리스찬으로서의 본분을 지키려 하나 점차 성에 관대해진다. 미혼남녀가 성(性)을 자유롭게 나눌 수 있으며 임신이 되면 생명을 버릴 수도 있다고 생각이 변한다. 진구가 지영을 사랑하지만 끝내 이루어지지 않는다. 성을 나누는 것이 마치 결혼을 약속하는 것처럼 여기는 젊은이들의 결혼관이 배어있는 작품이다. 진구가 지영의 오빠로 남아 결혼식 날 아버지가 없는 지영의 손을 잡아 신랑에게 건네주려고 했지만, 신랑의 문란한 생활을 알고 난 후 신랑에게 신부인 지영을 인계하지 않고 식장에서 뛰쳐 나온다. 작가는 이 작품에서 자신의 사랑을 차지하지 못한 것에서의 배신감과 문란한 성도덕을 지닌 젊은이들 세태에 대해 성찰의 태도를 보여준다.

「축도의 날에」가 젊은이들의 성의식을 파헤친 작품인데 반해 「너무나 긴 시간」은 1960년대 산업화 과정에서 일어난 농촌의 해체와 가족의 해체, 더불어 쉽게 만나고 쉽게 헤어지는 사랑과 성의식을 함께 드러낸다.

> 아버지가 젊었을 적에는 새벽에 떠나 서울에서 도시락을 비우고, 밤중에나 거의 절름발이가 돼 돌아올 수 있었다고 했다. 얼마 전까지는, 이십 리 길을 걸어나가 거기 하루 세번 지나다니는 자동차를 얻어타고 서울을 왕래했다. 그나 저나 하루 품을 들이기는 마찬가지였다. 그것이, 도로가 확장되고 석달 전 시내버스가 들어와서부터, 이십분마다 뜨는 버스를 타면, 간단한 일을 보고도 세 시간 후는 거뜬히 다녀오게쯤 되었다. 이렇듯 버스 길이 열린 것이 종점에서 두 정류장 못 미친데서 들어가는 유원지의 소풍객을 위해서라는 사람이 있고 이곳을 장차 서울 지역에 편입할 계획으로 개발에 나선 때문이라는 사람도 있었다.

1960년대 서울 근교 시골이 개발되며 도시로 편입되는 과정을 보여준다. 주택이 들어서고 낯선 사람들이 마을에 들어와 살게 된다. 주변에 유원지가 생겨난다. 그러면서 도로가 확장되고 시내버스가 들어오면서 마을은 뒤숭숭해지며 동네사람들의 마음도 변해간다.

이 작품에 등장하는 인물들의 면면을 보면 상우는 아버지의 기대를 져버리고 중학교를 중퇴해 아버지 농사일에 끌어들이지만 자꾸만 집을 나간다. 미스홍은 자신의 몸을 상품화시켜 돈벌이를 하고, 자꾸만 가출하는 상우의 여동생 미애는 기동이 아버지와 바람나 서울로 도망쳤다가 기동이 엄마에게 잡혀온다. 선희 아버지는 가산을 정리해 서울에 갔다가 폭삭 망하고 돌아온 사람이다. 상우의 아내는 유원지 길거리에 가게를 열었다가 곁에서 좌판을 벌인 놈하고 눈이 맞아 서울로 도망을 친다. 아파트 경비원 심씨는 여자를 끌어들여 빈 집으로 들어가 쾌락에 빠진다. 동구는 공사장 감독과 눈이 맞은 아내 선희를 찾아 낫을 들고 다닌다.

이 작품은 말미에서 상우가 미스홍에게 "뭐래도 좋아, 뭐든지 할 작정이야, 사실은 당신이 포주고 나는 포주의 남편이지, 우리가 부자로 살 때는 꿈에도 생각지 못한 일들이 벌어지고 있어, 여자가 몇 사람 더 있어도 좋아, 건넌방에 재우고, 낮에는 유원지, 밤에는 마을에서……" 그리고 누군가 불을 지른 버스가 불에 타는 모습을 보며 상우는 희열을 느낀다. 아마 시골마을이 이처럼 변한 것이 시골과 서울을 잇는 버스 때문이라고 생각했기 때문일 것이다.

이 작품은 근대화 과정으로 왜곡되는 농촌마을의 모습을 그린 것으로 불신사회와 물질문명의 폐해를 입는 농촌마을의 풍경을 그리고 있다.

‘용반리’의 공간성과 고향소설
— 김석중 론

1.

소설가 호담(昊潭) 김석중(金碩中)은 1948년 전남 장흥군 부산면 용반리 지와몰에서 태어났다. 1968년 장흥고등학교를 졸업하고, 1970년 주월 백마부대 파병으로 베트남전쟁에 참전하였다. 1974년까지 기독청년활동을 하며 민주회복 인권운동에 동참하여 광주전남지역 기독청년회장을 맡았다. 그러던 중 5·18민주화운동에 참여하였는데 호남 NCC인권위원으로 민주화에 헌신하다가 직장에서 해직되었다.

독학으로 문학을 섭렵하여 1978년 삼성문화재단이 실시하는 도의문화저작상(道義文化著作賞)에서 소설 「유목민」이 입상된 후 이듬해 장편소설 「바람」이 대상으로 당선되어 문단에 나왔다. 1974년부터 1982년 사이에 새농민문화상(농협중앙회), 관광수필문학상(한국관광공사), 호국문예상(국방부) 등을 수상하기도 하였다.

1985년부터 국회의원 보좌관을 지냈다. 이 무렵부터 소설가의 길은 물론 지역문화운동에 적극적으로 나선다. 1984년 우리 국문학사에서 기행가사의 효시를 이룬 기봉 백광홍의 「관서별곡」의 문학적

유전자를 이어받는다는 의미의 문학동인 〈別曲〉을 김동옥, 김순덕, 김철웅, 백성우, 양기수, 위수미, 윤승중, 이규영, 이혜경과 함께 발족시켜 장흥지역 문학시대를 열었다. 또한 1986년에는 장흥에서는 최초로 시화전을 개최하기도 하고 그해 〈장흥문화동호회〉를 발기하였다. 〈장흥문화동호회〉는 장흥의 문화인들 중심으로 향토사, 미술, 서예, 사진, 민속, 음악 등 여러 장르를 한데 아우르는 종합적인 문화단체로 장흥의 문화가 새롭게 깨어날 수 있는 계기를 만들어 이후로 다양한 사업을 펼친다.

특히 김석중은 문학동인 〈별곡〉을 주도적으로 이끌며 장흥의 구전되는 설화를 모아 『금수굴의 황금약수』(1993, 아동문학사)을 출간해 장흥지역 설화를 집대성하였다. 또한 『장흥의 민속』(1995, 현남사), 『장흥의 가사문학』(1997, 시와사람), 『존재 위백규의 사상과 철학』(2000, 시와사람)을 공저로 펴내었다. 뿐만 아니라 장흥의 고전문학과 현대문학인을 모두 모은 『장흥의 문학기행』(2005, 장흥별곡문학동인회), 장흥문화탐방기 『누군들 따뜻한 마을이 그립지 않으랴』(2006, 시와사람), 『그리운 남쪽 마을』(2014, 장흥별곡문학동인회)을 펴내어 근현대문학사에서 장흥을 빛낸 문학인들의 삶과 문학은 물론 문학의 현장을 서정적이고 아름다운 문체로 서술하였다.

뿐만 아니라 김석중은 향토사료를 발굴·복원하는 사관으로서의 역할에도 충실했다. 가사 「장호가(莊蝴歌)」를 발굴하고, 동학혁명 최후의 격전지 장흥 동학 관련 사료 『장흥동학운동자료집』을 정리하였다. 『감흥록』, 『영회당 사료집』 등이 빛을 보는 데도 일조하였다.

김석중은 젊은 시절 대한가족계획협회와 국회의원 보좌관을 지낸 이후 그의 반평생은 고향에서 소설을 쓰는 한편 장흥의 문화예술을 기획하고 이를 실천하는데 역량을 쏟았다. 그러는 한편 단편, 중편,

장편소설 쓰기를 통해 소설가로서의 면모를 잃지 않았다.

그는 1979년 삼성문화재단에서 실시한 도의문화저작상을 수상한 장편소설 『바람』을 삼성문고에서 간행하고 1987년 〈전우신문〉에 「하얀 山 푸른 江」, 1998년 〈국방일보〉에 「부용화」를 연재하는 등 장편소설을 꾸준히 발표하였다. 1995년 단편 「향기」, 「귀향」 등을 발표하여 작품성을 인정받아 대산문화재단으로부터 소설 부문 창작지원금을 받는다.

장흥의 문화예술을 선도적으로 일구고 부흥시키는 틈틈이 소설가로서의 위상을 드높인 장편소설 『햇빛부신 날의 초상』(1988), 소설집 『꿈꾸는 물새』(1999), 장편소설 『거미눈』(1993), 연작소설집 『구름 걷어내기』(1997), 장편소설집 『청산에 우짖는 새』(1997), 장편소설집 『속 깊은 우물』(2000), 소설집 『다시 지와몰에서』(2007), 『풀잎과 강물의 이야기』(2019)를 출간하였다.

소설가 김석중은 최근 타계하였다. 수십 년 동안 문학적 동지로서 문화기획자로서 아주 밀착된 삶을 함께 살아온 필자는 지난 3월 12일 급작스러운 그의 타계에 대한 충격이 아직 가시지 않은 이때에 그의 삶과 문학을 더듬어보는 손길이 떨린다.

그는 독실한 크리스천으로서 늘 하나님과 그의 아내와 자식들에 대한 믿음과 사랑이 충만하게 살았다. 자신의 몸마저 대학병원에 기증하고 훌훌 세상을 떠나간 그의 신념과 용기를 통해 그를 새롭게 인식하는 계기가 되었다.

『달 뜨면 창을 열고 달 뜨면 문을 닫고』의 작품들을 통독하며 다시금 그의 숨결을 느끼며 영혼의 깊이를 가늠한다. 그러므로 이 글은 제 육신조차 대학병원에 헌신한 소설가 김석중 영전에 바치는 헌사라고 할 수 있다.

2.

『달 뜨면 창을 열고 달 뜨면 문을 닫고』는 김석중 선생이 타계한 후 그가 사랑했던 장흥문화원에서 그를 추모하는 마음으로 펴낸 소설집이다.

김석중의 소설, 특히 단편 · 중편소설들은 소설의 문학공간을 그의 고향인 용반리 지와몰이 대부분이다. 그가 태어나고 성장하여 살았던 고향에 켜켜이 배어있는 용반리 사람들의 삶과 무관하지 않다. 멀리로는 동학혁명으로부터 6·25 한국전쟁, 광주민주화운동을 비롯한 근현대사를 지나 최근에 이르기까지 용반리라는 농촌을 배경으로 한 서사를 끈질기게 천착하였다. 그러므로 '용반리'는 장흥군 부산면이라는 특정한 지역을 떠나 김석중이 문학으로 창조한 특별한 공간이라고 할 수 있다.

일생동안 소설가로 살아가며 자신의 고향을 소설의 공간으로 이처럼 많은 작품을 쓴 작가를 나는 지금껏 보지 못했다.

공간, 즉 장소는 엄연한 실존의 조건이며 토대이다. 사람은 장소를 사는 존재이다. 그러므로 사람이 살지 않는 땅은 죽은 공간이다. 사람은 땅에서 와서 땅으로 돌아간다. 사람이 살아가는 땅은 장소와 지각공간의 인지와 경험이 이루어지는 바탕이다. 삶은 그것을 구체적이고 직접적으로 경험하고 그 경험의 맥락과 연관성 안에서 인성이 형성되고 감정이 영향을 받는 일을 배제하고는 성립될 수 없다.

이렇듯 인간의 존재는 장소가 없다면 존재할 수 없음은 당연한 일이다. 육체가 장소를 점유하기 때문이다. 그러므로 장소는 몸과 정신의 실존을 품고 그것이 피어나게 하는 자리이며, 모든 원초적 경험의 바탕이다. 그런 까닭에 사람과 함께한 장소는 수많은 서사를 간직하고 있으며, 경험이 축적된 장소에는 그 장소만의 특별함이 투사되어 있다.

박경리의 『토지』에서 등장하는 최참판댁에서부터 모든 장소는 한국근대사의 서사가 축적되어 있다. 화가 이중섭의 그림 속 풍경들도 서귀포, 통영에 이르는 서사 또한 그가 살았던 시대의 장소가 토대가 되었다.

고구려는 만주와 한반도 북부라는 장소가 서사의 바탕이 됨은 말할 필요가 없다. 이청준의 소설 「눈길」의 배경이 된 장소도 경험의 서사가 축적된 곳이다. 그러므로 고향에서 살고 있는(김석중 선생은 장흥 읍내에서 거주하였으며, 지척에 고향 장흥군 부산면 용반리가 있다. 장흥 장날이면 고향 사람들이 찾아와 함께 어울리는 것을 필자는 여러 번 보았다.) 김석중은 늘 고향을 바라보며, 어느 누구보다도 용반리를 속속들이 꿰뚫어 볼 수 있는 위치에 있는 터여서 고향을 잘 그려낼 수 있었지 않을까. 이는 도시에서 살면서 농촌소설을 쓰는 일이 쉽지 않고 농촌에 살면서 도시 이야기를 이끌어가는 것이 버거운 것처럼, 아무래도 고향에서 고향을 들여다보는 일이 훨씬 쉽기 때문에 그의 이른바 '고향소설'은 취향에 맞았을 것이다. 특히 장흥의 향토사를 기획하고 설화를 채록하는 등 장흥지역문화를 일구는데 특출난 활동이 그의 소설쓰기에 많은 도움이 되었을 것이다.

김석중의 소설공간이 농촌 · 시골이라고 해서 그의 소설을 농촌소설이라고 말하기는 힘들다. 물론 농사를 짓고 있는 용반리 사람들의 삶을 다루고 있지만 농민소설은 아니다.

하지만 '용반리'라는 공간을 소설의 무대로 삼은 것에서 용반리는 장소성으로서의 다양한 의미를 가진다.

용반리는 역사적으로 동학농민혁명 때 많은 동학농민군을 배출한 곳이며, 마을이름 '지와몰'은 전라도 방언 '지와(기와)'와 '몰(마을)'

에서 알 수 있듯이 기와를 구워내던 마을이다. 그러므로 동학농민혁명에 많은 사람이 가담한 것에서 이 마을 사람들의 기질과 역사성을 유추할 수 있고, 용반리(지와몰) 사람들의 삶 또한 짐작해 볼 수 있다.

김석중 소설에서 '용반리'를 어떻게 형상화시켰는지 살펴본다.

① "용반리는 대동제가 행해지고, 향교의 분원이 있고, 서원과 사우(祠宇)의 건물까지 존재해 있었다. 용반리의 인구 357명 중 80세가 넘는 노인은 무려 50여 분- .

그분들은 근세의 역사, 민요, 민담, 전설, 향토이야기들의 증인이고, 생존한 자료였다. 그래서 용반리는 근세사 전공이나 향토사를 공부하는 이들의 교육장이요, 실습장이었다. 전통 민속마을로 지정, 보존 · 보호되고 있는 만큼 용반리 주민들은 대단한 자긍심을 지니고 있었다. 광산(光山) 김씨 일문은 용반리의 지배세력이자 자존심이기도 했다.

그런 때문에 용반리 사람들은 외지인에 대해 대단히 권위적이고 배타적인 경향을 보였다." -「향기」 중에서

② "용반리 앞의 냇물은 예양강의 지류이다. 물이 맑고 하상에 자갈과 수초가 적당히 덮여있어서 별별 물고기들이 많은 곳이었다. 특히 은어와 쏘가리는 예양강의 명물이었다. 게다가 시내 앞에는 숲이 길게 뻗어 있어서 좋은 그늘을 제공하고 있기 때문에 피서지로는 제격이다."
-「마을 지키기」 중에서

③ "전형적인 농촌으로 큰 부자도 없고 반면에 목이 메이게 가난한 집도 없는 그저 그런 동네일 뿐이다. 사람들은 순박하다 못해서 시대에 뒤처진 감이 들 정도로 어눌하며, 심성은 진솔하고 정이 깊다."
-「생명의 눈」 중에서

④ “용반리는 120여 호 남짓 되는 장흥군 부산면에서는 꽤 큰 동네였다. 주민의 전부가 농사를 업으로 하고 있는 전형적인 농촌이었다. 마을 뒤로는 구구곡(九九谷)이라고 하는 상당히 깊은 산이 있다. 이 산은 동산으로서 농촌의 연료인 땔감을 공급하고 농한기에는 부녀자들이 약초나 산나물을 채취하여 가용에 보태 쓰는 곳으로 활용하고 있었다.” -「시어머니」 중에서

⑤ “용반리는 주변의 경관 뿐만 아니라 단단한 전통까지 지키고 있었다. 그래서 용반리를 처음 들어선 사람들은 이 마을이 왕조말(王朝末)의 어느시대를 지키는 곳이라는 복고적인 생각을 가지게 할 정도였다.” -「향기」 중에서

①에서 “용반리는 대동제가 행해지고, 향교의 분원이 있고, 서원과 사우(祠宇)의 건물까지” 있다고 한다. 이로보아 옛 전통을 간직하고, 지켜가는 곳임을 알 수가 있다. 여기에서 ‘대동제’, ‘향교’, ‘서원’, ‘사우’는 유교적 관념이 깃든 의식이거나 건물이다. 그러므로 용반리는 전통마을이 틀림없다. ⑤에서도 “용반리를 처음 들어선 사람들은 이 마을이 왕조말(王朝末)의 어느 시대를 지키는 곳이라는 복고적인 생각을 가지게 할 정도였다.”라고 용반리가 전통을 지켜가는 마을임을 확인시켜준다.

④에서 “용반리는 120여 호 남짓 되는 장흥군 부산면에서는 꽤 큰 동네였다. 주민의 전부가 농사를 업으로 하고 있는 전형적인 농촌이었다. 마을 뒤로는 구구곡(九九谷)이라고 하는 상당히 깊은 산이 있”는 것으로 보아 전형적인 농촌마을이다. ②에서 “용반리 앞의 냇물은 예양강의 지류이다. 물이 맑고 하상에 자갈과 수초가 적당히 덮여 있어서 별별 물고기들이 많은 곳이었다. 특히 은어와 쏘가리는 예양

강의 명물이었다. 게다가 시내 앞에는 숲이 길게 뻗어 있어서 좋은 그늘을 제공하고" 있는 것에서 볼 수 있듯이 자연환경이 수려하고 오염되지 않은 마을이다. ③에서는 "전형적인 농촌으로 큰 부자도 없고 반면에 목이 메이게 가난한 집도 없는 그저 그런 동네일 뿐이다. 사람들은 순박하다 못해서 시대에 뒤처진 감이 들 정도로 어눌하며, 심성은 진솔하고 정이 깊다."고 용반리를 잘사는 사람도 없고 가난한 사람도 없는, 성격도 순박하거나 어눌하여 진솔하고 정이 깊은 마을이라고 서술한다. 더불어 '광산김씨들이 용반리의 지배세력이며 마을의 자존심', '외지인에 대해 권위적이고 배타적인 경향을 보이는 마을'이라고 한다. 보수적이며 배타적인 마을임을 알 수 있다. 김석중이 용반리를 실제와 같이 사실적으로 묘사하였지만, 그러나 엄연히 김석중이 그린 소설 속의 공간이다.

김석중의 소설은 대부분 이러한 배경에서 시작되므로 앞에서 살펴본 소설공간은 전통이 있는 마을, 유교적 관념이 지배하는 마을, 시대에 뒤처진 듯한 어눌한 사람들이 사는 마을, 심성이 진솔하고 정이 깊은 사람들이 사는 마을이다.

3.

'고향문학'은 나고 자란 탯자리에 바탕을 두고 그것을 문학적으로 형상화한 경우이다. 누구에게나 고향 체험은 피상적일 수밖에 없다. 고향은 장소와 시간, 의미와 활동들이 하나의 통일체로 개별자의 내면에 침착하며 저마다 고유한 정체성의 질료적 요소를 이룬다. 고향 체험은 심신상관체에 각인된 실존의 알리바이이며, 인성의 모두는 아니지만, 형성적 요소이며, 근원체험이다.

고향문학의 대개가 낳고 자란 고향을 떠나 살다가 고향에서의 삶을 바라보며 쓴 것들이다. 서정주의 「질마재」 신화 연작은 고향의 지리적 풍토적 체험을 소재로 한 대표적인 고향문학이다. 시인 박용래의 경우는 평생을 향토에 머물며 향토체험에서 시적 상상력의 자양을 길러낸 것들로 고향의 원체험을 시작질료로 삼았다.

그렇다면 김석중의 소설들을 고향소설이라고 부를 수 있을까. 고향소설이 성립되기 위해서는 고향에서의 원체험을 바탕으로 작품이 형상화되어야하고, 원체험을 바라보는 지점에 있는 때묻지 않은 유년의 순수로 회귀하고자하는 욕망이 전제되어야 하기 때문이다.

이청준은 김석중의 소설에 대해 다음과 같이 말한 적이 있다.

> "재래의 농촌소설로 읽히기보다 우리 만인의 고향과 고향 사람들의 삶이 담긴 '고향소설'을 차별해 읽어야 할만큼 글맛이 각별하다. 그것은 목가적 농촌정서의 향수나 열악한 생존현실에 대한 피상적이고 일방적인 증언의 성격보다 그 모든 것을 아우르는 깨인 자의 정신(열린 비판정신)과 그것이 잘 발효, 숙성한 그만의 독특한 문향(文香) 때문이 아닌가 생각한다.
>
> 엄격한 혈육지간처럼 가파르면서 따뜻하고, 격의없는 이웃간처럼 은근하면서 빼아픈 그의 웃음과 눈물, 그 해학과 웅숭 깊은 삶의 사랑, 우리 삶을 흉내 베끼는 것이 소설이라면, 나는 김석중 형을 진정 우리에게 없지 못할 소중한 소설가라고 부르고 싶다."
>
> - 김석중 소설 『깊은 우물』(2007, 솔과학)

김석중의 소설을 '고향소설'로 바라보며 "목가적 농촌정서의 향수나 열악한 생존현실에 대한 피상적이고 일방적인 증언의 성격보다 그 모든 것을 아우르는 깨인 자의 정신(열린 비판정신)과 그것이 잘 발효, 숙성한 그만의 독특한 문향(文香) 때문"이라고 하였다. 김석중의 소설을 고향소설로 인식하고 있음을 알 수 있다.

김석중의 소설을 고향소설로 인식하고 있는 이청준의 견해는 고향소설의 범위를 확장한 것으로 보인다. '고향의 모든 것을 아우르고 고향을 형상화하는 것'을 고향소설이라고 했기 때문이다. 더불어 김석중의 소설이 더욱 고향소설다운 것은 '깨인 자의 열린비판정신과 함께 그것이 잘 발효, 숙성한 김석중만의 독특한 문향(文香)' 때문이라고 하였는데, 작품 속의 모든 화자들이 용반리만의 방언을 구사하고 있음도 한몫을 한 것으로 여겨진다.

보다 구체적으로 김석중의 작품을 살펴본다.

「향수」는 "고향문학은 대개가 나고 자란 고향을 떠나 살다가 고향에서의 삶을 바라보며 쓴 것"이라는 개념을 충족시켜주는 작품이다. 주인공 김동식이 고향에서 자신의 모습을 발견하고 성찰하기 때문이다.

중소기업 사장 50대의 김동식이 카페 미르바의 스물아홉 살 순영을 만나 깜짝 놀란다. 고향이 그저 남도라고 했던 순영과는 비오는 날 정사를 한 사이였기 때문인데, 알고 보니 순영은 동식이 대학생일 때 방학 때면 내려와 단감, 복숭아를 한 보따리씩 주던 자신의 집에서 일하던 부산댁의 막내 고만이인 것을 알고 민망해한다.

순영은 마산에서 회사에서 운영하는 실업고등학교를 다니다가 더 많은 돈을 벌기 위해 서울에 올라와 카페에서 일한다. 그곳에서 동식을 만난다. 추석이 끝나 귀경하여 동식에게 전화를 해 자신이 일본으로 갈 것이라고 한다. 동식은 카페에서 만나지 말고 변두리 커피숍에서 순영을 만나자고 한다. 순영을 배웅한 동식은 어느새 순영을 카페의 여종업원으로 만나지 않고 대학 시절 고향에서 보았던 고만으로 만나지만 마음이 착잡하다. 그리고 순영에게 고마움과 함께 조심스러움, 민망함으로 배웅한다. 그리고 집으로 돌아오는 길 어느 때보다도 고향이 사무치게 그리워진다.

추석에 용반리에서 동식이 순영을 만나며 부끄럽고 놀라워하고, 서울에 돌아가 순영을 변두리 커피숍에서 만난 것, 그리고 술집 여종업원이 아닌 고만으로 만난 것, 고맙고, 조심스럽고, 민망함 등 여러 가지 감정이 교차한 것은 자본주의화 된 도시와 고향 용반리의 순수함이 충돌함으로써 동식의 마음에 변화가 온 것이다. 즉 고향정서가 세속적인 공간인 서울에서 아무렇게 살아온 동식의 마음을 정화시켰다고 볼 수 있다. 그러므로 용반리가 사무치게 그리운 것이다. 이처럼 고향은 마음의 때가 묻은 삶조차 세례받은 듯 마음을 씻어주는 정화 기제가 되기도 한다.

「향기」는 「향수」와는 전개 과정이 다르지만, 용반리라는 전통 마을의 종손인 선일의 때 묻지 않은 마음이 대학원에서 공부하는 시간강사 연숙에게 마음으로 감화시켜 사랑으로 이어지게 한다는 측면에서 용반리라는 시골공간이 지닌 순수의 원형심상이 가진 힘을 보여준다.

연숙은 서울의 한 대학에서 박사 공부를 하는 시간강사로 용반리의 성촌역사를 조사하기 위해 교수 일행과 찾는다. 연숙은 용반리에서 한 청년을 만나 마을 안내를 받는데, 그 청년은 마을의 후계자라고 한다. 무례하게 느껴지는 청년 선일은 용반리의 주류 세력인 광산 김씨의 종손으로 순치되지 않은 야생의 날것처럼 연숙에게 함부로 하지만 연숙은 오히려 그러한 선일에게 빠져든다.

선일은 연숙에게 공개되지 않은 고문서, 서화, 간찰, 문집, 두루마리 등 용반리의 역사를 가늠해 볼 수 있는 문서나 서화 등의 분류를 부탁한다. 이것들은 용반리의 역사뿐만 아니라 학술적으로 매우 귀중한 자료들임을 연숙을 통해 밝혀지고 연숙은 이 문서들을 연구하여 언론에서 주목받게 된다. 이러한 활동이 교수들에게 인정받아 연숙은 대학의 전임교수 자리를 확보한다.

연숙은 이러한 과정에서 용반리를 찾아가 선일을 만나게 되고 두 사람은 서로를 확인한다. 마침내 선일이 서울에 올라가고 연숙이 마중 나간다. 연숙이 선일에게 구혼한다. 그러자 건방지게 굴던 선일이 오히려 수그러지는 모습을 보이며 용반리에서 가져온 꿀단지를 연숙에게 선물한다. 연숙은 선일이 준 꿀을 입 안으로 떠먹으며 향기를 느낀다.

이 작품은 두 남녀의 사랑이 결실을 맺어가는 과정을 보여주지만 왕조말(王朝末)의 복고적이면서도 전통적인 분위기가 고색창연한 용반리라는 공간이 무대가 된다. 이 무대는 고향이 지닌 원형심상의 독특한 아우라를 풍기는 곳이어서 작품 속 인물들의 정서에 스며들어 작용한다. 그런 까닭에 도시 처녀 연숙이 광산 김씨 후계자이며 종손인 선일의 무례한 언행조차 이해하고 정서적으로 동일성을 이룬다.

「마을 지키기」는 여느 농촌마을처럼 조용하고 평범한 용반리가 피서지로 알려지면서 여름철이면 피서객들이 찾아와 몸살을 앓으면서 외지인과 마을사람들의 충돌을 형상화한 작품이다.

용반리는 풍수가 좋아 마을 앞 냇가의 물이 좋다. 그러다보니 바깥 사람들이 몰려와 천렵을 하자 마을 사람들이 쫓아낸다. 뿐만 아니라 밭에서 고추나 호박을 따가기도 하여 마을 사람들이 화가 나 쫓아버린다. 그러는 과정에서 외지의 젊은 사람들이 강동댁을 희롱하기도 하고 흉기로 위협하기도 한다.

매우 배타적인 시골마을 사람들은 자신들의 영역에 대한 침범을 용납하지 않는다. 마을 앞 냇가는 마을의 영역이어서 도시 사람들에게 침범당했다고 인식하고 개방된 도시적인 삶에 익숙한 피서객과의 충돌은 근대화 과정에서 필연적인 사건이다.

이 작품의 주인공은 특별한 사람이 없다. 마을 공동체 문제를 이장과 마을 구성원들이 함께 해결하는 노력을 보여준다. 새로운 변화에 익숙하지 않은 용반리 사람들의 삶의 모습을 작가는 문제로 인식하고 있음을 알 수 있다.

「달 뜨면 문을 닫고」는 고향에서 꿈을 키우다가 그 꿈이 깨어져 몰래 용반리를 떠나 서울이라는 도시공간에서 살아가던 아들과 아버지가 극단적인 선택을 하는 비극적성을 통해 고향에서의 삶이 어떤 의미가 있는지를 생각하게 한다.

최지량 씨는 농고를 졸업하고 공무원이 된 아들 동수가 자랑스럽다. 그런데 동수는 몇 해 동안 공무원 생활을 하다가 더 큰 꿈을 이루기 위해 사표를 낸다.

지량 씨는 영농자금 신용대출과 담보대출을 하고 단위농협조합에 가입된 이웃 명의까지 빌어서 아들 동수의 사업을 지원한다. 동수는 욕심을 내어 비육우 10여 두, 돼지 20 두, 육계 100여 수, 난계 300여 수, 흑염소 10여 마리를 더 늘렸다. "이제는 땅만 파 먹던 시대가 아니다"고 자신의 꿈을 키우기 위해 모든 노력을 쏟지만, 결과는 처참하게 가축 가격의 급락으로 그 동안 빌린 자금의 이자를 못내 파산에 이른다. 동수가 선택한 것은 마을 사람들 몰래 밤도망을 가는 것이었다.

모든 것을 일시에 잃은 지량 씨네는 서울에서 포장마차를 하게 되지만 이것조차 쉽지 않은 것은 이른바 자릿세를 요구하는 청년들의 횡포 때문이다. 처처를 방황하며 돌아다니던 동수가 지량 씨와 청년들이 실랑이를 하는 모습을 보고 눈이 뒤집혀 청년들을 주먹으로 때려눕힌다. 그러자 청년들이 천만 원의 위자료와 치료비를 요구해 하루하루 벌어먹는 집안의 형편으로는 어떻게 해야 할 방법이 없어 청산가리를 먹고 만다. 아들의 유골을 비내리는 밤중에 고향 땅에 묻은 지량 씨는 손목을 긋지만 마을 사람이 발견하여 병원으로 옮긴다. 그러나 지량 씨는 끝내 청산가리를 먹고 만다.

지량 씨네 가족들이 고향을 떠나 서울에서 살면서 "다시 고향에 돌아갈 수 있을거나?" 하며 탄식하는 모습에서 그저 평범하게 살았던 고향에서의 삶이 행복했음을 인식시킨다.

이 작품은 용반리에서 뿐만 아니라 한때 우리나라 농촌에서 볼 수 있었던 비극이다. 작가는 동수 같은 청년들이 꿈을 이루기가 얼마나 어려운 일인지와 농민들이 살아가는 삶의 환경이 얼마나 피폐한지를 비판적인 시선으로 파헤치고 있다. 한편으로는 고향에서의 삶이 얼마나 행복한 것인지를 말해준다.

4.

다음의 작품들은 고향과 그곳에서 사는 사람들을 무척이나 사랑하기 때문에 그곳에서 일어나는 부조리하고 모순된 모습들에 대해 문제의식을 가지고 비판한다. 고향에 대한 사실적인 접근을 통해 성찰에 이르도록 하는 작가의 애정이 투사되어 있다. 그러므로 이 작품들은 이청준의 지적처럼 "목가적 농촌정서의 향수와 열악한 생존현실에 대한 피상적이고 일방적인 증언의 성격보다 그 모든 것을 아우르는 깨인 자의 정신(열린 비판정신)"(김석중 소설 『깊은 우물』)이 깃들어 있다.

「달 뜨면 창을 열고」에서 박준호 씨는 용반리 사람으로 덕망이 있어 부산면 농협조합장을 지낸 인물로 별정직 면장이다.

1980년 5월, 광주에서 민주화운동이 시작된 후 면장인 준호 씨는 아들이 이모집에서 나간 이후 소식이 없다고 하여 오토바이를 타고 광주로 향한다. 마침내 피투성이가 된 아들의 시신을 찾아 트럭에 싣고 장흥으로 돌아오는 길에 시신을 깨끗하게 씻는다. 그리고 선영 근처에 묻는다.

준호 씨는 군수를 찾아가 사표를 내지만 군수는 이를 말린다. 그러자 군수는 감정적으로 일을 처리하지 말라고 압력을 넣는다. 군수의 이러한 행동은 위로부터의 눈치를 봐야 하고 통제를 받는 관제 군수의 한계를 노출시킨다. 아들의 죽음이 분하고 슬프지만 폭도라는 말을 듣고 싶지 않은 준호 씨는 아무 말도 못하고 분노와 슬픔을 삼킨다.

준호 씨의 아내는 누군가의 소개로 교회로 나갔다가 광주민주화운동 때 딸을 잃은 사람이 '불의의 권력에 아들을 잃고 오랫동안 슬픔과 고통을 받아온 분께 박수를' 유도하여 교인들로부터 박수를 받는다. 그러자 준호 씨와 아내는 보안법위반으로 감옥에 갔다 왔다는 그 교회 목사의 교회에 나가기 시작한다.

준호 씨는 서울에서 대학을 다니는 작은 아들이 시위를 하다가 붙잡히자 오히려 작은 아들을 독려하기 위해 한복도 사주고 돈도 넣어주며 변해간다. 이를 안 신임군수가 면장인 준호 씨를 쫓아내려고 회유와 협박으로 온갖 수작을 한다. 마침내 지방신문에 '장흥군 부산면장 박준호 씨 공문서위조와 공금횡령 혐의로 내사'라는 제목의 기사가 실린다.

광주민주화운동 이후, 시골에서 벌어지는 비민주 세력들의 횡포와 이에 맞서 싸우는 사람들의 용기 있는 모습을 그리고 있는 이 작품은 소설가 김석중이 당시 전남기독청년회 회장을 지내면서 광주민주화운동에 직접 참여하였다가 탄압받은 체험이 이 작품을 쓰도록 작용했을 것이며, 작품의 리얼리티를 더욱 살렸다고 판단된다.

이 작품 속에서 일어나는 사건들은 1980년대를 통과해 온 우리나라의 현대사이다. 특히 용반리, 또는 부산면과 장흥읍이라는 전통적 정서를 간직한 공간에서의 평범한 소시민이 어떻게 변해가는지를 중편소설이라는 형식을 빌어 사실적으로 그려냈다. 「달 뜨면 창을 열고」라는 다소 추상적인 제목의 이 작품은 광주민주화운동과 관련한 관(官)과 시민들과의 갈등만 보여주는 것으로 비칠 수도 있지만, 김석중 소설 문학의 공간인 용반리와 연계해서 살펴보면 용반리 사람들의 사회 참여의식의 변화를 읽을 수 있다.

「감투」는 농촌에서 비일비재한 사건으로 정치권력에 왜곡된 인간의 모습을 욕망의 관점에서 바라보고 있다.

용반리에서 소를 키우는 주상근 씨는 장흥군 부위원장을 맡고 있다. 초선의원 최동일과는 중고등학교 동창으로 그의 수족처럼 지역을 관리하는데, 유지처럼 온갖 행사에 초청받아 다니는 것도 벼슬이고 권력이라고 여긴다. 주상근 씨 부류들의 속셈이 그러하듯 감투가 무슨 특혜나 이익을 기대하는 심리를 작가는 주상근이라는 인물의 전형을 통해 보여준다. 그런 까닭에 주상근 씨는 최동일이 서울에서 호출하는 것도 마다하지 않고 만사를 재끼고 국회의원실에 방문하지만 최동일은 갑자기 국회 일정이 있다며 나타나지 않는다. 최동일이 여러 차례 큰돈을 빌려 갔지만 돈을 갚지 않은 터에 상근 씨의 불만이 커져간다. 여관에서 하룻밤을 묵고 다음 날 만난 최동일은 상근 씨에게 후원회 기금 조성 책임을 맡으라고 한다. 그러자 상근 씨는 빌려 간 돈을 갚아줄 수 있는지를 묻는다. 최동일이 우리 사이에 그런 것을 따지느냐고 하자 마음이 착잡해진다. 전형적인 권력자와 하수인의 관계를 보여준다. 상근씨는 자신이 최동일의 수족 노릇을 하며 이용당하고 있음에 한심한 생각이 든다. 상근 씨에게 빚 갚아야 한다며 아내가 불만을 터뜨리자 상근 씨는 허울 좋은 부위원장을 버리고 살림이나 하겠다고 단안을 내린다. 그러자 마음이 홀가분해진다.

작가는 우리 사회에 만연한 정치 폐해를 통해 그 속에 깃든 정치 지향적인 인물과 국회의원을 권력으로 여겨 행세하는 두 인물을 그리고 있다. 소설가 김석중은 국회의원 보좌관을 몸소 체험한 까닭에 정치 현실을 누구보다 잘 알고 있다. 이러한 체험을 바탕으로 쓴 이 작품은 용반리로 전형화된 공간 속에서 이루어지고 있는 정치 권력들의 모습이 어떠한지를 적나라하게 보여준다. 그리고 두 인물 모두 지향하는 욕망이 헛된 것인지를 일깨워주는데 단순히 두 인물의 정치를 통한 욕망만을 드러내는 것이 아니라, 중고등학교 동창이지만 전혀 다른 배경을 지닌 두 인물의 대비를 통해 우리 사회의 굴절된 모습을 보여주고, 다른 배경을 지녔음에도 각각의 위치에서 추구하는 욕망의 크기를 그려낸다. 즉 상근 씨는 빈농의 아들로 태어났으며 부모님을 차례로 여읜다. 그러므로 대학진학을 포기하고 동생들 뒷바라지를 하며 성실하게 중농을 일군 인물이다.

이에 반해 부농인 아버지 덕분에 대학에 진학한 최동일은 노는 데 열중하다가 졸업하여 교사, 식당업을 한다. 선대가 이룩한 부를 모두 탕진한 후 어쩌다가 정치에 입문하여 국회의원에 당선된다. 상근 씨는 성실한 반면 최동일은 운전기사, 비서를 대동한 허세가 있는 인물이다. 그러면서도 두 사람은 국회의원과 당 지역부위원장이라는 권력을 추구한다는 공통점을 갖는다. 그러나 상근씨는 결국 권력을 포기하고 일상으로 돌아옴으로써 깨달음의 메시지를 던진다.

5.

고향은 실존과 관련하여 본질적인 공간이다. 연어가 머나면 바다에 나갔다가 다시 모천(母川)으로 돌아오는 것처럼 고향 떠난 사람들은 고향을 그리워하며 그곳으로 돌아가고자 하는 회귀성을 지닌다. 그것은 고향이 공동체 구성원들과의 유대 관계에서 비롯된 실존의 원초적 자리이기 때문인데 어린 시절의 추억과 동심이 그 바탕이 된다. 그런데 고향을 떠나 있다는 것은 실존의 원초적 자리에서 뿌리 뽑혔다거나 낙원에서 추방되었다는 상실감을 안겨준다. 그러므로 고향 떠난 사람의 의식은 늘 고향을 향한다.

「생명의 문」의 북선양반은 6·25 때 고향에 부모와 처자를 두고 월남한 사람이다. 전쟁의 소용돌이에 휘말렸다가 용반리에 정착하였는데 대촌양반 집에서 머슴처럼 허물없이 지내왔다.

대촌양반 막내아들 성열 씨는 오남매를 두었는데 모두 좋은 직장에 들어가고 막내딸 순아만 아직 고등학교에 다니고 있다. 그런데 순아가 읍내 자치방에서 어머니의 일을 도와주려고 집으로 돌아가다가 택시가 정류장까지 데려다 주겠다고 해 탔다가 남자 셋에게 윤간을 당하고 만다.

막내딸에게 이런 불상사가 일어난 줄을 모르는 성열 씨에게 강진 월출산 아래 마을에서 전화가 온다. 순아를 데리고 있으니 데려가라는 말에 깜짝 놀라 한밤중에 강진 월출산 아래 마을에서 얼이 빠진 순아를 데리고 온다.

집으로 데리고 온 순아를 북선양반이 지키고 성열 씨 내외는 일하러 간다. 그 사이 순아가 할아버지라고 부르는 북선양반에게 엄니한테 갔다 오겠다고 하여 북선양반은 망설이다가 허락한다. 순아는 그 길로 곧장 저수지로 가서 투신하고 마는데 북선양반은 자신이 순아를 죽였다는 자책감에 시달리다가 1년 후에 세상을 떠난다. 북선양반은 피난 올 때 가지고 온 황금 쌍가락지와 낡은 금시계를 평생 간직하고 있다가 마을 일에 금시계를 팔아서 보태고 가락지는 순아의 영혼결혼 때 쓰라고 유언한다. 마침 교통사고로 죽은 강진 최씨 집안 청년과 순아의 영혼결혼을 하게 되고 순아의 묘에서 혼맞이 굿을 한다.

현재 용반리 마을의 느티나무 두 그루는 노인과 손녀가 마치 손을 잡고 거니는 것처럼 보이는데 북선양반과 순아의 이야기를 떠올린다.

이 작품 속의 북선양반은 떠나온 고향을 가슴에 새기고 살아가는 존재로 그려졌다. 평생 황금 쌍가락지와 낡은 시계를 간직한 것은 이것들을 고향의 표상으로 여겼기 때문이다. 북선양반이 다시 고향에 돌아갈 수 없는 우리의 분단 현실에서 고향을 잃은 것이나 다름없는 실향민의 처지에서 황금 쌍가락지와 낡은 시계는 그것들이 지닌 물질적 가치보다도 고향을 의미하는 상징성을 지닌다. 그러므로 북선양반이 두 물건을 용반리와 순아를 위해 쓰라고 내놓은 것은 그가 평생 피난살이한 용반리를 고향으로 삼았다는 것과 순아와 성열씨 가족을 가족으로 받아들였다는 것을 뜻한다. 물론 용반리를 고향으로 삼고 순아네 식구를 가족으로 삼은 것은 실제의 고향과 두고 온 가족을 대체하는 것으로 북선양반이 고향에서 추방된 듯한 실향의식과 상실감을 극복하고자 하는 보상심리로 해석된다.

「상민의 아들」에서 김동규 상병과 박인수 병장은 파월 동기로 월남전에 참여한다.

박인수 병장은 상민(常民) 출신 양선의 아들로 6·25 한국전쟁 때 세 살의 나이로 가슴 속에 씻을 수 없는 상처를 간직한다. 용반리에 들어온 인민군이 그의 아버지 양선에게 인민위원장을 시키고 논 다섯 마지기를 경작하게 해준 마음씨 좋은 김 생원의 재산을 분배해 준다. 인민군이 미처 피난 못 간 순경을 동각기둥에 매달아 인민재판으로 잔인하게 죽이는 것을 보고 김 생원이 인민군에게 호통을 치자 김 생원을 반동으로 몰아 김 생원마저 인민재판에 부쳐 동각기둥에 묶어놓는다. 그런데 김생원이 사라지고 민청원이 밤중에 순찰하다 죽고, 포악하게 굴던 인민군이 동각기둥에 매달린 채 죽창에 찔려 죽는 사건이 일어난다. 양선이 범인인 것을 안 인민군이 양선과 그의 아내를 동각기둥에 매달아 쇠스랑으로 찍어 죽이고 만다. 인민군이 양선과 그의 아내의 시신을 가져가지 못 하게 하자 며칠 동안 썩는 냄새가 나고 파리가 날아다닌다. 그러자 양선의 어린 아들이 쉬파리를 잡는다고 아버지와 어머니의 시신을 막대기로 내려친다.

박 병장은 어린 시절 인민군에 의해 죽은 부모님의 시신에 달라붙는 파리를 잡겠다고 막대기로 내려친 기억이 되살아나 한이 맺히고 그를 괴롭힌다. 그러므로 박 병장은 반공 이데올로기 때문에 월남전에 참전한 것이 아니라 자신의 부모를 죽인 공산주의자들을 보고 싶어 파병한 것이다. 즉 공산주의의 월맹군과 6·25 전쟁 때 인민군을 동일시하여 자신의 한을 풀기 위해 남의 나라 전쟁에 참여한 것이다. 그런 까닭에 그는 월맹군을 쓰러뜨리고 전사하고 만다.

어린 시절에 형성된 사고, 지각, 정서들은 원형적인 것으로 한 사람의 삶과 의식을 평생 지배하기 마련이다. 철없는 어린 시절이지만 아버지와 어머니의 시신을 막대기로 때린 후 어린 시절은 물론 성장하는 과정에서 자신의 부모를 죽인 공산주의자들에 대한 적개심과 분노, 그리고 한(恨)을 삼키지 못했을 것이다. 그리고 마침내 자신의 몸을 던졌으니 어린 시절 용반리에서 생성된 한의 원형 심상이 월남전으로 이끌었다고 볼 수 있다.

6.

고향소설은 대개가 나고 자란 고향을 떠나 살다가 고향에서의 삶을 바라보며 쓴 것들이다. 그러므로 유년기 고향에서의 원체험들이 자신을 형성하게 하여 그것을 바탕으로 한 원형심상들이 작품 속에 표출되기 마련이다. 그러나 김석중의 소설들은 고향 가까운 곳에서 고향을 바라보며 고향에서 일어나는 정서적 사건들에 대해 문제의식을 가지고 고향 사람들의 삶을 형상화하였다. 여기에서 정서적 사건들에 대한 문제의식은 사회적으로 커다란 문제를 동반한 것들이 아니라 '용반리'라는 공간에서 살아가는 사람들의 고만고만한 일상이 주류를 이룬다. 이렇듯 그가 고향 사람들의 시시콜콜한 일상을 작품 속에 끌어들이는 것은 그의 말처럼 고향과 그곳에서 살아가는 사람들을 사랑하기 때문이다. 그런 까닭에 그는 지척에 고향을 두고 장흥읍에서 살면서 늘 시선을 용반리 쪽으로 두는 것이라고 할 수 있다.

다음의 작품들은 이러한 관점에서 김석중 소설의 의미를 살펴야 할 것이다. 「청상과부 상동댁」은 나이 스물아홉에 청상과부가 된 상동댁이 청상의 고액을 풀기 위해 몸풀이 처방전을 안고 밤기차를 타고 떠나는 이야기이다. 지혜로운 마을 노인 해남댁이 상동댁을 아끼는 마음으로 그의 삶을 들여다보다가 남편을 젊은 나이에 잃고 알 수 없는 병에 시달리자 상동댁에게 어디든 떠나갔다 오라고 하자 무슨 말인지를 알아들은 상동댁은 광주역에서 북상하는 기차를 탄다.

육체적인 큰 고통은 없으나 사람의 애간장을 녹게 하는 증상을 보이는 이 병은 병원에서 고칠 병이 아니었다. 늘 가슴이 답답하면서 울렁울렁 숨이 멎을 것 같이 급한 병증을 보였다. 소화가 잘 안되는 듯하면서 손발이 가늘게 떨리고 속이 메슥거리고 식은땀이 났다.

속이 타는듯한 병에 시달리던 상동댁은 그것이 남편의 부재로 인한 외로움병이라는 것을 인식한 채 북상하는 기차 옆자리에 앉은 남자를 따라 정읍에서 여인숙에 드는 동안 순박하고 부끄러운 마음에 남자를 거부하지만 내심으로는 그 남자가 자신의 병을 치료해줄 처방이라는 걸 잘 알고 있었다. 하룻밤을 남자와 함께 지낸 상동댁은 몇 차례 남자를 만나러 정읍에 가고, 이러한 과정을 눈치챈 해남댁은 아무 말도 하지 않고 지켜본다.

윤리도덕과 병증치료 사이에서 상동댁은 갈등한다. 남자를 만나 마음병을 치료하는 처방은 어쩌면 윤리도덕을 뛰어넘는 신성한 의식이었는지 모른다. 단지 상동댁은 환자이고 남자는 환자를 치료하는 처방, 그러나 한편으로는 죄의식으로 고뇌의 시간이었고 결국은 자식들 생각하며 외로움과 정염의 불을 끄게 된다.

이러한 이야기는 주변에 널브러진 실제 이야기일 수 있다. 다만 작가는 문제적 주인공을 설정해 다만 하나의 사연을 통해 용반리 사람들의 삶을 보다 깊게 바라보고 이해하려고 했는지도 모른다. 「청상과부 상동댁」의 상동댁이 사회적인 금기를 행함으로써 이를 비판하고 고발하려는 의도를 가진 것이 아니라, 용반리 사람들의 수많은 이야기 중에 하나의 에피소드를 보여주고 그 삶을 때로는 안타깝고 때로는 마음아파하는 작가의 마음을 비쳤을 뿐이라고 이해한다.

「시어머니」도 마찬가지 관점에서 보아야한다. 시골마을 사람들의 모습에서 사람과 사람 사이에 흐르는 온기를 보여주었을 뿐이다. 이 작품 속의 사건을 '누가 옳고 누가 그르다'는 도덕적 잣대를 들이대려는 것이 아니다.

셋째 며느리 연옥은 파출소에서 전화를 받고 읍내 파출소로 달려간다. 그날은 읍내 장날이어서 시어머니가 마을 사람들과 함께 마을 뒷산에서 채취한 더덕을 팔기 위해 장바닥 한구석에 좌판을 벌였는데, 읍내에서 XX상회를 하는 젊은 오여사가 강동댁에게 더덕을 싸게 사기 위해 온갖 위세를 떤다. 흥정도 좋지만 너무 억지를 쓰는 오여사의 꼴을 보다 못한 시어머니가 공손한 말씨로 끼어들었다가 오여사에게 온갖 수모를 당해 오여사와 시어머니의 싸움이 되고 만다. 오여사가 읍내에서 행세하는 처지라서 장바닥의 시골 노인들을 무시하고 함부로 한 것이다. 오여사가 협박과 위세를 떠는 것에 대해 시어머니는 참지 못하고 성질을 터뜨린다. 실랑이를 하고 있을 때 순찰 중이던 의경들에게 "여편내가 더덕을 공짜로 먹으려고 한다"며 송사를 밝혀주라고 하여 파출소로 오여사와 함께 간다. 눈치를 보니 오여사는 자신이 불리해 줄행랑을 치고 만다. 파출소장은 오여사도 알고 시어머니의 아들이 군청 김과장인 줄도 알아 서로 모르는 것도 아니어서 파출소장은 난감해 하다가 연옥에게 전화를 한 것이다. 연옥이 나타나 시어머니와 맞장구치자 시어머니는 더욱 의기양양해진다.

이러한 내용의 사건들도 시골에서는 비일비재하다. 좁은 읍내 바닥에서 터줏대감처럼 XX상회를 하는 것을 커다란 벼슬로 인식하는 것, 자식들이 벼슬을 하거나 이러저러한 일을 하는 것을 대단한 벼슬로 생각하는 시골 사람들의 욕망 아닌 욕망을 통해 작가는 시시비비를 가리겠다는 의도가 아니라 모두가 삶의 한 부분이며 생의 활력소로 인식하고 있다.

이처럼 김석중 작가는 늘 만나는 고향 이야기를 함으로써 리얼리티를 배가시킨다. 그러므로 작품 속의 갈등이나 긴장은 화해를 모색해야한다는 소설 구조의 한 부분으로 이해하기보다는, 단지 고향의 널브러진 이야기를 통해 독자들에게 고향 이야기를 들려주는 것이다.

7.

고향은 자신의 과거가 투사된 곳으로 오늘의 자신을 길러낸 인식과 가치를 형성한 의식과 무의식의 총합이라고 할 수 있다. 그러므로 고향은 자신을 존재하게 하는 공간이며 시간이다. 이러한 측면에서 김석중에게 장흥이라는 특정 공간과 그 공간에 기대어 살아온 시간, 그리고 삶을 지탱하는 주체인 고향사람들의 다양한 삶의 내면을 들여다볼 수 있는 더없이 좋은 소설 쓰기의 충분조건을 갖추고 있다 하겠다.

소설가 김석중은 자신이 고향을 공간으로 한 소설쓰기에 대해 다음과 같이 고백했다.

> "참 질기다. 지와몰은 내 유년의 꿈을 성장시켜 준 꿈 같은 곳이다. 그렇기에 그 마을을 종이 삼아 그림을 그려보려고 수없이 선을 긋고 색칠을 했었다. 풍경은 아름답게 사람은 잘나게 그리고 싶은데 그냥 허둥지둥하는 낙서의 모양으로 끝나곤 한다.
>
> 문인화를 제법 그리는 아내가 그 마을을 마을답게 그려낼 수 있을까. 묵은내 나도록 되풀이하는 내 이야기를 아이들이 간직해서 누구에겐가 들려주는 때가 있을까. 그런 상상을 하면서 미덥지 않은 것이 지와몰은 천상 나의 화두일 뿐이지 누구에게도 이리 절절히 전해지지 않을 것이라는 생각……." -『다시 지와몰에서』「책머리」 중에서

김석중에게도 고향은 '유년의 꿈을 성장시켜준 꿈 같은 곳'이다. 그 꿈 같은 고향을 종이삼아 풍경은 아름답게 사람은 잘나게 그려보고자 한다. 이렇듯 그가 묵은내가 나도록 고향을 그리고 있는 것은 고향에 대한 사랑 때문이라고 한다.

그런 까닭에 고향을 열린 비판정신으로 살펴보기도 하고, 도시에서 더럽혀진 정신을 정화시키는 정화기제 역할로서의 공간으로 설정하기도 한다. 고향은 실존과 관련하여 본질적인 공간이어서, 한없이 착한 사람들이 싸우기도 하고 화해하는 삶의 공간으로 나타나기도 한다.

이렇듯 '용반리'라는 특정공간에 대해 일생동안 사랑하며 소설가로서 뜨거운 시선으로 바라본 김석중의 작품들이 더욱 살갑게 느껴지는 것은 작중인물들이 모두 고향어(故鄕語)를 구사하고 있다는 점이다. 그의 고향어들은 작품 속에서 자연스럽게 조화를 이루어 오히려 작품의 정체성과 주제의식을 높이고 진정성을 갖게 하는 힘으로 작용한다.

거칠게나마 주마간산 격으로 김석중 소설의 중단편을 살펴보았다. 이를 시작으로 그가 평생 고향을 사랑하고 고향만을 바라본 깊은 의미를 내밀하게 살펴봐야 할 것이다.

제3부

주제로 읽는 한국시

강, 멈출 수 없는 생명의 흐름

— 강의 수사학

1.

강(江)은 물이다. 물은 생명의 근원이다. 그러므로 강은 생명의 어머니라고 할 수 있다.

인류가 처음 4대 문명을 연 곳 또한 강이다. 강가에 마을 터를 잡고 문명을 일으켰다. 강을 교통수단으로 이용하기도 하였지만 풍부한 수자원이 생명의 젖줄이 되어 강 주변에는 평야가 발달하여 생명의 곳간이 되어주었다. 갈수록 강의 역할이 커지는 시대에 국제하천의 경우 물 분쟁이 끊이지 않고 있다. 이렇듯 강은 생명성과 연관이 깊다. 그러므로 문학에서는 모성성, 영원성, 순수성을 나타내는 상징이다.

강은 남도시인들의 자연적 상상력의 근원으로 다가오는 이름이다. 대체로 강을 소재로 다룬 남도 시인들의 작품에서 자연풍광을 소재로 삼은 시들은 상상력을 주제로 삼아왔다. 김용택·곽재구·송수권·고재종의 시편은 문명비판의 생명시의 범주에 든다. 더불어 남도특유의 풍물과 가락을 시적정서 속에 용해하였다. 반면에 이수행의 시편들은 영산강에 기대어 살아가는 사람들의 지난한 삶의 모습과 역사성을 그려내고 있다. 김용택과 곽재구의 시가 도시문명에 가리어진 자연의 서정을 형상화하고 있는 반면에 송수권, 고재종의 작품은 자연 질서의 비전을 표방하는 생명시의 맥락에서 살펴볼 수 있다.

남도의 시인들인 《원탁시》 동인들의 시작품들 역시 생명시의 범주에 속하는 작품들이 대다수이다. 이들 생명시들은 문명을 비판하거나 부조리하고 모순된 현실을 비판하고 근원적인 생명성을 탐구하고 있다.

2.

《원탁시》 59호에 발표된 강을 소재로 한 김영박·김은아·최봉희의 작품은 주로 문명비판적인 생명시, 김정희·박판석·염창권·전숙·허갑순의 강이 주는 정서를 서정적으로 펼쳐보이거나 강에 대한 개인적 심상을 그리는 반면, 강경호·강만·김종·범대순·백추자·서춘기·오대교·함진원 등은 생명의 근원을 모색하거나 존재를 내밀하게 탐구하는 생명시의 세계를 보여주고 있다.

주지하다시피 강은 인류에게 생명의 젖줄이 되어주었다. 강을 중심으로 촌락이 형성되고 평야가 발달하여 그것에 기대어 사는 사람들은 강을 교통로로 이용하였다. 이처럼 강은 인류에게 생명성과 문명을 제공하였다. 이러한 까닭에 삼국시대에 한강유역은 서로 차지하기 위해 각축을 벌인 요지로 나라의 융성과 운명을 좌우하기도 하였다.

오늘날도 여전히 강은 인류에게 생명의 젖줄로 그 역할을 하고 있다. 농업용수뿐만 아니라 산업용수로도 이용하는 등 그 가치가 높이 평가된다.

힌두교를 믿는 인도의 경우 강은 신성한 것이어서 삶과 죽음을 관장한다. 강에 종교적인 신성성을 부여하여 강을 바라보는 시선이 자못 깊다.

그러나 근대 이후 강은 인간의 욕망의 대상으로 변질되어버렸다. 우리나라는 음용수의 70%를 강물에 의존하고 있다. 낙동강 페놀 오염사건에서 보았듯이 강이 오염되면 나라에 커다란 혼란이 오고 국민의 생명에 막대한 위협을 줄 수도 있는 상황이 된다. 그런데 강에 가정의 생활수는 물론 공장에서 오염된 물을 몰래 폐기하고 있다. 더불어 농약이나 축산분뇨와 침출수가 흘러들어 강이 죽어가고 있는 실정이다. 특히 이명박 정부 시절에는 이른바 '사대강 사업'을 펼쳐 유사이래 흘러온 물길의 방향을 틀고 파헤쳐 수생식물은 물론 강을 터전으로 살아온 수많은 생명들이 멸종하거나 개체수가 줄어들어 교란을 경험하고 있다.

이는 인간의 이기와 욕망 때문이다. 강이 혼자 흐르듯 스스로 자정능력을 갖고 있다. 수천 년 흘러왔듯 혼자 흐르게 물길을 터주는 것이 강을 위한 배려이다.

우리는 기억한다. 시인과 환경단체에서 새만금 방조대 축조를 반대했던 것과 만경강과 동진강이 바다로 빠져나가는 곳에 방조대를 쌓고 간척하여 토지를 얻어 우리나라 지도를 새로 그리겠다는 감언이설로 국민들의 귀를 현혹시키던 것들을.

갯지렁이 꼬물대고 망둥이 설쳐대고
농게가 어기적거리는 생명의 갯벌에서
그들을 이기려는 거대한 공사현장을
나는 보았습니다
33킬로미터의 방조제를 쌓아
고군산 군도가 연륙되고 나비가 날아와서는

녹색평야로 가꾸어 간척지로 만든다는 말
나는 들었습니다

태초에 하느님은 갯벌이 좋아
모든 생명을 풀어 놓으셨고
살생하지 말라 부처님을 말씀하셨습니다
가장 느리고 가장 하찮은 것들은 아닌,
자연은 그들의 속도를 지키고 있었습니다
만경강과 동진강이 바다로 흘러드는
출구를 봉쇄해 놓은 것을 나는 보았습니다
아무것도 변하지 않는다 하셨습니까
아니, 모든 것이 조금씩 변하고 있다는 걸
나는 알 수 있었습니다
새만금, 지금 무슨 일이 벌어지고 있는 것입니까

- 최봉희, 「새만금 그곳에 다녀왔습니다」 전문

화자는 새만금 현장을 다녀온 모양이다. 여느 바다와 다를 바 없는 "갯지렁이 꼬물대고 망둥이 설쳐대고/농게가 어기적거리는 생명의 갯벌"과 이들을 위협하는 "거대한 공사현장"을 화자는 보고 놀란다. "33킬로미터의 방조대를 쌓아/고군산 군도가 연륙되고/나비가 날아와서는/녹색평야로 가꾸어 간척지로 만"드는, 인간 중심의 자본문명에 대해 화자는 비판을 한다. 조물주가 생명을 갯벌에 풀어놓았는데 인간이 함부로 생명을 거둬가는 것에 대해 화자는 질타한다. 자연은 하찮은 것일지라도 그들의 질서와 속도를 지키고 있지만, 인간만이 탐욕스럽게 만경강과 동진강이 바다로 나가는 출구를 봉쇄해버려 방조대 안에서 무슨 일이 벌어지는지를 우리들에게 반문한다. 방조대 안에서는 온갖 생명들이 죽어가고 있음을 화자는 고발하고 있는 것이다.

김은아 시인은 오염되어가는 병든 강의 모습을 보여주고 있다.

> 이제 그 강 끝머리에서
> 더 나아갈 힘을 잃은 채
> 말라가는 샘물마냥 어디로 가야하나
> 망설이는 운명 앞에 눈물만 늘었다
> 강은 끝없이 흐르고 싶다고 외치는데
> 자꾸만 멈추려고 한다
> 그 강 어디까지 흘러가야 저 밑바닥에서
> 울컥울컥 솟아오르는 검은 피 막을 수 있을까
> 여기저기 하천에서 들어 온 쓰레기더미 속에
> 벌겋게 빨아올린 지독한 냄새와 수 십 년
> 소리도 없이 흔적도 없이 망가진 세월이
> 긋고 간생의 흔적
> 폐부에 깊이 들어와 검은 구멍이 숭숭
> 뚫어지도록 썩어버린 폐에게 번져간 통증,
> 시간 앞에 영원한 것은 없듯
> 모두 토해내야만 살 수 있다는데
> 강은 흘러야만 한다고
> 강은 흘러가야만 한다고
> 흘러갈 듯 흘러가지 못하는
> 저 단단한 생의 밑거름은 통증 앞에 통곡 한다
> 밤새 뒤척이었을 밤하늘 은하수
> 고요했던 내 가슴을 사정없이 노크하는데
> 언젠가 낙화처럼 떠나버릴
> 그 강을 생각한다.
>
> \- 김은아, 「강」 전문

강은 흘러갈 때 비로소 생명성을 확인할 수 있다. 흘러가지 않고 고여 있거나 멈췄을 때는 이미 강이 아니다. 그런데 강이 "더 나아갈 힘을 잃은 채", "어디로 가야하나/망설"인다. 그래서 강물은 눈물만 흘리고 있다. 이처럼 '누가', '무엇이' 강의 흐름을 저지하고 눈물을 흘리게 하는가. "여기저기 하천에서 들어 온 쓰레기더미 속에/벌겋게 빨아올린 지독한 냄새"이다. 이미 "수십 년"째 "소리도 없이 흔적도 없이 망가진 세월이/긋고 간 생의 흔적"이 "폐에게 번져간 통증"으로 아프다. 앞으로도 이런 시간이 계속되면 강은 흘러가지 못하고 죽고 말 것이다.

「새만금 그곳에 다녀왔습니다」에서처럼 강을 질식하게 하는 것은 인간이다. 인간의 물질적 욕망으로 인해 강이 죽어가고 있는 것이다. 최봉희 시인의 「새만금 그곳에 다녀왔습니다」처럼 김은아 시인의 「강」역시 무분별한 개발과 먹고, 사용하고, 아무렇게 버린 쓰레기를 버려 강이 흘러가지 못하게 하는 인간중심의 탐욕을 고발하고 비판하고 있다.

최봉희·김은아 시인이 실재의 강을 시적 소재로 삼은 것에 반해 김영박 시인의 「구름의 강」은 실재의 강이 아니다. 비를 기다리지만 "비도 오지 않는 장마"처럼 부조리하고 모순된, 그리고 답답한 현실, 특히 통제되어 소통이 잘 안 되는 현실, 즉 아직 강이 되어 흐르지 못하는 '구름의 강'을 노래하고 있다.

> 비도 오지 않는 장마가 피란민들처럼
> 내 몸 속으로 파고들고 있네 어제도, 오늘도
>
> 누군가 또, 해골바가지 속에 욕을 가득 담아놓고

스스로 먼 길을 떠났다는 기사를 읽고 출근을 하는 길이네
일가족이 동반 자살한 사건 말일세

매듭지어지지 않은 일들이 먹구름으로 흘러 다니며
인터넷을 와글와글 끓어오르게 하네

나는 통제된 뉴스 속에서 바늘구멍 같은 희망을 찾아
털털거리는 통근버스를 움직이고 있네

또, 어떤 북한의 지도자를 만나 대화를 나누게 될지 궁금해
가슴을 쥐어뜯으며 궁둥이를 들썩이네
그래서 그랬을까, 귀에 이어폰을 꽂고 잠을 청해도
눈만 초롱초롱 할 뿐 달아난 잠은 좀처럼 찾을 수가 없네

엷게 드리운 회색 천속에서 꿈틀거리는 풍경이
백악기의 동물이 되어 걸어 나오기 시작하네
마을이 지나가고 산이 지나가고
강이 지나가고 그리고 다시 고개를 넘어서는 순간,
환한 불이, 너무도 환한 불이 앞을 가로막네

이제 김정일이나 김정은
아니, 김일성을 만날지도 모르는 곳에 들어가
내 몸을 밧줄로 꽁꽁 묶어야 하네

탱글탱글 익은 포도송이 같은 욕을 입안에 굴리며
한 시간을 달려온 길이네
그리고 퇴근 시간까지는 꼼짝도 하지 못하도록 갇혀 있다
다시 버스를 타고 내일을 찾아 돌아갈 것이네

이제 낙타가 바늘구멍을 찾는 일은 검정 고무신밖에는 없을 걸세

비는 빗방울만 흘리고 소리도 없이 지나가는데
구름이 아마존보다 더 큰 몸통으로 꿈틀거리며 산을 휘감고 흘러가네

그 위로 땅에서 풀려난 산들이 하늘을 향해 끝없이, 끝없이 흐르다
잠시 내 가슴속에 누워서 길을 찾네

- 김영박, 「구름의 강」 전문

"비도 오지 않는 장마가 피난민들처럼/내 몸속으로 파고들고 있"다. "어제도, 오늘도" 그러한 상황이 계속되고 있으니 불안하고 답답할 것이다. 그것은 "누군가 또, 해골바가지 속에 욕을 가득 담아놓고" "일가족이 동반 자살한 사건"이 터지는 현실, "매듭지어지지 않은 일들이 먹구름으로 흘러다"닌다. 뿐만 아니라 "나는 통제된 뉴스 속에서 바늘구멍 같은 희망을 찾아/털털거리는 통근버스를 움직"이고 있다. 답답하고 불안한 현실 때문에 화자는 잠을 자려해도 오히려 눈이 초롱초롱해 잠들지 못한다. 이제 화자는 "내 몸을 밧줄로 꽁꽁 묶어야"한다. 그런 화자는 "욕을 입 안에 굴리며" 통근버스를 타고 한 시간째 달려가고 있다. 희망을 찾기 위해서이다. "그리고 퇴근 시간까지는 꼼짝도 하지 못하도록 갇혀있다" 희망을 찾는 일은, 즉, "낙타가 바늘구멍을 찾는 일은 검정고무신밖에는 없"다. 점점 희망을 찾는 일은 가망이 없어지고 있는 것이다.

초현실주의 풍의 김영박 시인의 「구름의 강」은 비가 오기 전의 먹구름만 잔뜩 낀, 마치 고흐의 「밀밭 위의 까마귀 떼」처럼 불안하다. 모순되고 부조리한 현실을 내밀하게 들려준다.

김정희 시인의 「창가에서」는 생명의 원천인 강, 다시말해 물이 인간에게 어떻게 살아야 하는지를 묵묵히 보여줌을 노래하고 있다.

저무는 샛강에 나가보면
허공의 경계를 지나
어두운 산그림자도
나란히 집으로 향한다

물가에 앉아 별을 보면
물에 젖은 기억들이 맑게 돋아나고
무엇을 꿈꾼다는 것은
얼룩지거나 그늘에 숨어 있거나
웃음이거나 울음이거나
처음으로 돌아가는 것

상처도 고통도 생각을 바꾸면
다정한 얼굴을 보여줄까
마음 하나 내려놓으니
해맑은 강물이
손을 꼭 잡고 감탄사처럼
가슴으로 흘러왔다

- 김정희, 「강가에서」 전문

화자는 날 저문날 샛강에 나가 "어두운 산그림자"가 "나란히 집으로" 돌아가는 것을 보게 된다. 저녁이 오면 어둠이 모든 사물의 경계를 지우고 어둠 속으로 끌어들이기 때문이다. 어둠 속의 화자는 물가에 앉아 밤하늘의 별을 보며 생각에 잠긴다. 그리고 "무엇을 꿈꾼다는 것은/얼룩지거나 그늘에 숨어 있거나/웃음이거나 울음"인 것을 깨닫는다. 실은 이러한 현상들은 인간의 삶의 모습이다. 살아간다는 일상 그 자체가 무엇을 향해 가는 일인 까닭이다. 그리고 무엇을 꿈꾸는 일은 "처음으로 돌아가는 것"이라는 인식에 이른다. '처음'이란 '시원'이며 가장 순수한 마음의 상태이다. 이 '처음'의 상태는 "상처도 고통도 생각을 바꾸"게 한다. 그래서 "다정한 얼굴을 보여줄" 것을 생각하는 것이 상처와 고통을 갖게 했던 감정들을 내려놓는 마음의 상태에 이르게 된다. 마침내 "해맑은 강물이/손을 꼭 잡고 감탄사처럼/가슴으로 흘러"올 수 있는 것이다.

강물을 바라보는 화자의 심상의 변화를 잘 보여주는 이 작품은 멈추지 않고 흘러가는 "해맑은 강물"에서 인간의 올바른 삶의 메시지를 얻게 되는 과정을 보여준다.

박판석 시인은 프랑스의 세느강과 우리나라의 대동강이 모두가 하나임을 묘파하고 있다.

미라보다리 아래 흐르고 있는 세느강
에펠탑 바라보며 유유히 흘러갑니다
사진기가 비에 젖습니다

한강 밤섬에 쪼그려 앉아
비속에 알 낳는 새처럼
우리는 유람선 위에 두리번거리며
파리의 복판을 덤덤히 흐르고 있습니다
그렇게 세느강은 흐르고

우리 맘 속 밀밭, 강나루, 종달새

속의 무지개처럼 꺼지지 않는
강둑에 매어놓고 온 고교시절 튼실한 소 한 마리가
여기서 잘 자라고 있었습니다

아폴리네르! 젊은 당신의 혼은
그렇게 자라고 있었습니다
우리도 한 점
마르지 않는 강으로 흐를 수 없을까
문득,
부벽루 아래 대동강이
세느강 위로 클로즈업 되는,
정지상! 젊은 당신의 혼을 우리는
보고 싶었습니다

- 박판석, 「세느강과 대동강」 전문

화자는 그 유명하다는 '세느강'을 유람한다. 그런데 평범하기 짝이 없는 세느강에서 "우리 맘 속 밀밭, 강나루, 종달새" "강둑에 매어놓고 온 고교시절 튼실한 소 한 마리"가 "잘 자라고 있"음을 알게 된다. 세느강에서 오래된 강의 그리움의 실체를 느끼는 것이다. 화자에게 세느강의 정취를 노래한 '아폴리네르'의 세느강과 부벽루 아래를 흐르는 대동강을 노래한 정지상의 '대동강'이 겹쳐보이는 것은 강이 지닌 원형성 때문이다. 더불어 화자가 '정지상'이라는 옛 시인의 혼을 느껴보고 싶은 것은 프랑스 시인 아폴리네르처럼 일찍이 강을 노래했기 때문인데, 우리나라의 대동강이 세계인의 사랑을 받기 바라는 까닭일 것이다.

염창권의 「강, 소리만 들어도」는 봄날 강의 정취와 강의 심상을 노래한 시조이다.

> 강, 소리만 들어도 가슴에 물기 어린다
> 수직의 하늘 향해 너울대는 나무의 강
> 그 소릴 듣고 있으면 점차 눈빛 뜨겁다.
>
> 빨래터의 어머니는 여전히 맨발인 채
> 봄 강물을 헹구어 햇살 끝에 널어둔다
>
> 바람이 생애를 벗고
> 농울 치는 날이다.
>
> – 염창권, 「강, 소리만 들어도」 전문

화자는 "강, 소리만 들어도 가슴에 물기 어린다"며 '강'과 '물'이 다름 아님을 인식시킨다. 주지하다시피 물은 모든 생명의 근원으로 화자는 물을 통해 생명을 유지하는 '나무'에서 강을 본다. 그래서 "수직의 하늘 향해 너울대는 나무의 강"이라고 말할 수 있는 것이다. 그러므로 "그 소릴 듣고 있으면 점차 눈빛이 뜨"거워지는 것은 생명성을 느끼기 때문이다. 그런데 "어머니는 여전히 맨발인 채" 강물에서 빨래를 하고 강을 "햇살 끝에 널어"두는 오래 전에 보아왔던 이 낯익은 모습을 어머니는 여전히, 그것도 맨발인 채 강물과 교감하는 것이다. 어머니가 빨래를 널어두면 바람은 불어 강물을 다시 하늘로 날아가 구름이 될 것이다. 물의 순환을 짐작해 볼 수 있다.

전숙 시인의 「가을로 가는 승천보」는 영산강의 한 지류인 극락강에 들어선 '승천보'의 가을을 서정적으로 노래하며 존재의 비의를 사색하고 있다.

승천보에 가면 만날 수 있으리라
푸른 마음엔 뭉게구름 하얗게 부풀어 오르는데
어서오라는 듯 갈바람이 가을의 초입을 정갈하게 쓸어두었다
연분홍 자주 하양으로 염색된
코스모스 손수건이 기다림처럼 나부낀다
다시는 젖지 않겠다고
달라붙는 물기를 툴툴 털고 뭍으로 올라선
억새들이 눈물꽃을 피우고 있다
지긋지긋한 상처가 꽃으로 피어나고 있다
떠나지 못하는 이유가 고봉밥 같은 저 다리 때문이라고
마음 둘 데 없는 저 구름 때문이라고
하롱하롱 물든 저 노을빛 때문이라고
개망초꽃 망설이며 고실라지는데
이제 막 심지를 돋운 초승달이 하늘 창에 내걸린다

어디쯤 오고 있니
기다리는 마음은 벌써 다리를 건너
코스모스군락을 헤치고 억새밭에 뒹군다
잡을 수도 놓칠 수도 없는
아픈 계절이 영산강처럼 흘러가고 있다
만난 것 같기도 하고 작별한 것 같기도 한
경계에서
자전거길이 시간의 바퀴를 굴리고 있다

나는 지금 어디에 있는가
돌이켜보면 나의 길은
너에게로 돌아가거나 너를 기다리는 도중이었다.

- 전숙, 「가을로 가는 승천보」 전문

화자는 '승천보'에 간다. "푸른 마음엔 뭉게구름 하얗게 부풀어" 오른다. 그곳에서 "연분홍 자주 하양으로 염색된/코스모스 손수건이 기다림처럼 나부"끼는 것, "물기를 털고 뭍으로 올라선/억새들이 눈물꽃을 피우고 있"는 것, 그 억새들의 눈물꽃을 보고 있다. 이것들이 "떠나지 못하는 이유가 고봉밥 같은 저 다리 때문이라고/마음 둘 데 없는 저 구름 때문이라고/하롱하롱 물든 저 노을빛 때문이라고"한다. 눈에 익어 정다운 그것들을 두고 떠나지 못하고 있다는 것이다.

1연에서 서정적인 가을 승천보의 정취를 보여주다가 2연에 이르러 "어디쯤 오고 있니"하면서 화자는 누군가를 기다리고 있음을 보여준다. "만난 것 같기도 하고 작별한 것 같기도 한 경계에서/자전거길" 시간의 바퀴를 굴리고 있음을 인식한 화자는 눈물꽃을 피우거나 상처를 꽃으로 피우고 있는 것들이 차마 떠나지 못하고 있는 것처럼, 생(生)이란 '누군가를 기다리는 것', 또는 "너에게로 돌아가거나 너를 기다리는 도중"이라고 '승천보'라는 공간을 통해 인식하고 있다.

결과적으로 「가을로 가는 승천보」는 보이지 않는 시간 속에서 계절이 순환하듯이 인간의 삶도 어디에선가 와서 어디론가로 가고 있음을, 그래서 "나는 지금 어디에 있"는지를 존재론적으로 파악하고 있다.

허갑순의 「보성강」은 그야말로 생명성을 노래하고 있다.

> 멀리서 바라보는 너는
> 그 날의 주인공처럼
> 눈부셨다.
> 낮은 보폭으로 도란도란
> 이야기하며 걸어가는 너는

아름다웠다.
지난 겨울 너는 내게 와서
여자처럼 수태를 하고
오랜 시간동안 배를 움켜쥐며
산고를 치루었다.
그 때 헛구역질하며 토해놓은
그림 같은 마을들이
사람들의 기억을 더듬고
말씀보다 더 은혜로운 강물이
슬픔을 다독이면 섬진강은
너를 품에 안아 기르고
나는 모태신앙으로 어머니가
걸어갔던 그 길을 따라서
다시 흘러간다.

- 허갑순, 「보성강」 전문

섬진강의 한 지류인 보성강을 바라보고 있다. 화자의 보성강에 대한 기억은 "낮은 보폭으로 도란도란/이야기하며 걸어가는" "아름다"움이다. "지난 겨울 너는 내게로 와서/여자처럼 수태"하며 "오랜 시간 동안 배를 움켜쥐며'산고를 치루"었다. "그때 헛구역질하며 토해놓은/그림 같은 마을"들이다. 보성강을 어머니 삼아 마을 사람들이 살아가고 있는 것이다. 강의 생명성을 강조하며 인간과 강의 관계를 묘파하고 있는 대목이다. 이러한 강은 "말씀보다 더 은혜로운 강물"로 "슬픔을 다독"인다. 이러한 보성강도 실은 "섬진강"이 보성강을 "품에 안아 기르고" 있으니 생명의 고리 속에 섬진강과 보성강이 하나임을 화자는 말하고 있는 것이다. 또한 인간도 그 강이 낳은 생명으로 어머니인 강이 “걸어왔던 그 길을 따라서/다시 흘러”가고 있으니 인간도 강처럼 흘러가고 있다고 인간과 강의 하나됨을 들려주는 것이다.

3.

생명의 근원탐구와 존재를 인식하는 생명시는 단순하게 사실 그대로의 강을 보여주지 않는다. 강이라는 자연물 그 이면의 생명성과 존재를 탐구한다.

《원탁시》 59호에 발표된 ‘강’이라는 소재를 시로 형상화한 작품들 거개가 실재의 강보다 강이 지닌 문학적 상징의 숲을 가로지르는 상상력을 보여주고 있다.

하늘에 강이 흐르고 있었다
아버지는 그 강물이 우리 지붕 위로 흐를 때쯤
쌀밥 먹을 수 있다고 하셨다
허기보다도 궁금했던 것은
어디에서 발원해
어디로 흘러가는지
유성처럼 죽어가는 것들의 근원이었다

꼬리를 흔들며 하얀 강물이
늦가을, 지붕 위로 흐를 때
강물 아래 기러기 떼 지나가고
뒤이어 좇아가는 길 잃은 기러기처럼
나는 찬이슬 내리는 밤하늘의 하얀 강물 아래로
혼자서 흘러갔다

때로는 밤새 눈짓하고 제 존재를 드러내며
가뭇없이 하늘을 가로질러 흐르는 강물소리 들으며
아침이 올 때까지
강물이 어디에서 시작하여 어디로 흘러가는지
우리가 어디에서 왔다가 어디로 가는지
하늘을 흐르는 은하수를 보며 혼자 흘러갔다.

- 강경호, 「흘러갔다」 전문

화자는 유년을 회상하고 있다. 밤하늘에 은하수가 흐르는데 "아버지는 그 가을이 우리 지붕 위를 흐를 때쯤/쌀밥을 먹을 수 있다고 하셨다" 배고픈 시절 화자는 "허기보다도 궁금했던 것은/어디에서 발원해/어디로 흘러가는지/유성처럼 죽어가는 것들의 근원이었다" 쌀밥을 먹을 수 있다는 즐거움보다도 별이 태어나서 유성처럼 죽어가는 생명의 근원과 사라짐에 대한 궁금증이 더 관심사였다. 가을이 되어 은하수라는 거대한 별들이 지붕 위로 흐를 때 가을 추수가 끝나 쌀밥을 먹을 수 있게 되었는데, 하늘에 기러기 떼가 지나간 후 무리에서 혼자 떨어진 기러기 한 마리가 북쪽하늘로 날아가는 것을 보고 화자 역시 날이 새도록 "강물이 어디에서 왔다가 어디로 가는지/하늘을 흐르는 은하수를 보며 혼자 흘러갔다."

생명의 근원과 존재의 비밀을 탐구하는 이 작품에서 은하수도 '인간의 삶'도, '뭇 생명들'도 모두 혼자 어디론가 흘러가는 강물 같은 것임을 시인은 사색하고 있다.

강만 시인의 「어머니의 지도」 역시 인간의 생애에 대한 사색이 깃들어진 작품이다.

병원의 병상에서 우연히 본 어머니의 발바닥엔

낡은 지도가 그려져 있었다
살아온 한 생애가 각인되어 있는 지도에는
그동안 건너온 마른 강줄기들이
종으로 횡으로 얽혀있었다
그 강줄기 건너오면서 얼마나 많은 밤
어머니는 젖은 눈으로 달을 보았을까
그 푸르던 숲은 시나브로 사라져버리고
이제는 서걱이는 사막과 마른 강줄기뿐인
구겨진 지도, 병상에 누워 한 생애가
깜깜하게 저무는 어머니의 그 지도 위에
오늘은 때 늦은 비라도 오려는지
갈라진 강바닥이라도 적셔주려는지
뜨거운 것이 뚝,
그리고 또
뚝, 뚝!

- 강만 「어머니의 지도」 전문

화자는 우연히 병상에 누운 어머니의 발바닥에서 발금을 본다. 이른바 연세가 많은 어머니의 "낡은 지도"를 발견한 것이다. 이 오래된 지도에는 어머니가 흘러온 생애가 새겨진 지도로 이제는 종으로 횡으로 얽혀진 채 마른 강이 되었다. "그 푸르던 숲은 시나브로 사라져버리고/이제는 서걱이는 사막과 마른 강줄기뿐인/구겨진 지도"임을 안타까워하고 있다. 그런데 "오늘은 때늦은 비라도 오려는지/갈라진 강바닥이라도 적셔주려는지/뜨거운 것이 뚝,/그리고 또! 뚝, 뚝!" 떨어지고 있다. "뜨거운 것"은 아마 어머니 혈관으로 스며드는 생명의 강, 즉 링거에서 수액이나 약물일 것이다.

사람의 정보는 모두 간직하고 있는 소금처럼 발금을 강으로 비유하며 인간의 삶과 생명성을 탐구하고 있는 이 작품은 존재에 대한 재인식을 보여준다.

> 해를 내리는
> 조용한 강물
> 따라서 흐르는
> 산을 보는 눈
>
> - 범대순 「해 강 산 그리고 나의 눈」 전문

범대순 시인의 「해 강 산 그리고 나의 눈」은 매우 짧은 형식뿐만 아니라 아주 절제된 작품이어서 그 의미를 읽어내기가 쉽지 않다. 그렇지만 '해' '강' '산' 등이 모두 자연임을 알 수가 있다.

햇빛이 강물 위로 비추고 "조용한 강물"은 다만 흐를 뿐이다. 나는 강물처럼 흐르는 "해"와 "강"처럼 "산"도 흐르는데 나는 이것들을 보고 있다. 강이 흐르고 있는 것이다. 자연과 함께하는 화자의 시선이 느껴진다.

이 작품은 워낙 절제된 시편일 뿐만 아니라 "해를 내리는/조용한 강물" 그 "강물/따라서 흐르는/산을 보는 눈"의 의미가 다양하게 해석할 수 있는 여지가 있어서 정해진 의미만으로 이해해서는 안 될 것이다. 그러나 이미 순리대로 흐르는 자연과 눈높이를 하고 있는 시인의 마음이 엿보인다.

김종 시인의 「영산강 · 3」은 강의 의미를 탐구하는 시인의 연작시 중 한 편이다. 이 작품은 의인화된 강이 1인칭 고백형식으로 스스로 강의 의미와 존재를 들려주는 형식이다.

"나는 강이다"고 선언한다. 이는 단순히 자신의 성명이 무엇인지를 드러내는 것을 떠나 "대자연의 산전수전"이며, '생명의 강'으로써의 강의 의미를 지닌 존재를 각인시키기 위한 고백이다. "청산을 앉히고" "풍요를 위"하고, "남녀노소 밥상이 되는 세상"을 위해 강이 흐르고 있음을 들려준다.

3연에서 "나는 왜 강이 되었는"지에 대해 밝힌다. "그리움의 나라를 세우자고/뼛속까지 강의 길을 걷자고" 그래서 강은 흘러서 "모여 있는 나무마다 달을 띄"우기 위해서이다. 이러한 강은 "선한 동물"인 반면에 "눈물의 몸"임도 밝힌다. 오랜 역사 속에서 강이 겪었을, 강을 터전으로 삶을 살았던 사람들의 애환을 강은 기억하고 있음을 드러낸다. 그래서 강은 "눈물만의 서러운 시절을 자꾸만 돌아"보는 것이라고 한다. 그런데 '눈물도 따뜻한 것'이라고 생각하는 상은 "이런게 사랑이란지 몰라"라고 말하며 "우리가 되어 강물의 길을 간다"고 한다.

"나를 받아 새끼 친 강물"들이 모여 "구들장 아랫목에 밥을 묻"으니 눈물겹지만 따스한 강물이 아닐 수 없다.

백추자 시인의 「강」은 '강'의 본질을 꿰뚫고 있다.

> 어디선가 흘러왔는가
> 어디론가 흘러가는가
> 언제부터인가 네가 흐르는 것은
> 누가 아는가 이 물음의 답을
> 흐르는 강
> 흐르는 모습으로
> 흐르는 소리
> 내 가슴결에 스미는구나
>
> \- 백추자 「강」 전문

앞에서 밝혔듯이 '강'은 '흐름'이 본질이며 강의 정체성이다. 그래서 화자는 "어디선가 흘러왔는가/어디론가 흘러가는가"라고 질문을 던진다. 이는 '강'이라는 존재의 흐름을 전제로 한 것이다. 이 역설적인 질문은, 그러나 단순히 자연으로써의 '강'만을 얘기하는 것은 아니다. 존재론적인 물음이기도 한 것이다. "언제부터인가 네가 흐르는 것은/누가 아는가 이 물음의 답"은 '강'이라는 자연의 흐름의 현상의 시원을 묻는 동시에 '흘러가는' 즉 '생멸하는 모든 생명'들의 존재에 대한 탐구이기도 하다. 그렇기 때문에 생명의 끈을 잇고 있는 한 존재로서 자신도 강처럼 흘러가고 있다고 인식하며 "강이 흐르는 소리/내 가슴결에 스미는구나" 말할 수 있는 것이다. 자연으로써의 강과 살아있는 것들의 생명의 강이 같은 존재임을 설파하고 있다.

다음 서춘기 시인의 「섬진강에서 하룻밤」은 강의 생명성을 노래하고 있다.

천년을 쉼 없이 달려온
백두대간 멈추어 숨고르기 하는 곳

천왕봉 넘나들던 빛과 어둠 한데 모아
구름 만들고 비 뿌리기를 또 천년

아침마다 순한 햇살 대숲에 내리고
밤이면 잔별들 도란도란 십자수 놓지만

비탈에 선 나무 비탈에 선 사람들
물가에 있어도 목이 마르니

제 눈물의 눈금에 갇힌 사람들아
묵은 가지 꺾어 들고 저문 강가로 오라

바다비오리 몇 마리
남해의 푸른 해안선 끄집고 날아와 둥지를 트는 곳

여기 섬진강변
새순 돋는 강둑에다 하룻밤 둥지를 틀어라
- 서춘기 「섬진강에서 하룻밤」 전문

자연으로써의 강은 수천 년 오랜 시간동안 산과 산의 사이 낮은 지역으로 흘러 목마른 사람에게 목을 축여주고 마치 어머니처럼 생명들에게 생명을 주고, 젖을 먹여 살려왔다. 시인은 섬진강에서 하룻밤을 묵으며 섬진강이 "비탈에 선 나무 비탈에 선 사람들"에게 "묵은 가지 꺾어들고 저문 강가로 오라"고 한다. 섬진강이 묵은 가지에 새로운 피를 수혈하여 생명의 기운을 불어넣어줄 것이기 때문이다.

남해로 빠지는 섬진강은 "바다비오리 몇 마리"들도 "둥지를 트는" 섬진강변은 새순도 돋고 있어 "하룻밤 둥지를 틀어"자애롭고 생명의 기운을 느끼고 가라고 한다.

오대교 시인의 「강가에서」는 소리를 통해 생명성을 발견하고 있다.

샘이 깊은 물이
흐르는 소리를 들어보았느냐

그 소리를 듣기 위하여

귀를 기울이면

메마른 들판을 적시고
들꽃을 무두무둑 피워내는 소리
작은 시내를 지나 큰 강에 이르는
맑은 소리가 들리지

그 소리를 따라가는 사람은
샘이 깊은 물이 되고 말지
- 오대교 「강가에서」 전문

화자는 "샘이 깊은 물이/흐르는 소리를 들어보았느냐"고 물어본다. "그 소리를 듣기 위하여/귀를 기울이면" 물이 들판을 적시고, 들꽃을 피워내고, 마침내 큰 강에 이르는 소리를 들을 수 있음을 들려준다. 그래서 "그 소리를 따라가는 사람은/샘이 깊은 물이 되고 말" 것이라고 한다.

그래서 "그 소리를 따라가는 사람은/샘이 깊은 물이 되고 말" 것이라고 한다. "샘이 깊은 물이/흐르는 소리"는 깊기 때문에 마르지 않을 것이어서 더 많은 생명들을 먹여 살릴 수 있다. 그러므로 깊은 샘처럼 마음이 깊은 사람은 샘이 깊은 물이 될 수 있다는 것이다. 사람이 어떻게 살아야할지를 설파하는 작품이다.

마지막으로 함진원 시인의 「텅 빈 충만」은 유장하게 흐르는 '생명의 강', '역사의 강'을 발견하고 있다.

소식 전하는 감홍시 보면서 강물은 흘렀다
쑥국새 울음 우는 사이로

청첩과 부고가 번갈아 다녀갔다
무등에서 운주로
동학에서 독도로
한라에서 영월로
고개 숙이며 살아 가자
강물따라 흘러 흘러 흘러서 가을을 건넜다
텅빈 충만 속으로 섬진강 산국 한창이다

- 함진원「텅 빈 충만」 전문

쑥국새 우는 봄부터 감홍시 보는 시간 동안 강물이 흘렀다. 여기에서 시간이라는 물리적인 현상은 생명의 시간이며, 역사의 시간이라고 할 수 있다. '봄부터 가을'이라는 시간은 인간의 시간으로 "청첩과 부고가 번갈아 다녀갔다" 누군가 태어나고 죽는 이 생멸의 시간은 끊임없이 반복되며 순환하였는데, "무등에서 운주로/동학에서 독도로/한자에 영월로"라는 역사 속에서 화자는 "고개 숙이며 살아가자"고 한다. 그것은 마치 강물처럼 자연의 순리, 또는 우주의 이치에 따라 살아가는 것이 사람의 도리라는 것이다. 시간은 반복하며 순환하여 또다시 "강물 따라 흘러 흘러 흘러서 가을을 건"넜는데, 섬진강은 풍요롭게 "산국이 한창이다." 고개 숙이며 살아가는 자연에 순응하는 삶, 그것 자체가 "텅 빈 충만"인 까닭이다.

현대시에 나타난 꽃의 시적 변용

— 꽃의 수사학

조물주가 만든 것 중 가장 아름다운 생명체를 꽃이라고 말해도 부인할 사람이 거의 없을 것 같다. 우리가 아름다운 것을 비유할 때 '꽃처럼'이라는 말을 하듯 꽃은 고래로부터 인간의 심상을 맑고 아름답게 하는 사물 중 으뜸으로 쳤다.

식물학적으로도 꽃은 매우 중요하다. 누군가는 꽃을 '성기'라고도 했다. 벌 나비들을 불러모아 그것들에게 꿀을 주는 대신 암수가 지닌 생명의 씨앗을 전해주게 하여 생명을 잉태하기 때문이다.

꽃의 종류는 수만 가지가 될 것이다. 생명을 지닌 지구상의 대부분의 식물들은 꽃을 피우기 때문이다. 이렇듯 수많은 꽃 중에서도 유독 인간이 좋아하는 것들이 있다. 그것들이 지닌 아름다움과 품격, 생태적 특징을 빌어 좋아하였는데 서양에서는 주로 외형적 아름다움에 취해 선호하는 경향이 있고 동양에서는 꽃이 지닌 품격이나 향기에 관심이 많았다. 그래서 나라마다 국화(國花)를 정할 때 그 민족이 가장 좋아하는 꽃을 나라꽃으로 정했다. 영국의 경우 화려하고 아름다운 장미, 중국에서는 탐스러움이 상징하는 부귀영화의 의미를 지닌 모란, 우리나라에서는 공식적으로 나라꽃은 정해지지 않았지만 시련에도 굴하지 않고 일년 중 가장 무더운 날 꽃을 피우는 무궁화를 나라꽃으로 인식하고 있다. 특히 우리 선조들은 사군자를 가까이 하며 그림으로 그리거나 시로 노래했는데, 선비의 높은 정신과 곧은 기개를 지닌 상징으로 의미화하였다.

현대에 와서도 여전히 시인이라면 꽃을 노래할 정도로 꽃은 시의 주된 소재가 되었다. 물론 꽃의 속성과 가치가 적극적으로 탐구되고 표현되었다고 말할 수는 없지만, 꽃이 지닌 아름다움과 소박함, 그리고 때로는 핍박받는 존재, 소외된 자 등으로 노래했다. 이근배는 「냉이꽃」에서 곤고한 삶을 겪어야 하는 여성의 모습으로, 오탁번은 「애기똥풀」에서 꽃의 명칭과 속성을 삶의 추억과 연계시키고, 서정주는 「민들레꽃」에서 문둥이의 버려진 삶을 활력과 관능성을 지닌 모습으로, 이형기는 「낙화」에서 이별의 아픔을 성숙한 영혼으로, 오세영은 「국화」에서 땅에 떨어지지 않고 그 자리에서 겨울을 맞는 의연함을 노래하였다. 비교적 다양한 의미로 꽃을 노래한 것이 엿보인다.

여기에서는 우리나라 최장수 동인지인 《원탁시》 동인들의 꽃을 노래한 시편들을 보다 내밀하게 검토하여 꽃을 어떻게 변주하는지를 살펴본다.

2016년 《원탁시》 통권 61호에는 '꽃'을 소재로 한 시편 15편이 실려있다.

꽃에 대한 심상을 노래한 시인으로는 강경호·서승현·백수인·김은아·허갑순·염창권·함진원·강만이 있고, 꽃을 인간의 삶에 대입한 시인으로는 고선주·오대교·전원범·김영박·김정희·박판석이 있다.

먼저 꽃에 대한 심상을 노래한 시편들을 본다.

표범처럼 달려와 등꽃 핀다
등꽃 피어

어질머리 도진다

흐드러진 등꽃들이 향기를 접어
종이비행기로 날린다
가까이에
혹은 멀리에
불시착하는 향기 속에서
이제 막
초경을 경험한 내 소녀가
얼굴 붉히며 걸어 나온다

나는 등꽃 아래서
소녀에게 살해 된다
잔인한 봄날 오후.

- 강만, 「등꽃 피다」 전문

간결한 시 형식을 즐겨 쓰는 강만의 「등꽃 피다」는 늘 그렇듯이 이미지가 선명하고 단호한 문체가 주제를 돋보이게 한다. "등꽃 피어/어질머리 도"지는 것은 등꽃의 향기 때문이다. 그 향기는 "이제 막/초경을 경험한 내 소녀가/얼굴 붉히며 걸어 나"오는 것 같은 분위기를 연상시킨다. 마침내 "나는 등꽃 아래서/소녀에게 살해"된다. 여기에서 "소녀에게 살해"된다거나 "잔인한 봄날"이라고 하는 반어적인 화법을 사용함으로써 주제가 더욱 심화되고 선명해지는 효과를 얻고 있다.

강만의 「등꽃 피다」에서 작품의 주요 포인트는 소녀의 등장이다. 등꽃이 피고 향기가 넘치는 상황에서 화자가 "초경을 경험한 내 소녀"라는 시적 대상을 등장시킴으로써 극적인 시적 장면을 연출시켰기 때문인데, 이와는 상황이 조금 다르지만 백수인의 「제비꽃」 역시

'제비꽃'을 "진보랏빛 소녀"로 의인화하여 등장시킨다.

해맑은 눈망울, 고운 뺨,
진보랏빛 스웨터
긴 머리 날리며
포로롱 포로롱
농협창고 뒷골목으로 사라진 소녀

성도 이름도 알 수 없었지만
그 검은 눈그리매 가슴에 박혀
봄날 오후 행여나 하고
창고 앞 다리 난간에 앉아 기다리면
휘파람새만 휘이 휘이익
살구꽃 환한 하늘로 날아올랐지

세월이 아득하게 지난 뒤, 어느 봄날
무등산 자락 팔각정 오르는 골짜기
길섶에서 문득 만난 얼굴
말을 붙일까 망설이다
물끄러미 바라만보며 지나친 사람

그날 밤
인터넷 검색창에
"진보랏빛 소녀"라고 치자
예쁜 그 소녀의 사진과 함께 이런 문구가 떴다
"경상남도 삼천포시 노산공원 부근에
살고 있는 제비꽃입니다"

- 백수인, 「제비꽃」 전문

황순원의 「소나기」를 연상시키는 작품이다. 시인은 소년시절 "해맑은 눈망울, 고운 뺨,/진보랏빛 스웨터/긴 머리 날리"던 소녀를 본 후 "농협창고 뒷골목으로 사라진 소녀"가 가슴에 남아 "창고 앞 다리 난간에 앉아 기다"렸지만 다시는 나타나지 않는다. 이렇듯 애틋한 사연을 안고 살아가던 화자는 많은 세월이 흐른 뒤 "무등산 자락 팔각정 오르는 골짜기/길섶에서 문득 만난 얼굴"에서 소년시절의 소녀를 떠올린다.

이 작품은 다양하게 읽히는 것이 흥미롭다. 시인의 마음 속에 담고 있는 애틋한 기억 속의 소녀가 제비꽃 이미지를 지닌 것으로 해석이 가능하고 실재의 제비꽃을 소녀의 이미지로 변용한 것으로도 읽을 수 있기 때문이다. 어쨌든 시인은 소녀적 감수성으로 제비꽃의 심상을 순수하고 애틋한 것으로 변용하였지만 전혀 유치하지 않게 읽히고 있다.

강경호의 「무궁화꽃」은 고전적인 의미의 무궁화꽃의 인상을 새로운 방식으로 형상화하고 있다.

> 팔월 무더운 날 한낮
> 세상의 모든 꽃들이 땀 뻘뻘 흘리며
> 자울자울할 때
> 갈 때를 아는 조선 선비 하나가
> 하얀 두루마기 정갈하게 말아 개어
> 제 발 아래
> 툭 —
> 떨어뜨린다.
>
> \- 강경호, 「무궁화꽃」 전문

주지하다시피 무궁화꽃은 우리 민족의 수난시대에 정신적으로 함께 하며 동질성을 느껴 온 꽃이다. 그래서 지금은 나라꽃으로 인식되고 있다. 그것은 무궁화꽃이 지닌 생태적 특성인 강인함 때문이다. 즉 "팔월 무더운 날 한낮/세상의 모든 꽃들이 땀 뻘뻘 흘리며/자울자울할 때" 무더위를 마다하고 피는 꽃이다. 뿐만 아니라 무궁화꽃은 질 때도 함부로 떨어지지 않는다.

대부분의 꽃들은 필 때는 아름답지만 질 때는 흉한 모습을 보이기 일쑤이다. 가령 일본의 국화인 벚꽃은 길거리에서 발에 밟히며 바람에 휘날리는 모습이 썩 아름답지 않다. 그러나 무궁화꽃은 우리 조상들처럼 "갈 때를 아는 조선 선비 하나가/하얀 두루마기 정갈하게 말아 개어/제 발 아래/툭—/떨어뜨린다."고 한 것에서 알 수 있듯이 꽃잎을 흩뿌리지 않고 둘둘 말아 나무 아래에 가만히 내려놓는다. 질 때도 뒷 마무리를 정갈하게 하는 것처럼 보여지는 것이 절제된 삶을 사는 조선 선비와 닮았다.

김은아는 「돌매화나무」에서 독자 친화적인 언어로 온갖 역경을 극복하고 꽃을 피우는 돌매화나무의 이미지를 그렸다.

눈물로 지지 않는 꽃이 어디 있으랴마는
키 작은 꽃의 설움
그 무엇도 불평하지 않고
하늘과 바람과 별과 벗을 하며
척박한 지상에서
한 줌 흙을 그리워하지 않는 꽃이여

흔들림 없는 나날 속에
소외와 고독의 힘으로 꽃을 피우는

세상에서 가장 키가 작은 나무 꽃이여
해맑은 순수로 피어나는 천상의 꽃이여

한라산 백록담을 지키며
암벽에서 이슬을 받아먹고
2cm의 작은 몸으로도
최대가 전부가 아님을 온 몸으로 말하며
순백으로 피는 커다란 꽃이여.

- 김은아, 「돌매화나무」 전문

돌매화나무는 "세상에서 가장 키가 작은 나무"이다. 그럼에도 불구하고 "소외와 고독의 힘으로 꽃을 피"운다. "한라산 백록담" "암벽에서 이슬을 받아먹고/2cm의 작은 몸"을 지닌 돌매화나무가 피우는 꽃은 마치 "최대가 전부가 아님을 온 몸으로 말하"는 것 같다. 극지라고 할 수 있는 흙 한 줌 없는 한라산 백록담 암벽에서 "순백으로 피"는 꽃은 무결의 이미지를 돋보이는데, 그런 까닭에 화자는 돌매화나무에 대해 더욱 주목하는 것이다. 돌매화나무의 생태적 특징을 통해 순수와 꿋꿋함을 형상화한 작품이다.

함진원의 「수국꽃」에서 꽃의 이름에 기대어 상상력을 펼치고 있다.

목 마르다
목 마르다
목 마르구나
수저에 물 적셔 입술에 떠 넣었습니다
가만 가만 손 잡았습니다

목 마르다
목 마르다
목이 마르구나
온 마음 다해 수저에 물 적셔 떠 넣었습니다
조용히 옷깃 여몄습니다
그리고 고개 숙였습니다

- 함진원, 「수국꽃」 전문

주지하다시피 수국(水菊)은 물빛을 띤 꽃이다. 화자는 수국에서 물을 연상하고 있는데, 그때 목이 말랐던 것이 아닐까. 갈증의 감정을 "목 마르다"를 여러 번 반복한 것에서 짐작할 수 있듯이 아주 많이 목이 마른 상태이다. 이 작품은 최대한 말을 절제한 까닭에 생략된 행간의 의미를 상상하는 것은 독자의 몫이다. 즉 "수저에 물 적셔 입술에 떠 넣었"다는 시행의 반복에서 유추해 볼 수 있는 것은 누군가가 많이 아픈 상황에 놓여있다고 생각해 볼 수 있다. 그 사람은 목이 마르고 또 다른 누군가가 갈증난 사람에게 "수저에 물 적셔 입술에 떠 넣었"을 것이라고 가정해 볼 수도 있다. 그리고 안타까운 마음에 "가만 가만 손 잡았"을 수도 있다. 시인의 손을 떠난 작품은 이미 시인의 것이 아니기 때문에 마음대로 해석이 가능하다. 그래서 "조용히 옷깃 여몄"다는 진술을 갈증난 사람이 숨을 거두었다고 유추가 가능하다. 그런 까닭에 그 죽음 앞에서 "고개 숙였습니다" 하고 아주 엄숙한 표정을 지은 것은 아닐까?

수국꽃을 보며 물을 떠올리고, 누군가의 갈증난 죽음을 떠올릴 수 있는 것은 시인의 대단한 상상력이거나 어떤 기억이 있었기에 가능한 일이다.

서승현의 「탱자꽃」은 '탱자꽃'을 '여자'로 의인화한 작품으로 '탱자꽃'을 "두려움도 아픔도 마다 않는 치명적 사랑"의 주인공으로 변용하고 있다.

매끈하고 단단한 푸른 가시의 성벽
온 몸에 두른 저 여자
희고 청초한 꽃송이들
눈물방울처럼 여릿여릿 가슴에 품었다

한 발자국 물러서려는 가시보다
두 발자국 다가서려는 꽃향기에 취해
손 내밀고 품어 안을 수 있는 것은
두려움도 아픔도 마다 않는 치명적 사랑

만개한 흰 꽃잎들 울타리 휘감은 뒤
탱글탱글 돋아날 초록 열매는
그 같은 사랑이
영원의 호흡으로 이어질
풍성한 향기의 창고
견고한 성숙의 황금빛 예고다

캄캄한 미로에 휘청이며 떠돌던
간밤의 불면 털어버리려고
아침 산책길에 나섰을 뿐인데
한순간 포만한 사랑으로 넉넉해지라고
성큼 가슴 풀어헤치는 탱자꽃 저 여자

문득 희미하게 산자락 휘감는 오솔길이
탱자꽃 향기 따라 환하고 또렷하다.

- 서승현, 「탱자꽃」 전문

탱자꽃을 둘러싼 생태환경을 작품 속에 끌어들여 시적으로 적절하게 비유한 이 작품은 신산한 조건을 극복한 여성의 사랑을 노래하고 있다. "가시의 성벽/온 몸에 두른 저 여자"는 사랑하기 힘든 여자이다. 접근하기가 쉽지 않기 때문이다. 그럼에도 "한 발자국 물러서려는 가시보다/두 발자국 다가서려는 꽃향기에 취해/손 내밀고 품어 안을 수 있는" 여자이다. 그것은 "두려움도 아픔도 마다 않는 치명적 사랑"을 할 수 있는 여자이기 때문이다.

사랑을 흰 꽃잎으로 피우고 "탱글탱글 돋아날 초록 열매는/그 같은 사랑이/영원의 호흡으로 이어질/풍성한 향기의 창고"여서 "견고한 성숙의 황금빛 예고다" 그런 까닭에 화자는 "간밤의 불면 털어버리려고/아침 산책길"에서 "성큼 가슴 풀어헤치는 탱자꽃 저 여자"를 만나는 오솔길이 행복하다. 아침 산책길에 풀풀 풍겨주는 "탱자꽃 향기"가 "푸른 가시의 성벽"에 갇혀 사랑조차 할 수 없는 감옥 안의 여자가 아니라는 것을 증명해주기 때문이다.

허갑순의 「떠도는 사랑」은 꽃잎이 떨어지는 것을 상처로 인식하며 그것조차 사랑으로 인식하는 시인의 생각을 보여주는 작품이다.

내가 보았던 것은 꽃잎이 아니었다
단지
꽃잎이 떨어질 때 소리를 들을 수 없어서
나는 꽃잎 앞에서 쭈그리고 앉아 있었다
오래 서있어서 기력이 다한 꽃잎들이
마지막으로 집을 떠날 때
내가 보았던 것은

단순히 꽃잎이 떨어지는 소리가 아니었다.
그것들은 수직으로 떨어지거나
빙그르르 원을 그리면서 곡선으로 날았다
현기증 같은 것들이 푸시시 소리를 몰고 다녔다
방금, 떨어져 나간 사랑이 피식피식 웃는다
난장 난장 거리를 두며 떨어져 나간 사랑이
허공에서 오래도록 머뭇거린다
내가 지금 보았던 것은 꽃잎이 하늘하늘 떨어지는
소리가 아니었다.
먼저 떨어져 나간 꽃잎이 밑에서 받쳐주고
나중에 떨어진 꽃잎은 살며시 포개지고 있었다.
어지러운 세상에서 비록 떠도는 사랑일지라도
나는 네가 떨어지는 속도를 기억할 것이다.
붉은 상처에다 또 하나의 상처를 보태면서

- 허갑순, 「떠도는 사랑」 전문

화자는 "꽃잎 앞에서 쭈그리고 앉아 있었다" 그 꽃잎들은 "오래 서있어서 기력이 다한" 것들로, 화자는 "단순히 꽃잎이 떨어지는 소리"를 들으려는 것이 아니다. 꽃잎들은 "수직으로 떨어지거나/빙그르르 원을 그리면서 곡선으로 날았다" 떨어져 나는 꽃잎을 화자는 '사랑'이라고 부른다. 꽃잎을 인격체로 의인화시켰는데, 그것은 꽃잎들이 떨어지기 전에 서로 사랑하는 관계였다는 설정이 있었기에 가능하다. 그러므로 화자는 "방금, 떨어져 나간 사랑이 피식피식 웃는다"거나 "난장 난장 거리를 두며 떨어져 나간 사랑이/허공에서 오래도록 머뭇거린다". 꽃잎이 떨어지는 순간을 화자는 이별의 시간으로 인식하는데, 그러나 "먼저 떨어져 나간 꽃잎이 밑에서 받쳐주고/나중에 떨어진 꽃잎은 살며시 포개지고 있었다."며 서로 떨어지지 않으려 하는 사랑의 모습을 보여준다. 언제 바람이 불면 헤어질지도 모르는 사랑이다. 그럼에도 불구하고 "어지러운 세상에서 비록 떠도는 사랑일지라도" 화자는 "네가 떨어지는 속도를 기억할 것"이라며, 서로 헤어지지 않으려는 꽃잎들의 사랑을 포착하고 있다. 오래 서 있어서 이제는 기력이 다한 꽃잎들이지만, "붉은 상처에다 또 하나의 상처를 보태"는 사랑이지만, 시인은 꽃잎이 떨어지는 모습을 아프게 상상하고 있다.

염창권의 「꽃의 일화」는 '탄생과 죽음'이라는 원초적인 존재의 시원에 대한 질문을 던지는 작품이다.

> 경계를 기웃대며 열려 있는 문이다
> 건너가는 바람의 옷자락을 잡지 못해
> 허공의 귀퉁이 붙들고
> 다시 한 번 흔들린다.
>
> 탄생과 죽음을 함께 여는 문 앞에서
> 여린 입술 달싹이며 질문을 건네올 때
>
> 넌 지금 생명을 품고 있어
> 겉허울을 벗어 봐,
>
> 허공에 불티처럼 날리는 흰 그림자
> 꽃은 그걸 받아서 몸속에 묻어둔다
>
> 안에서 둥글게 맺히며
> 차오르는,

무한!

- 염창권, 「꽃의 일화」 전문

꽃에 대한 깊은 사색이 엿보이는 이 작품에서는 '꽃'을 "경계를 기웃대며 열려 있는 문"으로 인식하는 시인의 상상력이 전제된다. 여기에서 '경계'는 "탄생과 죽음"의 기로여서 "여린 입술 달싹이며 질문을" 한다. 경계를 넘어 "죽음"으로 기울 수도 있지만 "넌 지금 생명을 품고 있어/겉허울을 벗어 봐,"라는 대답을 구한 꽃은 "건너가는 바람의 옷자락을 잡지 못해/허공의 귀퉁이 붙들고/다시 한번 흔들"리면서도 "허공에 불티처럼 날리는 흰 그림자" 즉 '생명의 씨앗'을 받아 "몸속에 묻어둔다". 생물학적으로 꽃은 필연적으로 암수가 만나 생명의 싹을 틔운다. 그 과정을 시로 형상화한 이 작품은 단순하게 그것을 뛰어넘어 생명의 시원을 탐구하고 있다. 마침내 "안에서 둥글게 맺히며/차오르는,//무한!"이 그것인데, 이는 꽃뿐만 아니라 지상의 모든 생명들의 신비로운 잉태의 순간을 시인은 엿보고 있는 것이다.

다음은 꽃을 통해 인간의 삶을 노래한 시편들이다.

꽃은 봄에 피지 않는다
십구 개월 된 딸아이 입에서 먼저 발화한다

한창 말하는 재미에 푹 빠진 아이
꽃, 꽃, 꽃 했더니 껏, 껏, 껏 한다

껏, 껏, 껏 소리에
흙 위에서는 결코 피지 않는

꽃 만발한다

제철에 만날 수 없는 꽃
내 안의 꽃은
온통 아이가 껏, 껏, 껏 해야 만날 수 있으리

껏을 보면서
아이에게 무수히 많은 겨울이 올 것이고
꽃은 겨울에 피어 봄에 질 것이란 생각을 하다가
문득 앞을 보았더니 껏 하나가 방긋 웃고 있었다

- 고선주, 「꽃」 전문

겨울이 지나가고 따스한 기운이 도는 봄이 오면 움추렸던 식물들은 앞다투어 꽃을 피운다. 꽃을 통해 생명성을 잇고자 하는 자연의 순리가 작동하는 순간이다. 그런데 화자는 "꽃은 봄에 피지 않는다"고 진술하고 있다. "십구 개월 된 딸아이 입에서 먼저 발화한다"는 것인데, 시인은 자연현상의 하나로 피는 생물학적인 꽃을 말하는 것이 아니라 '태초의 언어'를 꽃이라고 인식하고 있기 때문에 이러한 진술이 가능하다. 시인이 '꽃'을 '태초의 언어'로 인식하는 것은 오염되지 않은 정신이 깃든 언어를 '꽃'으로 상징하기 때문이다. 어린 딸이 이 세상에 나와 처음으로 말을 배우는데 "꽃"을 "껏"으로 발음한다. 그 발음이 제대로 된 것이든, 제대로 된 것이 아니든 상관없다. 인간이 정한 기호에 충실하는 것이 중요한 것이 아니라 어린 아이의 마음이 아직 때묻지 않고 순수한 까닭에 아이가 내지른 "껏"은 순수와 아름다움의 상징인 '꽃'과 동의어가 되는 것이다. 이러한 인식을 바탕으로 쓴 「꽃」은 우리가 기억하고 있는 '꽃'이 아니다. "제철에 만날 수 없는 꽃"이며 "흙 위에서는 결코 피지 않는, 꽃"인 것이다. 비록 "아이에게 무수히 많은 겨울이 올 것"이지만, 화자는 눈 앞에서 방긋 웃고 있는 꽃을 바라보며 행복해 할 수 있을 것이다.

전숙이 만난 「세모시꽃」은 그가 오랫동안 천착해 온 우리 여성들의 고달픔과 서러움이 깃든 꽃이다.

> 베틀이 덜커덩덜커덩 울 때마다
> 오일장에 한 필씩 모시꽃이 피었습니다
> 모시꽃 팔러 간 서방님은 기생방에 주저앉았습니다
> 해는 지고,
> 봉숭아꽃처럼 귓불은 달아오르고
> 보름달은 왜 떠서 베틀은 또 이리 잘 보이는지
> 시어머니는 툇마루에서 닦달하고,
> 모시올은 끊겨서 버럭질이고
> 가시울타리 같은 태모시를 명주실처럼 달래느라
> 이빨에는 길이 뚫려 이골이 났습니다
> 움푹 파인 달의 허벅지
> 모시올 비비꼴 때마다 허벅지에는 피눈물이 고여서
> 한밤 지나면 봉숭아꽃물처럼 발갛게 번졌습니다
> 손톱에 물들면 새댁처럼 고운 꽃물이
> 허벅지에 물들어 세모시처럼 서럽습니다
> 달은 멀어 그리운데
> 밤바람은 홑창을 흔들어 잠을 쫓습니다
> 오늘밤도 덜커덩덜커덩 모시는 피어나고
> 서방님은 기생방에서 모시꽃을 잊었습니다.
>
> \- 전숙, 「세모시꽃」 전문

유교적 관념과 가부장 사회의 전통이 여성을 지배하는, 근대화되기 이전 한국 여성의 슬픔을 담아낸 작품은 언제나 비극적이다. 그러나 그것이 비극인지도 모르고 자신의 삶을 숙명으로 여겨온 여성들의 인식 태도는 더욱 여성들을 고달프고 슬프게 했다. 이 작품 속의 시적 주인공은 베틀을 짜고 서방님은 오일장에 모시를 팔러 갔다. 때는 보름달이 뜬 밤인데 "시어머니는 툇마루에서 닦달하고,/모시올은 끊겨서 버럭질이"다. 시집살이를 하면서 밤늦게까지 고생인데 서방님마저 기생방에 들어가 집에 돌아오지 않는 것이다. 베틀에 앉아 모시베를 짜느라 시적 주인공인 새댁은 허벅지에 피눈물이 고여 발갛게 핏기가 선연해 서럽지만 잠을 쫓으며 노동을 하고 있는 모습이 애처롭다. 한편으로 새댁은 서방님이 그립지만 야속하게도 아직 돌아오지 않고 있으니 그 마음이 오죽했겠는가 싶다. 그러므로 색시가 짜는 '세모시꽃'은 정원에 핀 아름다운 꽃이 아니라 시집살이가 고된 노동, 그리고 야속한 서방님에 대한 그리움과 원망이 깃든 꽃이 아닐 수 없다.

전숙의 「세모시꽃」이 피눈물로 피어낸 꽃이라면 김정희의 「헌화가」에서 등장하는 꽃은 숭고함으로 피어낸 아름다운 사랑의 꽃이라고 할 수 있다.

천길 벼랑에
작은 숨소리로 피는 꽃
어쩌자고 눈빛 마주쳐
목숨을 주어도 아깝지 않았다

사랑에는
사랑 아닌 것 하나도 없어

사랑하노라 한마디
뼈에 새긴 주술로
절벽을 오르는 사람아

모든 것이 이해될 수 없어도
사랑하는 것은
상처와 목숨을 허락하는 일
나무라지 않으니
어떤 달콤한 추억으로도 돌아오지 마라

자줏빛 암소
황급히 묶어 두고
헌화가를 부르던 *견우노옹
아무도 기억하지 않을 사랑은 가고
숭고한 노래만 남았네

추억의 살을 베어 물고
이제는 벼랑에서 피지 않는 꽃

- 김정희, 「헌화가」 전문

이 작품은 『삼국유사』를 통해 전해오는 「헌화가」가 전제된다. 탐미적인 미녀 앞에서 노옹의 애정을 노래한 신라의 「헌화가」에서는 신라인의 미의식을 엿볼 수 있다. 꽃을 향한 수로부인의 정서와 수로부인을 향한 노옹의 정서가 서로 대조되는데, 미의 상징은 꽃이 수렴되기 때문이다. 신라의 「헌화가」에서는 수로부인을 향한 노옹의 노욕으로 해석되지만 김정희의 「헌화가」에서는 "사랑에는/사랑 아닌 것 하나도 없어/사랑 하노라 한마디/뼈에 새긴 주술로/절벽을 오르는 사람"으로 노옹의 사랑을 지고지순한 사랑으로 노래하고 있어 흥미롭다.

사랑을 얻기 위해 떨어지면 죽을 수도 있지만 "천길 벼랑에/작은 숨소리로 피는 꽃"을 향해 절벽을 오르는 수로부인을 향한 노옹의 사랑을 "목숨을 주어도 아깝지 않았다"고 묘사하고 있는 것에서 알 수 있듯이 자신의 목숨보다 사랑을 숭고하게 생각하는 사람으로 노옹을 묘사하고 있다. 그러므로 "사랑하는 것은/상처와 목숨을 허락하는 일/나무라지 않으니/어떤 달콤한 추억으로도 돌아오지 마라"고 하는 것이다.

이제 노옹이 수로부인을 향해 불렀던 헌화가도 들리지 않고 노옹도 사라져 "아무도 기억하지 않을 사랑은 가고/숭고한 노래만 남았"다고 화자는 그 사랑을 그리워한다. 그런 까닭에 "이제는 벼랑에서 피지 않는 꽃"이니 오늘 우리 시대의 사랑은 겁없고 무모한 순수의 사랑이 사라진 것이라고 화자는 장탄식을 하고 있는지도 모르겠다.

전원범의 「구절초만 종종거리며」에서도 김정희가 「헌화가」에서 노래한 순수하고 숭고한 사랑을 노래하고 있다.

서낭당 고개 너머
길을 풀어 그대 보낸 뒤에
갔던 길 혼자서 되돌아 오네.
언젠가는 다시 돌아올
그대를 기다리며
나홀로 데리고 오는 이 오솔길
구절초만 종종거리며
따라오네.

- 전원범, 「구절초만 종종거리며」 전문

화자는 사랑하는 사람을 서낭당 고개 너머에서 보내고 난 뒤 혼자서 되돌아 온다. "언젠가는 다시 돌아올" 것이라는 믿음으로 사랑하는 사람을 기다리겠다고 다짐하며 "나홀로 데리고 오는 이 오솔길"에는 때마침 가을이어서 구절초가 피어있다. 그런데 "구절초만 종종거리며/따라"온다. 실제로 구절초가 따라올 수는 없겠지만 화자가 그렇게 생각하는 것은 가을 오솔길에 호젓하게 핀 구절초가 외로워 보여서일 수도 있다. 또는 구절초의 꽃말처럼 '순수'를 생각했기 때문이 아닐까. 사랑하는 사람을 떠나보내고 다시 그가 돌아올 것이라고 믿는 사랑은 참으로 순수한 사랑이 아닐 수 없다. 화자는 마침 자신의 사랑을 닮은 오솔길에 피어있는 구절초에게서 동질성을 발견했을 것이다. 그러므로 집으로 돌아오는 내내 청초한 구절초의 모습이 마음 속에 밟혔을 것이며 구절초라는 꽃에 자신의 마음을 이입시킴으로써 화자는 위안을 받았을 것이다.

박판석은 「꽃으로 가는 길」에서 삶의 완성을 '꽃'을 피우는 것으로 인식하고 있다.

> 생사(生死)를 넘어서 가는
> 모든 길들은
> 꽃으로 가는 길이었다
>
> 산으로 가는 길, 들로 가는 길
> 날아가는 길, 기어가는 길
> 빌딩에 사는 길, 초가에 사는 길
> 땅에 사는 길, 하늘에 사는 길
>
> 길은 눈과 발과 머리가 있어

매양 손가락으로 가리키는
그 끝에는
아름다운 꽃이 피어 있다

살아야 하는 일이 곧
꽃 피워야 할 과정이었던 것을,
한 송이 꽃을 완성하기 위한
미완성의 길이 더 많았던
인고의 세월
돌아보면 곁에 두고
피우지 못한 꽃망울들의 낙화

모든 길은
상여 위에 얹혀 가는 연꽃처럼
바람 부는 날을 접어
꽃으로 가는
끝없는 길이었다

- 박판석, 「꽃으로 가는 길」 전문

세상에는 수많은 길이 있다. "산으로 가는 길, 들로 가는 길/날아 가는 길, 기어가는 길/빌딩에 사는 길, 초가에 사는 길/땅에 사는 길, 하늘에 사는 길" 등이 그것들이다. 이러한 길을 가는 것을 화자는 살아가는 일이라고 하며, 결국엔 그 길을 통해 삶을 완성하는데, 그 완성이 꽃을 피우는 일이라고 한다. 그런데 화자는 길에는 "눈과 발과 머리"가 있고 "매양 손가락으로 가리키는/그 끝에는/아름다운 꽃이 피어 있다"고 한다. 그렇지만 모두가 꽃을 피우는 것만은 아니다. "미완성의 길이 더 많았던/인고의 세월/돌아보면 곁에 두고/피우지 못한" 꽃들도 있다는 것이 인간의 삶을 바라보는 시인의 인식이다. 흔히 '꽃피운다'는 말은 식물이 결실을 맺기 위해 전제되는 것이 꽃피움인 것처럼, 인간도 그 꽃피움을 위해 길을 간다고 생각하는 시인의 생각 속에서 어떤 결실을 본다는 것으로 이해된다.

오대교의 「꽃은 시들어야 한다」 꽃을 통해 인간 삶의 본질을 드러내고 있어 주목된다.

> 찬연했던 날들이 한 폭의 그림이 될 때
> 지난 추억에 눈물이 골짝 날 때
> 가슴속에서 다시 피어날 때
> 함께 긴긴밤을 밝힐 때
> 꽃은 영혼의 반려가 된다
>
> 꽃은 시들어야 한다
>
> \- 오대교, 「꽃은 시들어야 한다」 전문

푸르른 시절을 지나 인간의 삶은 마침내 "찬연했던 날들이 한 폭의 그림이" 되고, "지난 추억에 눈물이 골짝"나고, "가슴속에서 다시 피어날" 것이다. 그리고 "함께 긴긴밤을 밝힐 때" "꽃은 영혼의 반려가 된다" 그러므로 이 작품에서 '꽃'의 의미는 "영혼"과 같은 존재라고 할 수 있다. 이 작품은 시의 의미를 읽어내기 힘들 정도로 절제되고 생략되어 쉽게 의미를 파악하기 어렵다. 그러나 "꽃은 영혼의 반려"라는 대목이 꽃의 의미를 밝혀주는 단서가 된다. 그런데 왜 "꽃은 시들어야 한다"고 시인은 마지막 행을 달았을까? 이 점은 독자들의 몫이 될 수밖에 없다. 그렇지만 모든 생명체들이 삶을 마감하기 때문에 아름답듯이 꽃 역시 유한하지 않으면 아름답다고 하지 못할 것이다. 그런 까닭에 "꽃은 시들어야 한다"고 한 것은 아닐까?

마지막으로 살펴볼 김영박의 「이건 욕도 아니다」는 탐욕스러운 세상과 그곳에서 살아가는 사람들을 성찰의 마음으로 바라보는 작품으로 이해된다.

> - 그러자 야네크는 문득 인간 세상이 커다란 자루와 같다고 느꼈다. 그 자루 안에서 눈멀고 멍한, 보기 흉한 감자 떼들이 몸부림치고 있는 것이다. 『유럽의 교육』(로맹 가리/김현태 역)중에서-

며칠, TV를 켜지 않아도
신문을 읽지 않아도
귓속이 간지럽다 벌레 기어가는 소리, 까맣다

스팸문자마저 그리워지는 시간
누군가 눈을 콕콕 쑤신다
'새소리, 물소리, 바람소리, 철 따라 피는 꽃들이
장구를 치고 노래를 부른다'고 '에이, 스님도 참'

바다도 보이지 않는 무인도
건물만 우뚝우뚝 솟아 있다 어딘가로 부산하게 움직인다
뒤돌아보는 사람도 없다 정글 속일까
벌거벗은, 덜렁거리는 고릴라들이 머릿속을 어슬렁거린다

시장에 모인 사람들이 쐬주병을 앞에 놓고 안주를 꺼낸다
개자지를 내놓고, 돼지곱창을 우물거린다

천지창조 되기 이전의 세상, 이천십오 년의 가을은 창세기다

역사를 다시 쓰겠다는 사람들이 손바닥으로 해를 가린다
부연 하늘이 눈이 부시다

누가 내 입 속에 안주를 잔뜩 밀어 넣었지
졸음이 쏟아진다 집은 바위덩어리
입 안에서 꽃이 피기 시작한다

양 볼이 볼록하게 핀 꽃
오랑캐꽃 같은, 가시나무 같은
아카시 꽃 탱자 꽃 엉겅퀴 꽃
칭칭 감아놓은 칡꽃
끈끈하게 어깨동무를 하고 함께 쏟아져 나온다

이 씨- 펄
아, 이건 꽃이 아니지

- 김영박, 「이건 욕도 아니다」 전문

이 작품은 "자루 안에서 눈멀고 멍한, 보기 흉한 감자 떼들이 몸부림치고 있"다고 한 로맹 가리의 말을 인용하고 있어 시인이 이 작품을 통해 하고 싶은 메시지가 무엇인지를 짐작하게 한다.

화자는 며칠 동안 산사에 와 있는 걸까. 텔레비전과 신문을 보지 않는 동안 세상과 소통하고 싶은 욕구를 느껴 "스팸문자마저 그리워" 한다. 그런 화자에게 스님이 " '새소리, 물소리, 바람소리, 철 따라 피는 꽃들이/장구를 치고 노래를 부른다'고" 하지만 화자는 그런 환경에 쉽게 동화되지 않는다.

어쩌면 건물이 우뚝우뚝 솟아있어도 세상은 무인도인지도 모른다. "어딘가로 부산하게 움직"이고 "뒤돌아보는 사람도 없"고 "벌거벗은, 덜렁거리는 고릴라들이 머릿속을 어슬렁거"리는 것이 인간세계일지도 모른다. 그런데 시장에서 사람들은 술을 마시며 "개자지를 내놓고, 돼지곱창을 우물거린다". 이런 세상을 화자는 "천지창조 되기 이전의 세상,"이라고 한다. 혼돈의 시대를 말하는 것일지도 모른다. 그렇기 때문에 "부연 하늘이 눈이 부시다"고 하는 것일 것이다.

술을 마시는데 "누가 내 입 속에 안주를 잔뜩 밀어 넣었"다. "졸음이 쏟아진다 집은 바위덩어리"이다. 그리고 "입 안에서 꽃이 피기 시작한다". 초현실주의적인 색채가 드리운 이 대목 쯤에서 이 작품에서 '꽃'의 의미가 무엇인지를 생각하게 한다. 다시 시를 읽게 되면 "양 볼이 볼록하게 핀 꽃/오랑캐꽃 같은, 가시나무 같은/아카시꽃 탱자 꽃 엉겅퀴 꽃/칭칭 감아놓은 칡꽃"은 각양각색으로 살아가는 인간군상들을 형상화한 것으로 짐작된다. 즉 사람을 꽃으로 인식하고 있음을 짐작할 수 있다. 그러나 화자는 "이 씨- 펄" 욕을 하며 "아, 이건 꽃이 아니지" 하며 다시 부인하고 만다. 꽃이 되지 못한 인간들이 사는 세상을 부정하고 싶은 것이다.

나무를 바라보는 몇 가지 시선

— 나무의 수사학

나는 나무를 무척 좋아한다. 어딘가를 가면 먼저 나무를 살피는 버릇이 있다. 버스를 타고 갈 땐 차 창밖으로 스치는 나무들을 바라보며 어떤 나무들이 있는지를 살피는 일은 즐거움이다. 산에라도 갈라치면 호기심 어린 시선으로 눈에 띄는 나무들의 식생을 바라본다. 마치 청춘시절 사랑하는 사람을 만나듯 가슴이 설렌다.

이렇듯 나의 나무 사랑은 나무를 소재로 한 시를 쓰게 한다. 나의 시집을 살펴보면 70% 이상이 나무와 관련된 시편이다. 내가 나무를 좋아하는 것은 나무의 정직성과 푸르름 때문이다. 때가 되면 어김없이 나무는 지금껏 그랬듯 싹을 틔우고 꽃을 피운다. 인간이 약속을 저버리고 배반할 때도 나무는 절개를 지키며 제 존재를 드러낸다.

옛날 사람들도 나무를 무척 좋아했다. 모름지기 선비의 집엔 사군자의 하나인 매화나무가 자라고 선비 아내의 창문 앞에는 시디신 석류나무가 자랐다. 나무가 지닌 생태학적인 특성을 통해 나무를 닮고 싶었기 때문이다. 우리나라 사람들은 특히 소나무를 좋아했다. 사계절 푸르기 때문에 지조와 절개의 상징이 되었다. 그런 까닭에 옛사람들은 문학뿐만 아니라 회화 작품의 소재로 사군자를 비롯한 나무와 꽃을 그림으로 형상화 시켰다.

오늘날에도 시인들은 나무를 즐겨 노래하고 있다. 그러나 옛사람들처럼 고전적인 의미로만 나무를 시로 형상화하는 것은 아니다. 인간의 삶의 방식과 사고가 변한 만큼 나무를 노래하는 방식과 이미지 표현도 달라졌다. 나무가 지닌 상징적인 의미뿐만 아니라 나무는 정서적으로 인간의 마음을 정화시키고, 풍요롭게 한다. 그러므로 나무를 바라보는 마음은 모난 마음을 굽히게 하고 삭막하고 피폐한 마음은 부드럽고 따스하게 한다.

오늘날 시인들이 나무를 바라보는 마음이 어떤 것인지를 남도 시인들의 '나무'관련 시편들을 통해 살펴보도록 한다.

서춘기 시인은 「대숲」에서 대나무가 댓가지로 제 종아리를 후려치며 마음의 중심을 잡으려는 수행자의 모습을 보여주고, 강경호 시인은 「나무의 침묵」을 통해 모든 것을 버린 겨울나무에서 역시 성찰하는 모습을 보여준다. 백수인 시인은 「동적골 연리목」에서 하나가 된 뜨거운 사랑을 형상화 시켰고, 함진원 시인은 「느티나무」에서 오래된 느티나무가 편안한 낮잠을 자는 사람의 공간이 되면서 늙은이를 위로하는 역할을 하고 있음을 그렸다. 김종 시인은 「당산나무 한량께서는」에서 인간에게 길을 안내하는 품이 넓은 어른의 모습을. 염창권 시인은 「목련나무 아래서」에서 생의 의미를 되새기게 하고, 박판석 시인은 「벚꽃나무」에서 꽃을 피우며 자신들도 꽃의 아름다움을 지닌 존재임을 인식시키고 있다. 서승현 시인은 「회나무」에서 마음이 넉넉한 존재를 떠올리게 하고, 오대교 시인은 「겨울나무」에서 나무의 운명을 드러내 보이고, 김은아 시인은 「늙은 소나무」에서 나무의 희생성을 보여준다. 전숙 시인 역시 「이주」를 통해 나무의 운명과 희생성을 보여주며 더불어 이기적인 인간의 모습을 되비춰 준다. 강만 시인은 「나무」에서 인간의 욕망을 고발하며 비판하고, 김영박 시인은 「밥, 나무」에서 유년에 만났던 나무를 회상하며 "꿈속에서, 나를 꼭 안아주던" 나무를 그리워한다. 전원범 시인의 「나무처럼 서서……」는 나무처럼 서서 순명하게 살겠다는 다짐을 보여주고, 허갑순 시인은 「나무들 86」연작 시편에서 바람에 흔들리는 나뭇잎에서 음표를 느끼며 생명성을 인식하는 모습을 나타낸다.

남도 시인들의 '나무'와 관련된 시편은 옛사람들이 인식했던 나무에 대한 상상력보다 더 다양한 인식 태도를 보여주고 있음을 알 수 있다. 보다 내밀하게 살펴본다.

술에 취한 듯 어질병 도지는 밤
가뭇없는 별들의 노래 또 그리워
토담길 한 가닥 끄집어 대숲까지 잇는다
참대밭 허리춤 풀어헤치는 바람 끝에
달빛도 휘어져 어지럽게 흩날리고
댓가지에 걸린 산비둘기 몇 마리
퍼드덕 제 꿈길 잡았다 놓친다

어둠이 등을 밀어 길 없는 길 깊어갈수록
잔풀 우거진 내 귓전 때리는 회초리 소리
강바람에 떠밀려 휘청거리는 대숲이
댓가지로 제 종아리 후려치고 있다
잡았다 놓친 지상의 중심 다시 잡으려고
바람보다 먼저 매질하는 대숲의 눈물
아, 눈물의 마디마디가 왜 이리 푸르고 뜨거운지.

- 서춘기, 「대숲의 눈물」 전문

"어질병이 도지는 밤" 화자는 "별들의 노래 또 그리워" 토담길을 걸어 대숲으로 향한다. 마침 심란한 화자의 마음처럼 대숲에 바람이 불고 하늘에서는 달빛이 부서진다. 대숲에 바람이 불어 댓가지에 앉아있던 산비둘기가 잠을 못 이루고 퍼드덕거린다. 이때 "잔풀 우거진 내 귓전 때리는 회초리 소리"가 들려온다. 대숲이 바람에 심하게 흔들리는가 보다. 화자는 대숲이 바람에 흔들리는 모습에서 마치 "잔풀 우거진" 것으로 암시되는 미욱한 인간에게 성찰하라는 것으로 들린다. 회초리로 자신의 종아리를 때리는 것처럼 말이다. 더불어 한자리에 꼿꼿하게 서있지 못하고 흔들리는 대나무에게 마치 "잡았다 놓친 지상의 중심 다시 잡으려고/바람보다 먼저 매질하는 대숲의 눈물"에 화자가 공감하고 있다. 이렇듯 바람에 흔들리며 안간힘으로 중심을 잡으려는 대나무와 인간의 모습이 오버랩 되고 있음을 알 수 있다.

강경호 시인 역시 「나무의 침묵」에서 인간에게 성찰의 메시지를 보낸다.

> 겨울이 오면
> 나무는 제가 뱉어낸 말들 버리고
> 벌거숭이가 된다
> 아기처럼 조심스럽게
> 부드럽고 연한 신록의 말문을 열었다가
> 한여름 녹음의 무성한 입담으로
> 비바람 치는 어둠 속에서 비명도 질렀지만
> 온몸이 뜨거워진 날
> 서로에게 건네는 화려한 언어도 한 때,
> 나무는 겨울이 오면

그동안 내뱉었던 모든 말들 버리고
얼음 같은 침묵 앞에서
할 말을 잊는다.

- 강경호, 「나무의 침묵」 전문

봄날 새싹을 피웠다가 여름날 무성한 이파리를 다는 나무는 가을이 가고 겨울이 오면 이파리를 모두 땅 위에 떨군다. 이는 나무들의 생태이다. 이 뻔한 나무의 생태에서 필자는 젊은 시절 많은 말을 하고, 실수를 하다가 나이 들어 말을 아끼는 인간의 모습을 닮았다고 생각한다. 즉 나무의 '잎'을 인간의 '언어'쯤으로 인식한 것이다. 나무의 생태에서 필자가 주목하는 부분은

"겨울이 오면/나무는 제가 뱉어낸 말들 버리고/벌거숭이가 된다"이다. 유아적 사고로 '추운 겨울이 오면 나뭇잎을 떨군 나무는 추울 텐데'라고 생각하겠지만, 겨울이 오면 두꺼운 옷을 입은 인간적인 생각일 뿐, '나뭇잎'을 '언어'로 인식한 까닭에 "한여름 녹음의 무성한 입담"이거나 "온몸이 뜨거워진 날/서로에게 건네는 화려한 언어"에 대한 반성으로 "나무는 겨울이 오면/그동안 내뱉었던 모든 말들 버" 린다고 한 것이다. 그리고 난 후의 시간을 침묵으로 지킴으로서 혹독한 겨울 추위에도 꿋꿋하게 인내할 수 있는 당위성을 확보하는 것이다.

백수인의 「동적골 연리목」은 동적골 숲길을 걷는 화자의 눈에 들어온 연리목을 통해 하나가 된 사랑을 노래하고 있다.

숲길을 걷다가 바닥에 누웠네 새들 지저귀는 소리 낙엽 되어 내 몸 위에 데굴거리네 햇빛이 길 위에 이리저리 몰려다니고 바람은 나

뭇가지 사이로 허망하게 흐르네 젊은 남녀 한 쌍이 히히덕거리며 내 몸을 밟고 지나가네 온갖 벌레들이 스믈스믈 몸 위로 기어오르고 개미떼가 얼굴 위로 기다란 행군을 할 때 저만치 흐르는 시냇물 소리 양양하네

내가 숲길이 되어버린 대낮, 길은 문득 다시 일어서서 떡갈나무 어깨를 툭 치고 걷기 시작하네 가느란 바람결에 치자 빛 노오란 향기가 코끝을 스치네 자갈길 팍팍한 구부러진 언덕을 휙 돌아가니 조금 전 지나갔던 한 쌍의 젊은이가 알몸으로 부둥켜안고 서 있네 벌써 그 알몸에 칡덩굴 손 내밀며 기어오르고 있네 이미 두 몸뚱이 사이에 따뜻한 신화의 강이 양양하게 흐르고 있네

서어나무와 소나무가 서로의 몸에 얼굴을 묻은 채 몇 십 년째 몸을 섞으며 서 있네.

– 백수인, 「동적골 연리목」 전문

'동적골'은 무등산 자락의 골짜기이다. 백수인 시인 집 가까운데 있어 산책을 가나 보다.

화자는 "숲길을 걷다가 바닥에" 눕는다. 길이 되어버린 것이다. 그러자 지난 계절 새들 지저귀는 소리 배어있을 낙엽이 길 위에 굴러간다. 햇빛도 길 위에 몰려다니고 바람도 나뭇가지 사이로 흐른다. 이때 "젊은 남녀 한 쌍이 히히덕거리며 내 몸을 밟고 지나"간다. 뿐만 아니라 "온갖 벌레들이 스믈스믈 몸 위로 기어 오"른다. 온갖 사물들이 화자의 몸에 데굴거리거나 지나가는 것은 화자가 '길'이 되었기 때문에 가능한 일이다.

잠시 멈춰있던 화자는 다시 발걸음을 옮긴다. 떡갈나무 앞을 지날

때는 "어깨를 툭"친다. "바람결에 치자 빛 노오란 향기가 코끝에 스" 친다. 행복하고 즐거운 산책길은 "자갈길 팍팍한 구부러진 언덕을 휙 돌아가니 조금 전 지나갔던 한 쌍의 젊은이가 알몸으로 부둥켜안고 서 있"다. "서어나무와 소나무가 서로의 몸에 얼굴을 묻은 채 몇십 년째 몸을 섞으며 서 있"는 것이다. 오래된 나무이겠지만 그 모습이 젊은이 같아 보여 화자는 "한 쌍의 젊은이"라고 부른다.

백수인 시인의 작품은 매우 환타지적이어서 마치 맑은 수채화로 그린 동화마을의 아름다운 정경 같다. 이에 반해 함진원의 「느티나무」는 우람한 느티나무의 품이 베풀어주는 리얼리티가 따스하다.

> 느티나무에 갔었다.
> 수고한 손길 감사가 넘치는 점심시간
> 오늘은 카레라이스
> 영광할머니 솜씨 그대로.
> 파김치 배추김치
> 시원한 바람 솔솔 부는 의자에서 모처럼 편안하게 낮잠 잤다.
> 아무 생각 안하고 호사를 누렸다.
> 겨울에서 멈춘 우환의 시간
> 겨우 넘기고
> 이제 재활의 터널 지나야 한다.
> 아가처럼 한발 두발 넘어지지 마세요.
> 지팡이 어느새 손에 있다
> 이렇게 나이 들어가는 구나.
> 이렇게 작아지는 구나.
> 손안에 든 것 아무것도 없이
> 느티나무에서 시원한 바람이 위로한다.
>
> \- 함진원, 「느티나무」 전문

이 작품은 화자의 독백으로 이어진다. 1인칭 시점의 진술로 인해 화자의 삶이 적나라하게 드러난다. 즉 화자는 "느티나무에 갔었다." "시원한 바람 솔솔 부는 의자에 모처럼 편안하게 낮잠 잤다." "아무 생각 안 하고 호사를 누렸다."라고 하지만, 실은 겨울이 되기 전까지 '우환의 시간'이었다. 이 작품의 내용으로 보아 아마 다리를 다친 우환이 아니었을까. 그렇기 때문에 "이제 재활의 터널 지나야 한다."라고 하는 것이다. 한발 한발 내딛는 화자의 손엔 지팡이가 쥐어져있다. 재활치료를 하며 "이렇게 나이 들어가는구나."하고 생각을 하는 화자의 손엔 실은 아무것도 없다. 욕망으로 한 세상을 살아왔지만 따져보니 정작 가치 있는 것을 얻지 못했다는 자책적인 고백이 아닐까. 그때 "느티나무에서 시원한 바람이 위로한다." 오래전부터 마을에서 인간과 오래 살아온 느티나무는 아무것도 가진 것이 없지만, 오히려 인간을 위로할 수 있음에 함진원 시인은 「느티나무」를 통해 존재의 방식에 대해 깊은 사색을 한 것으로 짐작된다.

육중한 칠백년을 팔 벌려 안아본다
소리북처럼 득음한 당산나무는
오늘도 허공에 길을 내고 있었다

폭우를 막아서던 가지 몇 개가 부러졌다
다람쥐처럼 몸이 날랜 발 빠른 청년들이
어떤 것은 받쳐주고 어떤 것은 절단했다
절단된 뒤에도 나무는
등대처럼 높은 키로 온 마을을 불 밝혔다

갈림길 앞에 서서 꼬이거나 헷갈리면

사람들은 나무에게 길을 물었다
얼큰히 취한 어젯밤의 나도
나무의 불빛 보고 집 찾아 들었다가
아침에 일어나 올려다보니
제 속을 솥단지처럼 보란 듯이 열어놓고
줄줄 눈물을 흘리고 있었다

그 눈물, 외팔로 다섯 자식을 건사한
월평 당숙모의
설움단지 졸이고 졸인 애간장 같았다

구부린 등허리론 아이들을 업어주고
나무는 밤마다 별들과 속삭였다
여름이면 오지랖에 그늘평상을 놓아
사막 같은 삼복더위도 거뜬히 건네시며
이리 태평한 세월은 없다시는지
노환에 링거 꽂고 시름거리면서도
동구 밖을 내바람하던 너털웃음으로
풍채 좋은 한량처럼 살랑이신다.

- 김종, 「당산나무 한량께서는」 전문

앞에서 살핀 백수인 시인의 「동적골 연리지」처럼 김종 시인의 「당산나무 한량께서는」도 '길을 낸다' 그러나 길을 내는 주체가 다르다. 백수인 시인의 '길'은 화자 자신이 내는 길인데 반해 김종 시인의 '길'은 당산나무가 내는 길이다. 뿐만 아니라 "갈림길 앞에 두고 꼬이거나 헷갈리면/사람들은 나무에게 길을" 묻는다. "얼큰히 취한 어젯밤의 나도/나무의 불빛 보고 집 찾아"갔다. 어둠 속에서 빛나는 커다랗게 자란 나무가 등불이 되고 길이 되어준 셈이다.

주지하다시피 마을 앞에 있는 당산나무는 인간과 역사를 같이 해왔다. '당산나무'라는 이름 또한 당제를 지내는 나무라는 의미에서 유래한 것이어서 인간과 당산나무와의 관계를 짐작하게 한다. 여기에서 당산나무는 신목(神木)으로 마을의 수호신 역할을 해왔다. 이러한 배경에서 상상력을 발현한 이 작품은 '폭우'에 가지 몇 개 부러졌지만 "등대처럼 높은 키로 온 마을을 불 밝"힌 당산나무처럼 팔이 하나 없어도 "다섯 자식을 건사한/월평 당숙모" 또한 당산나무를 닮았다. "구부린 등허리론 아이들을 업어주고/밤마다 별들과 소곤 거"리고, "그늘 평상을 놓아/사막 같은 삼복더위 거뜬히 건네"는 모습은 월평당숙모의 모습이며, 당산나무의 모습이기도 하다. 월평 당숙모와 당산나무의 동일성을 통해 "태평한 세월"을 지켜온 존재들의 희생성을 들려준다.

염창권 시인의 「목련나무 아래서」는 어떤 대단한 메시지를 전하려 하진 않는다. 생의 한순간에 의미를 부여하고자 하는 시인의 인식 태도를 보여준다.

> 신고 가다 어느 봄날 잃어버린 고무신 같은
> 허기를 딛고 선 초식동물의 혓바닥 같은
> 눅눅한 공기 속에서
> 한 갈피 생이 시든다.
>
> 비칠비칠한 현기증으로 꽃 너울을 넘어설 때
> 아릿아릿한 떨림으로 꽃잎을 틔워 볼 때
> 바람이 그걸 건드리고
> 지나간 것이다.

지나간 것은 아주 지나가 버린 것이다
어떤 생도 언급될 만큼 단명하지 않을 것이다
꽃잎이 떨어지는 동안
함께 멀미 했을 뿐.

- 염창권, 「목련나무 아래서」 전문

"신고가다 어느 봄날 잃어버린 고무신"과 "허기를 딛고 선 초식동물의 혓바닥"은 '상실감'과 '쓰디쓴맛'이 아닐까. 이러한 정신지리, 또는 이러한 정서로 "한 갈피 생이 시든다."라고 한다. 화자는 '목련나무 아래서' 시드는 생을 생각하고 있다. 목련나무가 "비칠비칠한 현기증으로 꽃 너울을 넘어설 때/아릿아릿한 떨림으로 꽃잎을 틔워 볼 때/바람이 그걸 건드리고/지나간 것이라." 생각해 본다. 바람이 꽃잎을 건드리고 가는 시간은 무심하고 무의미한 것 같지만, 그래서 이렇듯 사소한 사건들이 지나가버렸지만, "어떤 생도 언급될 만큼 단명하지 않을 것이"라고 화자는 생각하기에 이른다. 비록 짧은 시간 "꽃잎이 떨어지는 동안/함께 멀미했을 뿐."이라고 말하지만, 그러나 나무의 시간과 더불어 인간의 생은 모두 이렇듯 사소하고 무의미한 듯 보이는 것들이 모여서 의미라거나 가치를 만드는 것은 아닐까.

염창권 시인의 「목련나무 아래서」가 역설적으로 사소해 보이고 무의미해 보여도 결국 그러한 것들이 생이며, 아름다움이라고 노래했다면, 박판석 시인의 「벚꽃나무」는 꽃을 피우는 일이 자신의 존재를 규명이라도 하듯 벚꽃나무의 봄날이 아름답다고 한다.

꽃으로 옷 해 입고
꽃으로 밥을 먹고
꽃으로 집을 짓는, 그는

전생(全生)이 꽃이다
논두렁에 제 몸 하나 분신(焚身)해 놓고
불났다고 소리치면
그 소리 들은 과객들은
마음속 마중물 한 바가지씩 퍼서 벚꽃나무에 뿌리다가
제 몸 타들어 가고 있다는 것을 까마득히 잊는다
속눈썹까지 다 태우고서야 아는
저 혼란의 화려한 질서
열매 맺기 전 꽃이 되어
벚나무가 뜨거운 몸 사루는 모습을 보면서
사람들은 누구나 제 안에
벚꽃 같은 불씨 하나씩 가지고 있다는 것을 안다

일 년 단 한 번 이름표 달고
이 산 너머 저 들판으로 불 질러가는 봄
해마다 봄이 오면
제 마음의 뿌리는 고향에 두고
꽃으로 세상을 만들고 싶은 욕망은
누구도 막을 수 없는 일이다.

- 박판석,「벚꽃나무」 전문

"꽃으로 옷 해 입고/꽃으로 밥을 먹고/꽃으로 집을 짓는, 그는" 꽃을 피우는 것이 생의 목표이며, 생의 가치이다. 이렇듯 꽃을 피우는 일은 나무에게 가장 의미 있고 가치있는 일이 될 수밖에 없다. "논두렁에 제 몸 하나 분신"한 벚꽃나무는 마침내 "속눈썹까지 다 태"운다. 아니 분신한 까닭에 저를 모두 태운다. 생태적으로 나무나 풀이 꽃을 피우는 일은 자신의 유전인자를 보존하려는 자연의 법칙이다.

아름다운 꽃을 피웠을 때 벌과 나비가 몰려와 꽃 안에 든 꿀을 딴다. 그러면서 암술과 수술이 수정할 수 있도록 한다. 그러므로 꽃을 피우는 일은 자신을 지키는 일이다. 화자는 이러한 생태적 행위에 관심을 갖지 않는다. 오직 분신하듯 온몸으로 꽃을 피우는 벚나무의 열정에 시선을 둔다. 그런 까닭에 꽃처럼 사람도 제 안에 "벚꽃 같은 불씨 하나씩 가지고 있다"라고 한다. '꽃'은 '아름다운 마음'의 다른 이름이기도 하여 해마다 봄이 오면 "꽃으로 세상을 만들고 싶은 욕망"을 드러내는데, 이를 "누구도 막을 수 없는 일이"라고 단정한다. 꽃을 생태적 관점보다는 미학적 시각으로 바라보는 작품임을 알 수 있다.

서승현 시인은 「회나무」에서 '마음이 넉넉한 존재'로 나무를 바라보고 있다.

> 마을 앞 회나무는 밤에도 천수관음이다
> 지친 이들 잠깐씩 쉬어가는 간이역
> 목걸상 놓인 둘레에 가지 늘어뜨린다
>
> 처진 어깨 고개 숙인 시름 많은 중년이
> 한 소끔씩 담배연기 끓여 올릴 때마다
> 슬며시 긴 팔을 뻗어 남모르게 쓰다듬는다
>
> 다가왔다 사라지는 모든 상처 껴안아
> 결곡히 키워 올렸다, 해마다 새순 내었다
> 면면히 견딘 세월들 그 한 둘레 넉넉하다.
>
> \- 서승현, 「회나무」 전문

간이역이 있는 마을에 회나무를 화자는 천수관음이라고 한다. "목걸상 놓은 둘레에 가지 늘어뜨린" 회나무는 그늘을 만들어 "지친 이들"을 위로한다. 회나무의 가지 아래 모여든 "처진 어깨 고개 숙인 시름 많은 중년이/한소끔 담배연기 긇여 올릴 때마다/슬며시 긴팔을 뻗어 남모르게 쓰다듬"기 때문에 천수관음이라고 하는 것일 게다. 특히 회나무는 간이역에 서 있기 때문에 오고 가는 많은 사람들에게 그늘을 드리워 더위를 피하게 했을 것이다. 마음이 넉넉한 천수관음 같은 회나무가 견딘 세월처럼 "그 한 둘레가 넉넉하다"라고 할 수 있을 것이다.

앞에서 살펴본 많은 시편에서 '나무'는 '희생'과 '넉넉한 마음'을 지닌 존재로 형상화되었다. 오대교의 「겨울나무」 역시 '희생성'을 노래했지만, 본질적으로는 '나무의 숙명'에 대해 관심을 가지고 있다.

> 빗자루로 쓸어다
> 흙으로 덮어버리기에
> 죽을죄를 지은 줄 알았습니다
>
> 팔뚝을 토막 내더니
> 불구덩이에 던져버리기에
> 죄인이라 벌을 받는 줄 알았습니다
>
> 지은 죄가 뭔지 모르지만
> 태어난 것도 죄라고 하기에
>
> 겨울 언덕에 서서
> 칼바람을 맞습니다.
>
> \- 오대교, 「겨울나무」 전문

겨울나무가 1인칭 시점으로 스스로 독백하는 듯 읽히는 이 작품은 2인칭 시점으로 누군가가 나무를 바라보는 시각으로도 읽을 수 있다. 이 작품을 '나무의 독백'으로 이해하여 읽어보면, "흙으로 덮어버리기에/죽을죄를 지은 줄 알았"다고 한다. 나무를 토막 내어 "불구덩이에 던져 버리기에/죄인이라 벌을 받는 줄 알았"다고도 한다. 결론적으로 화자는 "지은 죄가 뭔지 모르"는 것과 "태어난 것도 죄라고 하기에//겨울 언덕에 서서/칼바람을 맞"는 일이다. 이렇듯 '흙으로 덮어버리고' '불구덩이에 던져버리는 것'에서 보듯 나무가 무슨 죄를 지었는지는 모르지만, 그것은 나무의 운명이다. 때로는 기둥이 되고, 서까래도 될 수 있겠지만 화자가 만난 '겨울나무'는 죄인 취급당하고 있는 것이 분명하다. "겨울 언덕에 서서/칼바람을 맞"고 있는 나무를 바라보며, 그것이 죄를 사하는 것쯤으로 이해하는 나무의 운명을 시인의 상상력으로 형상화 시킨 것으로 이해할 수 있다.

김은아 시인의 「늙은 소나무」는 나무의 희생성을 노래한 앞의 몇몇 작품들과 그 궤를 같이 한다.

장작불을 지피다가 아궁이 속에서
늙은 소나무의 세월을 보았습니다

이따금 찾아든 나그네 발길
청청한 품 열어 맞아주며
매서운 비바람 눈보라가 흔들어도
텃새처럼 제자리 지키며
늠름하되 오만하지 않았습니다

숨 가쁘게 살아 온 세월

불꽃을 내면서 소신공양을 하며
날아가버린 새들의 울음소리 듣습니다
마지막 바람의 조문을 받으며
오래된 추억들을 봅니다

이제
그를 품에 안아보려 하지만
멀어지는 그리움은 재로 남아
괜찮다, 괜찮다 합니다

편히 쉬려나 봅니다.

- 김은아, 「늙은 소나무」 전문

아궁이에 늙은 소나무를 땔감으로 불 지피다가 화자는 '늙은 소나무의 세월'을 생각하게 된다. 오랜 세월을 살아왔기에 소나무는 나그네에게 품을 열어 맞아주기도 하고, 비바람과 눈보라 속에서도 흔들리지 않고 늠름하되 오만하지 않다. 나무의 이러한 모습에서 화자는 쉽게 흔들리고 오만한 인간의 모습을 간접적으로 되비친다. 살아서 품 넓은 자태를 보여주다가 죽어서도 "불꽃을 내면서 소신공양"하며 온몸이 불꽃이 된다. 늙은 소나무는 자신의 모든 것을 줘버리고 재가 되어 버리는 것에 대해서도 "괜찮다"라고 한다. 마음의 품이 넓은 '늙은 소나무'의 정신이 독자들의 뒤통수를 때릴 것 같다.

전숙 시인의 「이주」의 형식은 작은 서사구조를 이룬다. 동네의 자랑인 효자각 때문에 "모두가 맞춤형 효자가 되었다." 그런데 효자각 옆에서 오십 년 동안 자란 태산목이 효자각을 가린다고 동네 사람들이 웅성거리자 포클레인에 파헤쳐져 면사무소 화단에 옮겨진다. 그러자 태산목이 뽑힌 자리가 태산목이 효자각을 지켜왔었다고 말을 한다. 이후 태산목은 고개를 숙이고 인공호흡기에 의지한 채 가지를 속절없이 늘어뜨리고 있다. 이러한 이야기로 구성된 이 작품은 생태학적 상상력을 바탕에 깔고 있다. 더불어 태산목 때문에 동네의 자랑인 효자각이 가려져 체면을 구긴다고 생각하는 사람들의 이기적인 사고를 비판하고 있다. 더불어 십년 동안이나 커다란 꽃을 피우고 향기를 내뿜었지만 역신처럼 묶여 이주시켜버린 매정한 사람들의 체면을 중시하고 맞춤형 효자가 된 비이성적이고 비도덕적이며 반생태적 사고를 고발하고 있다. 강만 시인의 「나무」역시 인간의 탐욕스러움을 비판하고 있다.

아틀라스 신이 죽어
나무가 된 것일까?

나무들은 평생
하늘을 받쳐 들고 서있느라
밤에도 누워 자지 못 한다

사람들은 그 나무 아래서 톱날을 간다
싸악 베어내고
근사한 아파트를 지을 생각이다

하늘이 무너지는
재앙이 올 것이다.

\- 강만, 「나무」 전문

나무의 생태적 특징은 한자리에 붙박혀서 움직일 수 없음이다. 더불어 일평생 서 있어야 하는 것이다. 상대적으로 움직일 수도 있고 누울 수도 있는 인간의 입장에서 바라보면 답답하고 가엾을 수 있다. 그런 까닭에 화자는 "밤에도 누워 자지 못 한다"라고 한다. 여기에 화자는 "나무들은 평생/하늘을 받쳐 들고서" 있다고 한다. 이는 나무의 형태에서 생각해 낸 말이다. 인간은 절망의 순간에 "하늘이 무너지는 것 같다"라고 한다. 그렇다면 하늘이 무너지지 않게 하늘을 받쳐 들고 있는 나무는 고마운 존재가 분명하다. 그런데 "사람들은 그 나무 아래서 톱날을 간다." 나무를 베어내고 아파트를 지을 생각을 한다. 이처럼 사람들이 하늘을 받쳐 들고 있는 나무를 베어내면 당연지사 하늘이 무너질 것이 분명하다. 물론 실제의 하늘이 무너질 리가 없겠지만 탐욕스러운 인간의 마음을 비판하는 말이다.

오늘날 자연을 정복 대상으로 삼아 이윤을 추구하는 인간의 탐욕스러움을 고발하는 강만 시인의 「나무」와는 달리, 탐욕스럽지 않고 순수함을 지닌 유년기의 동화처럼 맑고 순수한 기억을 되살리는 김영박 시인의 「밥, 나무」는 우리가 잃어버린 천진무구함과 나무에 대한 아름답고 따스한 추억을 선사한다.

아름드리
소나무 두 그루 거기 있을까
나를 기다리고 있을까
짜박짜박 얼마를 걸었는지도 모르는
산길
재를 넘어
또 한참을 걸어가면
아득히 멀어지는 신작로가
세월을 잡고 흔들리네

나비처럼 나르는 아이들이
가물가물 산허리를 감고 돌아가고
강보다 더 큰 시냇물이 흐르네

(소나기 속의 내가
서울 소녀를 찾던 냇가의 조약돌은
하나도 보이질 않는데
나만 홀로 눈을 동그랗게 뜨고
주위를 두리번거리네)

봄비 내린 뒤, 동무들은 학교에 있는데, 나 혼자
마지막 끝 종소리를 기다리며 소나무 그림자를 빙빙 돌다
잠이 들어버린 날,
산 끄트머리에서 노을이 까맣게 물들 때
누군가 나를 깨웠지

지금은 어디서 나를 찾고 있는가
아름드리 거북솔 두 그루

눈가에, 어린 내가 어른거리며 눈물이 하염없이 맺히는 날
꿈속에서, 나를 꼭 안아주던
나무.

- 김영박, 「밥, 나무」 전문

"아름드리/소나무 두 그루 거기 있을까" 과거를 회상하는 형식으로 구성되어 있다. 더불어 소나무 두 그루가 "나를 기다리고 있을까" 하고 궁금해하며 그리워한다. 수십 년의 시간의 거리를 좁히며 화자는 회상에 젖으며 "짜박짜박 얼마를 걸었을지도 모르는/산길/재

를 넘어/또 한참을 걸어" 갔던 것을 떠올린다. 때는 유년시절이어서 "나비처럼 나는 아이들/가물가물 산허리를 감고 돌아가고/강보다 더 큰 시냇물이 흐르"는 것도 기억해 낸다. 어린 시절의 추억이 깃든 소나무 두 그루에게 가는 길은 너무나도 아득해 산길을 건너 시냇물 앞에 다다른다. 아득한 기억은 가물가물하여 시냇물 앞에 이르러 마치 황순원의 「소나기」에서처럼 소년 같은 나는 "서울 소녀"가 떠오르고 "조약돌"을 찾지만 "하나도 보이질 않는"다.

꿈결 같은 유년의 화자는 봄비 내린 날 "동부들은 학교에 있는데, 나 혼자/마지막 끝 종소리를 기다리며 소나무 그림자를 빙빙 돌다/잠이 들어버린 날" 저녁 무렵이 되었을 때 누군가 어린 화자를 깨운다. 잠에서 깨어보니 그 곁에 소나무 두 그루가 서 있었을 것이다. 그 때의 기억이 각인되어 오래 마음속에 간직했던 "아름드리 거북솔 두 그루"가 잊히지 않는다.

유년의 기억들은 자주 끊기는 흑백 필름 같지만 화자의 기억 속에서도 선명한 것은 소나무 아래 잠들었다가 깨어났을 때 곁을 지켜준, 그래서 "꿈속에서 나를 꼭 안아"준 소나무 두 그루 때문일 것이다. 그러므로 수십 년이라는 시간의 간극을 건너 화자는 "어린 내가 어른거리며 눈물이 하염없이 맺"혔던 날의 기억이 아직도 선명한 것이다.

'나무'를 소재로 한 시편들이 대부분 '희생성' '지조' '사랑' '열정' '운명' 등 관념을 해석한 것에 비해 허갑순 시인의 「나무들 86」은 "니한테서 음표가 만져진다"라는 진술에서 보듯 '음악성'으로 환치시켜 노래하고 있다.

> 니 한테서 음표가 만져진다

오래 보고 있어서 음표는 흐느낌이
되었다
눈물이 음표를 지운다
음표들을 만지면 너의 숨결이 느껴지는
그래서 나는 너의 심장박동 소리를
기억한다
나의 둔감한 시선 속에서 느낌표 하나가
음표였음을 감지하는 순간
나는 수런수런 깨어나고 있었다
분주한 너의 목소리가 여기까지 들린다
내가 신이 내리는 손길이라 말한 그 순간
너의 손은 나를 만진
이마 위에서 한참을 머뭇거리다가
작은 동그라미 두 서 너 개 그려놓고
슬그머니 흔적을 지우는
너는 피그말리온처럼
나를 상아조각으로 빚어내어
아프로디테에게 숨결을 얻어 와서
이렇게 푸르게 사랑하는구나
여리고 작은 음표들이 만져진다
나무 나무마다 푸른 음표들이 춤을
춘다.

- 허갑순, 「나무들」 전문

나무를 바라보면 음표가 보인다. 그런데 그 음표들을 오래 보고 있으면 흐느낌이 되기 때문에 화자는 눈물이 나고 그 눈물은 음표를 지운다. 그러나 음표들을 만지면 나무의 숨결이 느껴져 "나는 너의 심장박동 소리를/기억한다" 이윽고 "나는 수런수런 깨어나고" "너의 목소리가 여기까지 들린다" 마침내 성애와 미의 여신인 아프로디테에게서 숨결을 얻어 와서/이렇게 "푸르게 사랑"한다고 고백하기에 이른다. 그러므로 화자는 나무에게서 "여리고 작은 음표들이 만져"지고 나무들에게서 "푸른 음표들이 춤을" 추는 것을 보게 된다. 매우 감각적인 시각으로 나무를 바라보는 시인의 상상력이 인상적이다. 궁극적으로 화자가 나무를 바라볼 때는 나무를 사랑하는 뜨거운 마음이 되어 노래가 들리고 춤추는 모습을 보게 되기 때문이다.

마지막으로 살펴본 전원범의 시인의 「나무처럼 서서……」는 나무처럼 순명하게 살겠다는 다짐에 엿보인다.

호젓한 산길에
들리느니 바람소리 하나 뿐
어디서 누구의 서러운 이야기가
물들어 가는 걸까

지는 잎 하나를 줍다가
문득 눈을 들면
하늘빛이 저리도 고와서
가슴의 마디마디가 아파오누나

어느 머언 산굽이를 돌아가는
여인의 발자국인듯
아아로이 다가오는 추억 같은 것

세월이 내리는 자리에
나무처럼 서서
나 또한

물들어 가리라.

- 전원범, 「나무처럼 서서……」 전문

호젓한 산길에 바람소리만 들린다. "지는 잎 하나를 줍다가/문득 눈을 들면 하늘빛이 저리도 고와서/가슴의 마다 마디가 아파"온다고 한다. 그런 까닭에 "어디서 누구의 서러운 이야기가/물들어 가는"것이 아닐까 생각해 볼 수 있을 것 같다. 이 세상을 오래 살아온 시인의 연륜쯤 되면 고운 하늘빛에 가슴이 아파오고 호젓한 산길에 이르면 누군가의 서러운 이야기가 물들어가는 것도 보게 될른지도 모른다. 이 세상에서 가장 순하고 착한 마음을 지니게 되면, 그래서 가슴 저리는 추억 몇 개쯤 간직한 채 살아왔다면 "아이로이 다가오는 추억"이 "어느 머언 산굽이를 돌아가는/여인의 발자국"처럼 느껴지기도 하나 보다. 특히 때는 가을이어서 단풍잎이 지는 호젓한 산길에서 화자는 나무를 바라보며 "세월이 내리는 자리에/나무처럼 서서" 나무처럼 "물들어가"겠다고 한다.

한국 현대시에 나타난 여수
— 여수(麗水)

『시로 읽는 여수』(2012, 시와사람)는 2012여수박람회 기념 사화집으로 전국의 시인들의 시작품으로 구성된 시집이다. 이 시집은 여수박람회를 기념하기 위해 펴낸 책이긴 하지만 전국의 시인들이 '여수'라는 특정 지역을 주제나 소재로 하여 한 권의 책으로 꾸며진 것은 처음인가 싶다. 그러므로 우리나라 현대시인들의 의식 속에서 여수가 어떻게 자리잡고 있는지를 가늠해 볼 수 있는 좋은 텍스트라고 할 수 있다.

이 시집에는 98편의 시가 수록되어 있다. 그 중에서 '여수'라는 지명이 시 제목에 들어간 작품이 25편이나 된다. 그리고 '오동도' 16편, '동백' 12편, '향일암' 5편의 순서로 시작품이 수록되어 있다. 우리나라 시인들이 여수를 떠올릴 때 '여수'라는 지명과 더불어 '오동도' '동백' '향일암'을 가장 많이 떠올린 것을 알 수가 있다. 이밖에 금오도, 방죽도, 여자도, 사도, 백도, 횡간도, 율촌, 은적암, 손뎅이(봉전리), 남산동 등의 지명이 시인들의 생각 속에 깃들어 있었다.

우리나라 시인들의 생각 속에 '여수'라는 특정 도시에 대한 이미지는 '동백꽃'이라는 붉은 꽃의 이미지가 강하게 박혀있음을 알 수 있다. 또한 여수는 물의 도시답게 '항구' '바다'라는 물의 이미지가 시인들에게 인식되어 있었다. 그리고 '동백꽃'과 '오동도'는 대부분 함께 떠오르는 이미지로 꼽혔으며 해맞이로 이름난 '향일암'도 시인들 생각속에 자연스럽게 스며있음을 알 수가 있었다.

그러면서도 여수의 지리와 풍정, 인심, 바다의 생명성 등을 노래한 시편들이 다수였으며 여수의 상처인 이른바 '여순사건'을 형상화시킨 작품들도 눈에 띄었다.

'여수'를 형상화 시킨 작품세계

먼저 시의 제목에서 '여수'라는 지명이 들어간 작품들을 살펴보면 시인들의 여수라는 도시에 대한 전반적인 인식이나 이미지가 내포되어 있다. 즉 '동백꽃'이나 '오동도' '향일암'은 비교적 그것들이 의미하는 단일주제에 대해 시인의 개인적인 체험이나 의미와 정서가 깃들어 있는 것에 비해 '여수'를 다룬 시작품들은 '여수'라는 공간속에 투사된 역사, 지리, 사회, 문화 전반에 걸쳐 시인들이 관심을 보여준다.

바다를, 품에 안은 여수에서는
바람이, 바다보다 먼저 보인다
바람의, 젖을 물고 있는 섬들과
바람의, 근육으로 다져진 해안
바람의, 등뼈에는 파도 꽃이 하얗게 핀다
바다를, 놓아기르는 여수에서는
바람이, 그물 치고 그물 걷는다
바람은, 향일암 동백꽃을 품에 안고
바람답게, 파도와 몸 섞기도 하지만
바람은, 항구보다 먼저 일어나

바람의, 입술로 뱃고동을 울리고
바람의, 어깨 위로 배를 띄운다
바다를, 놓아 보내는 여수에서는
바람이, 사람대신 통성명 한다
바람이, 사람보다 먼저 흐느끼고
바람이, 사람보다 깊게 출렁인다
바다가, 조바심치는 한 겨울에는
바람이, 눈보다 먼저 녹는다
바람의, 눈물을 받아내는
바다의, 내륙에선 짠 맛이 깊어지지만
바다 속, 녹지 않는 영토를 지닌
바람은, 모두 여수로 와서 죽는다
죽어서 봄 바다로 다시 태어난다

-강영은「여수」전문

이 작품에서는 "여수"가 "바다를 품에 안"고 있다. 뿐만 아니라 "바다를, 놓아 보내"고 "바다를, 놓아 기르"는 공간이다. 이러한 여수에는 바람이 부는데, 여수에 이르면 "바람이, 바다보다 먼저 보"이고, "바람이, 그물 치고 그물 걷는다" 또한 "바람이, 사람 대신 통성명 한다" 이 바람은 여수 해안을 근육질로 다지기도 하고, "향일암 동백꽃을 품에 안고" "파도와 몸 섞기도" 한다. 이러한 바람은 "항구보다 먼저 일어나" "입술로 뱃고동을 울리고" 배를 띄운다.

주지하다시피 '바람'이라는 자연현상은 대기의 흐름을 말한다. 이 바람은 내륙보다도 바닷가 항구에 더 거세게 분다. 그래서 바람이 마치 자신이 여수의 주인이라도 되는 듯 "사람 대신 통성명"하고, "사람보다 먼저 흐느끼고" "사람보다 깊게 출렁인다" 그러므로 이 작품 속의 바람은 자연현상의 바람이면서도 '여수 사람'의 은유이고 '여수' 자신이기도 하다.

강영은의 「여수」는 바다를 끼고 살아가는 여수 사람들의 삶과 운명을 노래했다. 이에 반해 김종안의 「여수항」은 지극히 눈에 보이는 여수의 지리와 역사, 그리고 그 안에서 살아가는 여수 사람들의 삶을 객관적인 시각으로 그려냈다.

소백이 남으로 달리다
섬진을 건너 뛰고
반도의 끝자락
종고산에 와
우뚝 멈추어 선 곳.

임진년
쓰러지는 조국을
온몸으로 일으켜 세우고
여순사건의 아픔을 말없이 웅변하며
의연히 앉아 있는
여수항.

여기
오동도 동백꽃보다 더 붉은
충무혼을 보듬고
겨울 눈 속에 오히려 푸르른 보리싹처럼
살아가는 사람들.

신새벽

아직 여명이 눈뜨기 전
밤새 남해를 헤쳐온 어선들이
부두에 닻을 내린다.
어시장에 부려지는
푸르디 푸른 몸짓들.
어부들은 잠시
아침의 시장기마저 잊는다.

좌판을 앞에 놓고
인정을 퍼주는
아낙네들의 남도 사투리가 정겹고
몇 잔 해장술에
진한 농담을 던지던
억센 사내들도
하나 둘 귀가를 서두른다.

-김종안, 「여수항」 전문

전라남도 동부지역에 위치한 '여수'는 소백산맥이 남쪽으로 뻗어 섬진강을 건너 뛰어 종고산에서 멈춘 곳이다. 그래서 시인은 "소백이 남으로 달리다/섬진을 건너 뛰고/반도의 끝자락/종고산에 와/우뚝 멈추어 선 곳."이라고 여수의 지리적 환경을 그려냈다. 두 번째 연에서는 "임진년/쓰러지는 조국을/온 몸으로 일으켜 세우고/여순사건의 아픔을 말없이 웅변하며/의연히 앉아 있는/여수항."이라고 노래하는데, 임진왜란 때 전라좌수영이 설치되었던 여수를 중심으로 이순신 장군이 나라를 구했던 구국의 역사를 상기시킨다. 더불어 1948년에 여수와 순천에 주둔해 있던 14연대가 제주 4 · 3사건의 진압을 거부하며 군사를 일으킨 사건 때 죽어간 여수 사람들의 아픔을 노래한다.

이 작품은 우리가 알고 있는 여수에 대한 생각, 즉 '이순신 장군' '동백꽃'의 이미지와 의미를 드러내며 그것들의 혼을 이어받은 여수 사람들이 살아가고 있음을 노래한다. 더불어 항구도시 여수 새벽시장의 활력과 이곳에서 살아가는 사람들의 삶을 들여다본다. '항구도시' '이순신' '여순사건' '열심히 살아가는 어시장 사람들'을 버무려 여수의 이미지와 의미를 그려낸다.

김종안의 「여수항」은 여수를 종합적으로 그려내고 있지만, 문인수의 「여수는 바다다」는 '바다의 도시 여수' '항구의 도시 여수'를 그려낸다.

어느 날 또 문득 돌아 보이는 데가
돌아 보여서 참 아름다운 데가
아름다워서 그리운 데가
그리워서 항구인 데가
여기, 여수다.

여수는 바다다.

그대, 배 대고 심호흡으로 보라.
살아서 부드럽게 꿈틀대는 무진장한 갯벌이, 푸른 연안이
그대와 더불어 숨 쉬는 데가
여기, 여수다.

-문인수, 「여수는 바다다」 전문

화자는 "돌아 보이는 데가/돌아 보여서" "참 아름다운 데가/아름다워서" "그리운 데가/그리워서 항구인 데가" "여기, 여수다."고 여

수의 의미를 밝힌다. "참 아름다운 데가/아름다워서" 다시 바라보는 곳이 여수라고 화자는 "어느날 문득" 여수를 그리워 한다. 그만큼 화자에게 여수가 "돌아 보여"지고, '아름답고' '그리운 곳'이다. 여수는 "살아서 부드럽게 꿈틀대는 무진장한 갯벌이, 푸른 연안이/그대와 더불어 숨 쉬는 데가/여기, 여수" 이기 때문이다. 즉 '여수'는 "갯벌"과 "연안"이 있는 것인데, "살아서 부드럽게 꿈틀대는" 공간이다. 뿐만 아니라 "그대가 더불어 숨 쉬"고 있기 때문에 더욱 의미가 있다. 이는 여수가 '삶의 공간' '생명의 공간' 또는 '원초적인 공간' '시원의 공간'인 바다가 함께 하고 있는 까닭이다.

그러므로 시인은 "여수는 바다다"라고 외친 것인데, 주지하다시피 바다는 '생명의 공간' 뿐만 아니라, '영원' '무한의 영역' '하나됨' '미지의 세계가 열리는 곳'을 함의한다. 특히 육지의 강물이 바다에서 하나되는 공간이어서 화자는 "그대와 더불어 숨쉬는 데"가 "여기, 여수"여서 '돌아 보이고' '아름다워서 그리운' 것이다.

다음의 「여수떡」은 좋은 여수 사람을 통해 여수를 기억하게 한다.

> 40년만에
> 반백이 되어 고향에 돌아왔더니
>
> 눈이 침침한 동네 어르신들
> 몰라보신다
>
> 여수떡 아들이라고
> 셋째라고 귀에다 고함을 지르자
> 끄덕끄덕 하신다

그려, 여수떡, 사람 참 좋았는디……

이 풍신도 아들이라고
떡두꺼비 낳았다고
중흥 바닷가 외할매가 보내준 미역,
국 끓여 드셨겠지
땀 훔치며 드셨겠지

-유용주, 「여수떡」 전문

화자는 고향을 떠나 살다가 "40년만에/반백이 되어 고향에 돌아왔"다. 그러자 "눈이 침침한 동네 어르신들/몰라보신다" 화자가 동네 어르신들에게 자신이 "여수떡" 아들이라고 밝히자 어르신들이 고개를 끄덕인다. 그리고는 "그려,여수떡, 사람 참 좋았는디……" 말하며 화자의 어머니인 여수떡을 떠올린다. 화자가 세상에 태어났을 때 "떡두꺼비 낳았다고" 좋아들 하셨던가 보다. 그래서 "중흥 바닷가 외할매가 보내준 미역"을 땀 뻘뻘 흘리며 어머니는 끓여 드셨는가 싶다.

이 작품 속의 어머니는 밝힌 것처럼 참 좋은 사람이었던 것 같다. 그래서 어디를 가든지, 누구를 만나든지 자신이 "여수떡"이라고 밝혔을 것이다. 마을 어르신들에게 "여수"는 특정지역의 지명이면서도, 좋은 사람을 떠올리게 하는 사람 이름이었다.

이 작품은 시인의 개인적인 체험을 시로 형상화한 것으로 품성이 좋은 사람은 자신이 태어난 고장까지도 빛내주는 사례를 보여준다.

몇몇 '여수'라는 지명이 들어간 시 제목의 작품을 살펴본 것에서처럼 '여수'가 물의 고장인 까닭에 물과 관련된 이미지나 의미를 내포한 작품들이 많았다. 그리고 여수의 지리와 환경, 역사를 들여다보는 작품들도 눈에 많이 띄었다. 뿐만 아니라 개인적인 체험을 통해 '여수'에 대한 따스한 이야기가 배태되어 '여수'가 마음이 훈훈하곶 정이 깊은 사람들이 사는 고장임을 말해준다.

앞에서 밝힌 것처럼 여수를 노래한 시편들 중 '동백'을 노래한 시가 12편, '오동도'를 소재로 한 작품이 16편으로 시인들의 관심 속에 많았다. '항일암'을 떠올린 시 작품도 5편이나 있었다. 그러므로 '동백'과 '오동도'를 소재로 한 시편 몇 편을 성격별로 살펴보도록 한다.

'오동도' '동백'을 형상화시킨 작품세계

이 작품집에 실린 김영애의 「오동도, 경매에 부치다」에 의하면 오동도가 오래 전에 암암리에 매물로 나왔다고 한다. 짐작컨대 제1공화국 때인 것 같은데, "여수의 한 갑부가 사겠다고 했으나/제1공화국이 무너지면서 밀약은/공약이 되고 말았다"는 것이다. 이러한 기억을 지닌 여수 사람들은 38,000평의 오동도를 "누군가 떠메 갈까 전전긍긍하다//단단히 매어놨"다는 것이다.

이렇듯 아픈 기억을 간직한 오동도는 여수 사람들의 정이 깊은 섬이다. 오동도는 정이 넘치는 이웃이며, 가족이며, 친구이다.

여수 앞바다엔
전라도 사투리 같은 섬이 하나 떠있다.
어느 한 군데 모나지 않은 전라도 사투리 같은
섬, 오동도

오동도 시누대 숲길로 들어서면
'그렁께 그렁께' 맞장구치는
정겨운 사투리가 바람소리로 흘러나오고

숲길, 나무 가지 사이사이론
'아따 좋소잉'처럼 맑은 소리의
햇살이 내린다.

'그런당가 그런당가'
서로를 보듬어주는
넉넉하고 푸근한 나무 그늘,
그 숲길을 오르면
'오오메, 오오메,' 감탄사처럼
붉은 동백꽃이 피어나고
계단을 내려가 바다에 이르면
용굴 저 깊은 곳에서는
'어쨔야 쓰까잉, 어쨔야 쓰까잉'
애가 타는 이야기도 흘러나온다.

모난 바위에 와 온몸을 부딪치면서도
오랜 만에 만난 친구에게
'밥은 묵고 댕기냐'며 오히려 안부를 묻는 파도,
객지로만 떠돌던 나는
그만 눈이 시큰해진다.

남도 끝 여수 앞 바다에는
전라도 사투리 같은, 정 깊은 섬이 하나 떠 있다.

-박상천, 「오동도」 전문

"여수 앞바다엔/전라도 사투리 같은 섬이 하나 떠있다." 이 섬은 "어느 한 군데 모나지 않은 전라도 사투리 같은/섬"이다. 그러므로 "시누대 숲길로 들어서면/'그렁께 그렁께' 맞장구치는/정겨운 사투리가 바람소리로 흘러나"온다. 오동도 숲길 내리는 햇살은 "아따 좋소잉" 하는 소리로 내린다. 이밖에 "그런당가 그런당가" "'오오메, 오오메,' 감탄사처럼/붉은 동백꽃이 피어나고" "'어째야 쓰까잉, 어째야 쓰까잉'/애가 타는 이야기도 흘러나온다." 심지어 파도조차 "밥은 묵고 댕기냐"고 안부를 묻는다. 다시말해 "남도 끝 여수 앞 바다에" 떠 있는 오동도라는 섬은 전라도 사투리이다. 이 전라도 사투리에는 깊은 정이 배어있는데, 바람소리, 숲길의 나무사이, 동백꽃이 피는 모습으로, 바닷가 바위에 부딪치는 파도 등 오동도의 모든 것이 서로 맞장구 치고, 서로를 보듬어 주고, 안부를 걱정해 주는 여수 사람들의 마음이 사는 집이다. '오동도'라는 공간을 통해 여수 사람들의 따스하고 깊은 정을 형상화 한 것이다.

저 섬에 가야 한다
제 몸에 동백 피워
스스로 사랑이 된 섬
그대를 누구보다도 사랑한다는
꽃말의 속삭임 들어야 한다

제 속에 시누대 키워
스스로 정절을 지키는 섬
그대의 심장에 박히고 싶다는
대쪽 같은 고백을 해야 한다

폭풍우 몰아쳐도 가야 한다
저 다리를 건너야 한다
등댓불 꺼지기 전
동백꽃 뚝 떨어지기 전

시누대 구슬피 울기 전에
가서 내가 섬이 되어야 한다
너와 나의 섬
오동도가 되어야 한다

-오시영, 「오동도」 전문

오시영의 「오동도」는 오동도를 "스스로 사랑이 된 섬"이라고 한다. "제 몸에 동백"을 피웠기 때문인데, 그것은 동백꽃의 꽃말처럼 "누구보다도 사랑한다"는 메시지를 전하고 싶은 까닭이다.

'섬'이라는 공간을 '고독' '소외' '격리' '단절'을 의미한다. 뿐만 아니라 '도시' '육지'와는 대립되는 개념이기도 하다. 오늘날 '도시'는 자본문명에 인간이 소외되고 있는 공간으로 전락해버렸다. 그런 측면에서 오히려 '섬'은 자연 그대로 훼손되지 않은 공간을 상징하기도 한다. 그러므로 '섬'은 '생명의 공간', 또는 '치유의 공간'이랄 수 있다.

붉게 꽃을 피우는 '동백'을 제 몸에 피워 "스스로 사랑이 된 섬" 오동도의 상징성은 동백꽃의 의미를 충분히 드러낸다. 여수를 상징하는 꽃이 '동백'인 것과 무관하지 않다.

오동도에는 동백과 더불어 시누대가 자라고 있다. 오동도에 얽힌 시누대 전설 속의 '정절'을 화두로 삼아 "그대의 심장에 박히고 싶다"는 "대쪽같은 고백"을 말한다. 다시말해 오동도가 동백을 피우고, 시누대를 키우는 것은 "그대를 누구보다도 사랑"하고 "정절을 지켜" "그대의 심장에 박히고 싶"은 순정함을 간직하고 있기 때문이라는 것이다.

그렇기 때문에 화자는 육지와 섬을 잇는 다리를 건너 오동도라는 섬이 간직한 순정한 사랑의 메시지를 들어야 한다. 이때 오동도라는 섬은 '소외' '고독' '격리'의 공간이 아니라 '치유'와 생명을 지닌 '생명'의 공간이 될 수 있다. 그래서 "너와 나의 섬/오동도가 되어야 한다"고 말하는 것이다.

'오동도'가 정절의 섬이 될 수 있었던 것은 앞에서 살펴본 것처럼 '동백'이 집단으로 자생하고 있기 때문이다.

오시영의 「오동도」에서 보았듯 사람들이 여수를 떠올리면서 여수의 상징이랄 수 있는 오동도를 오동도와 동백을 함께 생각하는 것을 알 수 있다는 오동도와 동백이 한 몸인 까닭이다.

송찬호 역시 여수를 생각하며 오동도와 동백꽃을 떠올린다.

지금 여수 오동도는
동백이 만발하는 계절
동백 열차를 타고 꽃 구경 가요
세상의 가장 아름다운 거짓말인 삼월의 신부와 함께

오동도, 그 푸른
동백섬을 사람들은
여수항의 눈동자라 일컫지요
우리 손을 잡고 그 푸른 눈동자 속으로 걸어들어가요

그리고 그 눈부신 꽃 그늘 아래서 우리 사랑을 맹세해요
만약 그 사랑이 허튼 맹세라면 사자처럼 용맹한
동백들이 우리의 달콤한 언약을 모두 잡아먹을 거예요
말의 주춧돌을 반듯하게 놓아요 풀무질과 길쌈을 다시 배워요

저 길길이 날뛰던 무쇠 덩어리도 오늘만큼은
화사하게 동백 열차로 새로 단장됐답니다

삶이 비록 부스러지기 쉬운 꿈일지라도
우리 그 환한 백일몽 너머 달려가 봐요 잠시 눈 붙였다
깨워나면 어느덧 먼 남쪽 바다 초승달 항구에 닿을 거예요

-송찬호, 「동백열차」 전문

"지금 여수 오동도는/동백이 만발하는 계절"인데 "동백열차를 타고 꽃구경 가"잖다. 사람들은 오동도를 "여수항의 눈동자라 일컫"는다고 한다. 눈동자는 세상을 볼 수 있고, 사람의 마음을 들여다 볼 수 있는 창이다. 그래서 화자는 "우리 손을 잡고 그 푸른 눈동자 속으로 걸어들어가"자고 한다. 푸른 눈동자가 되어 세상과 사람을 바라보면 어떤 모습일까. 당연히 아름다운 세상이 펼쳐질 것이다. 그런 아름다운 마음으로 "우리 사랑을 맹세"하잖다. 그런데 "그 사랑이 허튼 맹세라면 사자처럼 용맹한" 오동도의 "동백들이 우리의 달콤한 언약을 모두 잡아먹을" 것이라고 한다. 그러므로 참된 사랑의 맹세를 위해서 "말의 주춧돌을 반듯하게 놓"고 "풀무질과 길쌈을 다시 배"우자고 한다. 이렇듯 사랑의 섬 여수로 오동도로 가기 위해 "무쇠 덩어리"의 열차가 아닌 부드럽고 아름다운 "동백열차로 새로 단장됐"다는 것이다. 우리의 삶은 자꾸 부스러지는 꿈을 꾸지만, 그 꿈 밖으로 잠시 눈을 붙여 보자고 한다. 여수 오동도는 꿈이 자꾸 깨지는 현실 속에서도 다시금 꿈 너머에 있는 아름다운 꿈을 꾸어보자는 메시지를 보낸다. 그런데 그 꿈이 "깨어나면 어느덧 먼 남쪽바다 초승달 항구에 닿을 거"라고 한다. 화자에게 여수 오동도가 꿈을 이뤄줄 수 있는 사랑의 공간이라는 인식 때문이다.

시인은 동백꽃의 섬인 오동도를 현실에서 지친 사람들을 위무해주는 장소로 환치시켜, 오동도는 사랑과 꿈이 살아있는 공간으로 재탄생시킨다.

이민숙의 「동백, 기억들」은 동백에 대한 전통적인 정서를 새롭게 변용시킨 작품이다.

> 동백은 따스한 봄바람 때문에 피어나는 게 아니다
> 삭풍에 매 맞던 기억으로부터 깨어난다
> 꽃이 자지러지는 향기로 생식기를 열어젖히는 까닭은
> 눈 속에서도 죽어 얼지 않았다는 어기찬 선언이다
> 지금 그대의 감미로운 노래도 그러하다
> 그건 전율로부터의 몸부림이다
> 툭, 끊어진 하룻바람의 목숨, 서글퍼하지 않으리라
> 개골창에 발 담근 민들레같은 그대
> 연민마저 보내지 않으리라
> 살얼음 녹이는 몸짓이여! 그것으로 족하다
> 매서운 바람도 꿇어앉은 채 품어 안아 보리라
> 파리하게 높게 아프게
> 몽글몽글 솟아나는 여러 기억들
> 슬금슬금 피해가지 않으리라.
>
> -이민숙, 「동백, 기억들」 전문

옛부터 선조들은 '동백'을 그림 속에 자주 등장시켰다. 겨울 눈 속에서 붉은 꽃을 피워 올리기 때문이다. 모든 꽃들이 추위 때문에 땅 속에서 움츠리고 있을 때 불길같은 꽃망울을 터트리는 동백의 기상은 선비정신과 다름 없었다. 그렇기 때문에 군자로 일컬어 마음에 새겨두고자 그림으로 자주 그렸던 것이다. 꽃들이 따스한 기운에 피어나지만 한겨울에 피어나는 "동백은 따스한 봄바람 때문에 피어나는 게 아니다/삭풍에 매 맞던 기억으로부터 깨어난다" 나무의 생식기라고도 하는 꽃을 "열어 젖히는 까닭은/눈 속에서도 죽지 않았다는 어기찬 선인"인 것이다. 또한 동백꽃의 열정이 깃들어 보이는 붉은색의 노래가 감미로운 것은 "그건 전율로부터의 몸부림이"기도 하다. 그러다가 바람에 꽃이 떨어져도 슬퍼하지 않을 것이고, 연민마저 보내지 않을 것이라고 화자는 다짐을 한다. 다만 동백꽃이 뜨겁게 "살얼음 녹이는" 것과 "매서운 바람도 꿇어앉은 채 품어 안아"볼 것이라고 한다. 동백꽃을 생각할 때 아픈 기억들이 있지만 화자는 결코 "슬금슬금 피해가지 않으리라"고 스스로에게 다짐한다. 한 겨울에 스스로 피어난 동백꽃의 꿋꿋하고 당당한 기상이 오히려 화자를 위무하고 있는 것이다.

이 작품은 여수 오동도의 동백을 염두에 두고 노래한 것이라고 보기 힘들지만 여수 인근에 사는 시인의 정서상 오동도의 동백꽃을 연상시키기에 알맞다. 그러므로 여수 오동도의 동백꽃에 대한 새로운 의미를 더해준다고 볼 수 있다.

여수의 역사를 드러낸 작품세계

많은 사람들이 여수를 생각하면서 여순사건을 떠올려왔다.

1948년 10월 19일, 여수에 주둔해 있던 국방경비대 제14연대 소속 군인들이 제주 4 · 3항쟁의 진압을 거부하고 반란을 일으켰다. 스스로의 힘으로 식민지사회의 모순을 극복하지 못했기 때문에 해방 이후 친일파 처단을 비롯해 토지개혁 등 민중의 과제를 해결하려고 지도자들이 민족해방운동에 앞장을 서 왔다. 그러나 이승만 세력들이 기득권을 유지하려고 남한만의 단독정부 수립을 하려고 분단정권을 획책하였다. 이를 저지하기 위한 사건이 1948년 제주 4 · 3항쟁이었다. 그러나 제주로 향하려던 14연대 소속 군인들이 진압을 거부하고 여순봉기를 일으켰다. 이로 인해 1948년 10월 이후 1950년 10

월까지 여수 · 순천을 비롯해 전라남북도와 경남 일부의 민간인들이 큰 피해를 입은 사건이 여순사건이다. 오랫동안 반공이데올로기로 인해 '여순반란사건'이라는 오명을 뒤집어쓰기도 했다. 그러므로 이 사건을 기억하는 많은 사람들은 '여수'와 '여순사건'을 연계해서 생각하게 되었다.

강경호의 「여수 생각」은 역사에 희생된 어느 형제의 상처를 형상화시킨 작품이다.

> 해방된 지 두서 해 지난 가을이었던가
> 작은아버지, 영문도 모른 채 반란군이 되었다
> 좌우도 모르는 열아홉 살 소년이
> 진압군에 쫓겨 총칼 모두 벗어둔 채
> 엉겁결에 승주 어느 산골로 몸을 숨겼다가
> 14연대 황색옷을 입은 탓에 붙잡혔는데
> 대전, 서대문, 부평형무소로 옮겨다녔다는 것이다
> 아버지는 아우를 백방으로 찾아다녔는데
> 부평형무소에서 수염이 텁수룩하게 자라
> 몰라볼 뻔 했다는 것이다
> 작은아버지 때문에 우리가족 전기고문을 당했는데
> 젊은 시절 아버지는 늘 머리가 아프곤 했다
> 어린시절 아버지의 두통약을 사다드릴 때마다
> 작은아버지가 왜 빨갱이인지 몰랐다
> 평생 불화했던 형제가
> 1948년 10월, 여수의 기억을 아는지 모르는지
> 지금은 선산에 나란히 누워있는데
> 나는 선산에 갈 때마다 여수가 생각나는 것이다.
>
> -강경호, 「여수 생각」 전문

화자는 선산에 나란히 누워있는 아버지와 작은아버지의 무덤을 보면 여수가 생각난다. 오래된 집안의 상처가 도지는 순간이다. "작은아버지, 영문도 모른 채 반란군이 되었다" 좌익이나 우익이 무엇인지도 모르는 "열아홉 살 소년"이었지만 그가 소속한 부대가 반란군이 된 까닭에 자신도 반란군이 될 수밖에 없었다. 결국 붙잡혀 감옥에 갇힌다. 화자의 "아버지는 아우를 백방으로 찾아다"니다가 마침내 "부평형무소에서 수염이 텁수룩하게 자라"있는 아우를 만나게 된다. 그런데 그 동안 가족은 실로 크나큰 수난을 당했다. 이른바 빨갱이 집안이라는 비난과 더불어 "전기고문을 당했"다. 그 후유증으로 형제는 평생을 반목하며 산다. 화자는 어린시절 전기고문으로 머리 아픈 아버지의 두통약을 사다드려야 했다. 그러면서 화자는 왜 자신의 집안이 이러한 고통을 당해야 하는지를 잘 몰랐다. 1948년에 일어난 여순사건이지만 이 작품은 수십 년이 지난 후까지도 상처가 아물지 않은 여순사건의 비극을 통해 우리 민족의 상처뿐만 아니라 어느 가족의 상처까지 드러내고 있다.

다음의 박두규의 「1948년 10월, 여수」 역시 우리 근현대사의 비극인 여순사건을 시로 형상화하였다.

> 일천구백사십팔 년 시월의 여수는
> 지금도 고스란히 오동도에 갇혀있다.
> 경찰서의 담벼락에 쏟아지던 총성과
> 여수 국민학교 운동장의 비명소리
> 그 동백꽃 붉은 세월은
> 모두의 가슴 속에 암매장 되어
> 아직도 여수 발 새벽열차는 떠날 수 없다.
> 상처 하나 없는 고운 꽃송이

몸뚱이 째 뚝뚝 떨어지며
동백꽃 서러운 세월이 가고
그 세월 다시 새 봄으로 피어나도,
일천구백사십팔 년 시월의 여수
그 설움은, 한 치도 오동도를 떠날 수 없다.
하지만 이제는 우리가 그 빗장을 풀어야 한다.
네가 나의 오라를 풀고, 내가 너의 차꼬를 풀어
반 백 년 묶여있던 여수 발 새벽열차를
기적소리 울리며 떠나게 해야 한다.
오동도에 갇혀 있는 동백꽃 붉은 세월을
이제는 우리가 풀어 주어야 한다.

-박두규, 「1948년 10월, 여수」 전문

화자는 여순사건이 여전히 "지금도 고스란히 오동도에 갇혀있다"고 인식한다. 그때 "경찰서의 담벼락에 쏟아지던 총성과/여수 국민학교 운동장의 비명소리"가 들렸는데 그것은 무지막지하게 학살당한 사람들이 흘린 피가 오동도의 동백꽃으로 피어나고 있기 때문이다. 그러므로 오동도의 동백꽃은 아름다운 사랑의 상징도 그 무엇도 아닌 피가 현현한 것이라고 인식한다. 그렇기 때문에 "그 동백꽃 붉은 세월은/모두의 가슴 속에 암매장 되어/아직도 여수 발 새벽열차는 떠날 수 없"는 것이다. "동백꽃 서러운 세월이 가고/그 세월 다시 새 봄으로 피어나도,/일천구백사십팔 년 시월의 여수"가 간직한 설움은 "한 치도 오동도를 떠날 수 없"다. 그런데 화자는 "이제는 우리가 그 빗장을 풀어야 한다."고 한다. 형제의 가슴에 서로 죽창을 찌르고 총을 쏜 까닭에 서로에게 오라를 묶은 셈이다. 그래서 서로를 억압했었는데, 빗장을 풀고, 오라를 풀어줄 때 비로소 "모두의 가슴

속에 매장된" 피비린내 나는 상처에서 자유로워질 수 있는 것이다. 그랬을 때 1948년 10월에 떠나지 못한 새벽열차가 아픔을 훨훨 털어버리고 상처가 없는 세계로 여수가 떠날 수 있는 것이다. 오래된 여수의 상처를 극복하기 위한 대안으로 시인은 서로를 용서하고 사랑하자는 메시지를 이 작품을 통해 말하고 있다.

희망과 치유의 문학
— 장애인 문학

2020 지역장애인 문화예술지원사업은 장애인 문학인에게는 오랜 가뭄 속에서 내리는 단비와 같다. 필자는 장애인문학의 열악한 사정을 너무도 잘 알기에 이번 사업은 참으로 의미있고 가치있는 장애인 문학축전과 같다.

흔히 기독교문학, 불교문학, 또는 공무원문학, 장애인문학이라고 불리우지만 구분지어서 말할 필요는 없다. 모두가 문학(文學)이라는 이름으로 포용되기 때문이다. 그러므로 여기에서는 편의상 장애인문학이라고 부른다.

장애인문학이란 장애를 가진 사람들이 자신들의 삶을 문학적으로 형상화하거나 반드시 장애인이라고 해서 장애와 관련된 문학을 해야 할 필요는 없다. 그리고 굳이 말하자면 장애인이 아닌 사람들이 장애인의 삶을 글로써 형상화시켰다면 이러한 작품도 장애인문학의 범주에 들 것이다.

이번 사업에 참여하는 광주 장애인 문학인은 10명으로 시, 시조, 동화, 수필 각각 1명씩 그리고 소설이 2명이다. 이 분들의 작품은 시조시인으로 각광받는 강경화 시인도 있지만 대부분 소박하게 자신의 문학을 일구고 있는 작가들이다.

문학을 비롯한 모든 예술은 결핍에서 시작된다. 그렇다면 시인, 소설가 등 문인들의 작품도 결핍, 즉 장애를 극복하고자 작품을 쓴다. 육체적인 장애만이 장애가 아닌 까닭에 모든 작가들 또는 자신의 결핍, 또는 우리 사회가 지닌 결핍을 문학적으로 형상화시켜 치유하고자 한다. 이번에 발표하는 작품들 또한 작가들의 결핍으로 인한 여러 가지 삶의 모습들을 보여주고 있어 이 책을 읽는 사람들이 공감하여 장애를 가진 사람이든 그렇지 않은 사람이든 모든 사람들에게 보다 나은 삶을 위한 디딤돌이 되기를 기대한다.

시적 상상력의 참신함과 긍정의 시각

강경화 시인은 앞에서 밝혔듯이 유능한 시조시인이다. 일반 작가들처럼 장애의 굴레를 벗어나 사물의 진실을 포착하고 그것들을 탁월한 비유를 통해 아주 절제된 언어로 사물의 이미지를 아주 선명하게 형상화시킨다. 특히 그의 시편들은 대부분 의인화법을 시켜 생명의 호흡을 불어넣는데 능숙하다. 마침 「자벌레」, 「도마」는 필자의 시 제목이기도 한데 말하는 방식도 다르고 의미도 다르다. 필자는 「자벌레」에서 "헐벗은 지구를 한 땀 한 땀 바느질한다"고 했지만 강경화 시인은 "팍팍했을 옹이의 시간까지 읽으며 간다"고 했고, 필자는 「도마」에서 "온 몸으로 칼을 맞받으면서도 식탁에 더운 밥을 올린다"고 했다. 그렇지만 강경화 시인은 "눈물을 받는 일은/상처 하나 키우는 일"이라고 했다. 보았듯이 강경화 시인은 사물을 섬세하게 관찰하고 자신만의 언어로 개성있는 작품을 형상화시키는 상상력이 기존 시인들에게 뒤지지 않는다. 보다 구체적으로 그의 「자벌레」를 본다.

참나무의 까마득한 우듬질 향해 자벌레 간다//팍팍했을 옹이의 시간까지 읽으며 간다//마음에 닿은 글귀에 그어지는 초록색 밑줄//생각이 필요할 땐 서슴없이 멈춰 서서//더듬더듬/하늘 한번/바람 한번/보고 간다//끝까지 다 읽으려면/아직도/한참이다 - 강경화, 「자벌레」 전문

몸을 구부렸다가 펴면서 움직이는 자벌레가 참나무 줄기를 기어가면서 "팍팍했을 옹이의 시간까지 읽으며 간다"고 한다. 세상 살아가는 것이 팍팍한 것처럼 자벌레가 가는 길도 평탄하지 않음을 읽어내고 있는 것이다. 그리고 자벌레가 기어가는 참나무를 하나의 '책'으로 인식하는 모습이 놀랍다. 그렇기 때문에 "더듬더듬/하늘 한번/바람 한번/보고 간다"고 한다. 쉽지 않는 길을 가다가 잠시 쉬어가다가 하늘을 쳐다보며 간다. 자벌레의 길이 인간이 가는 길과 다름이 아님을 묘파하고 있는 것이다. 이처럼 강경화의 시편들은 깊고 다양한 상상력을 통해 하찮은 자벌레의 걸음에서 참신하고 개성있게 보편적인 인간의 삶을 비유적으로 형상화시키는 것이다.

따스한 인정과 장애인의 삶

김경원의 시편들은 거개가 타자를 따스하게 끌어안는 훈훈함이 느껴진다. 그의 작품들은 언어를 비틀거나 꼬지 않고 정직하게 서술하는 형식이다. 무기교의 기교가 오히려 담백한 정서를 자아내며 작품의 진정성을 지녀 설득력을 갖는다. 「12월의 기도」에서 눈 내리는 것을 하늘이 주는 축복으로 인식하여 "모두가 행복하길…/오늘밤 두 손 모아 기도"한다는 것과 「불의 의미」에서 "밝음과 따뜻함을 주는/사람이 되었으면 좋겠다"다고 한다. 「너는 나에게」에서도 "너는 그 보석 중에/가장 존귀한 보석"이라고 한다. 이처럼 그의 시편들은 나 아닌 타자에게조차 따스한 인정의 손길을 보낸다.

석공이 나에게 그랬어//세상엔 쓸모없는/존재는 없다고//하찮은 저 돌도 언젠가는/귀하게 쓰여 질 거라고//석공이 너의 못난 부분을 깎아내어/석공이 너의 못난 부분을 다듬어내어/예쁘고 아름다운 보석이 되어 있을 거라고//석공이 너에게 그랬듯/이 세상엔 어느 누구도/쓸모없고 보잘 것 없는/존재는 없어… - 김경원, 「석공이 나에게」 전문

석공이 화자에게 '쓸모없는 존재는 없다'고 한다. 석공이 돌을 다듬어 아름답게 하듯이 "석공이 너의 못난 부분을 다듬어내어/예쁘고 아름다운 보석이 되어 있을 거라고" 말한 것처럼 "이 세상엔 어느 누구도/쓸모없고 보잘 것 없는/존재는 없"다고 한 것에서 조금 유추하면 다른 사람들과 조금 다른 장애인들 모두가 쓸모있고 아름다운 사람이니 절망하지 말라고 말하는 것으로도 이해가 된다.

김형국 시인은 목회자이며 장애인 인권교육활동가여서 장애인들의 인권과 권익을 향상시키는데 앞장서고 있다.

물이 가득찬 컵 앞에서/작아집니다.//한 손으로 들수 없고/두 손으로도 들수 없어서/고개를 숙이며/온 힘을 다하여 대합니다.//어쩌면,/평생 움츠리며/살아갈 줄을 모르겠습니다. - 김형국, 「물컵」 전문

누구나 쉽게 물컵을 들고 물을 마실 수가 있다. 그러나 지체장애인들 중에는 "물이 가득찬 컵 앞에서/작아"질 수밖에 없다. 경우에 따라서는 "한 손으로 들수 없고/두 손으로도 들수 없어서/고개를 숙이며/온 힘을 다하여 대"하는 사람도 있다. 김형국 시인의 경우 장애가 심해 물이 가득찬 컵 앞에서 쩔쩔매는가 싶다. 흔히 장애는 그저 '다름'일 뿐이라고 하지만, "어쩌면,/평생 움츠리며/살아갈 줄을 모르겠"다고 고백한다. 시인의 개인적인 체험을 그린 작품으로 장애를

가진 사람들의 아픔일 수도 있겠다는 생각이 든다. 이 작품은 김형국 시인의 삶의 한 면을 보는 듯하지만, 이뿐만 아니라 장애인의 아픔을 이해할 수 있는 작품이다.

이밖에도 김형국 시인은 「사람입니다」에서 "모습이 다를 뿐,/모습이 다르다고 하여/장애인이라고 부"르는 현실을 역설적으로 비판하고, 「권리 찾기」에서는 화자가 초등학교에 '장애인 인권교육'을 하러 갔다가 학생 하나가 "말이 이상하다"고 하는 말에서 "이상하게 말한 것이 아니라/다를 뿐"이라고 말하며 장애인도 떳떳하고 당당한 사람임을 인식시키고 있다.

정향기의 작품 또한 장애인의 삶을 긍정으로 인식하려 하지만 그러나 자의식 속에서 남들과 다른 자신의 처지에서 장애인이 안고 살아가야 하는 아픔을 솔직하고 담백하게 고백하고 있다.

> 언제인가/거울에 비친/뒤틀어진 내 모습이/너무 싫어 깨어버린/허상의 잔재가 꿈틀댄다.//세상이 흔히 말하는 장애인/또 하나의 내 이름이다./그래서 더 밝은 척/아무렇지 않은 척 했는지도,/아니 그랬었다.//어쩜 숨기고 싶었던/장애가 날 여기까지 오게 했는지도/그럴런지도 모르겠다. - 정향기, 「어떤 하루」 중에서

뇌병변 장애인이라면 한번쯤 "거울에 비친/뒤틀어진 내 모습이/너무 싫어 깨어" 버리고 싶은 기억이 있을 것이다. 그래서 장애인은 그저 '다름'일뿐 '보통사람'이라고 생각하기까지 많은 아픔이 있었을 것은 당연하다. 그래서 세상에서는 '장애인'이라고 자신의 또다른 이름으로 부른다고 생각도 했을 것이다. 이를 극복하기 위해 "더 밝은 척/아무렇지 않은 척 했"다고 고백한다. 그러면서도 "숨기고 싶었던/장애가 날 여기까지 오게 했"을 것이라고 한다. 이러한 이야기

는 정향기 시인만의 이야기는 아닐 것이다. 이러한 이유는 세상 사람들이 장애인을 바라보는 왜곡된 편견에서 기인한 것이다. 우리는 시인의 솔직한 고백에서 그들의 아픔을 공감하지 않을 수 없다. 이러한 아픔은 「아버지의 등」에서도 느낄 수 있는데, 어린 시절 아버지의 넓은 등에 업혀 다녔던 기억과 얼마전 다시 아버지의 등에 업혀 옛날보다 작아진 아버지의 등을 느끼며 "열심히 일해 맛있는 상추쌈 한 상이라도/푸짐하게 차려"드렸을텐데 그렇지 못한 까닭에 마음이 아프다고 한다. 장애인이 아니면 만날 수 없는 슬픔이 가슴을 먹먹하게 한다.

장애를 넘는 시인의 상상력

남영화와 박기종 시인의 시편은 장애의 그늘이 드리워있지 않다. 장애인이라고 반드시 장애와 관련된 작품을 쓸 필요가 없는 것이다. 오래 전에 남영화 시인의 『내 마음의 에밀레종』이라는 시집에 해설을 쓴 것 같다. 그때 그의 시편들은 사랑하는 누군가에 대한 그리움과 사랑을 향한 자신의 마음을 드러낸 것으로 기억된다. 이번 시작품들도 그 연장선상에 있는 듯하다.

> 나른한 빨래들이 휘날리고/귀하게 속삭이는 눈빛/어떤 마음을 더 보이리이까//괜찮아/믿을게/당연한 침묵으로/살아가는 틈//계절이 지나다니고/섬세하게 그려놓은 길목에서//해질녘 그대가 그리워하는 것은/두 팔 벌려 안아주는 품/아무것도 아닌 척 할 수 있으리이까
>
> - 남영화, 「사소한 사랑」 전문

매우 짧은 작품이지만 구사하는 시 언어들이 예사롭지 않다. "귀하게 속삭이는 눈빛" 같은 경우 흔히 '속삭임'은 음성언어를 통해 작

게 말하는 것을 말하지만 화자는 시각언어인 '눈빛'으로 "귀하게 속삭"인다고 공감각 이미지를 통해 "어떤 마음을" 보여준다. 특히 "나른한 빨래들이 휘날리"는 모습은 시각적 이미지인데 "속삭이는" 이라는 청각적 이미지와 만나면서 대상을 더욱 참신하고 선명하게 보여준다. 특히 이 작품이 돋보이는 것은 말하듯 구어체로 "괜찮아/믿을게"라고 형상화시켰기 때문이다. 그리움의 대상인 그를 향해 믿음을 갖는 표현으로 언어의 진정성을 통해 신뢰를 준다. 그리고 "계절이 지나다니고/섬세하게 그려놓은 길목"이라는 시적 표현도 이 짧은 작품을 빛나게 하는 대목이다. 계절은 눈에 보이는 사물이 아닌 현상인 바 계절이 지나다닌다고 말함으로써 보다 구체적으로 어떤 공간을 지칭하기 때문이다. 하루 중에서 고향과 사랑하는 사람이 가장 그리운 시간은 저녁 무렵일 것이다. 그런 까닭에 화자는 "해질녘 그대가 그리워하는 것은/두 팔 벌려 안아주는 품"이라며 "안아주는 품" 이라는 감각적인 촉각적인 이미지가 시적 대상에게 포근하고 안락한 느낌을 전해준다.

이밖에도 남영화 시인의 그리움을 형상시킨 「마음결」에서 "그림자 길게 늘어지면/방마다 환히 불을 켜 놓고", 「눈물의 동백꽃」에서 "곁에 있어 위로가 되는/착한 사람" 등에서 볼 수 있는 것은 시적 화자의 사랑하는 누군가에 대한 지극한 사랑과 그리움을 엿볼 수 있다.

박기종 시인은 다섯 권의 시집을 펴낸 문학전공자이다. 그의 작품은 쉽게 읽혀지지 않는 경우가 많다. 시행을 끊어서 메시지를 툭 던지거나 의인화법을 즐겨 쓰기 때문이다. 그러면서도 때로는 천진난만한 표정을 보여준다.

굴러가는 자전거 바퀴/어디로 굴러가고 있을까?/아파트 근처와 공원 쪽을 돌고 있구나/시원한 바람은 마음이 탁, 트이고/하얀 구름은 자전거바퀴를 따라 온다/날카로운 유리파편은 조심해야 돼/바퀴가 빵구나면 굴러 갈수 없잖아/둥글 둥글 굴러가는 두 바퀴/행복을 만드는 두 바퀴의 사랑/오늘도 자전거는 쉬지 않고 달린다./피곤한 하루 먼 길을 돌았더니 지쳤군/길잡이 자전거 - 박기종,「자전거 바퀴」 전문

자전거는 산에서 내려오는 돌처럼 굴러가는 것이 아니다. 그럼에도 화자는 "굴러가는 자전거 바퀴"라고 말하며 "어디로 굴러가"는지를 궁금해 한다. 독자들은 박기종 시인의 시를 읽으며 동선을 움직인다. "아파트 근처와 공원 쪽을 돌고" 있다. 그러자 "시원한 바람은 마음이 탁, 트이고/하얀 구름은 자전거바퀴를 따라 온다" 이쯤에 이르면 독자들은 하늘에 있는 하얀 구름가지 바라보게 된다. 그런데 왜 하얀 구름이 자전거 바퀴를 따라가는지 알 수가 없다. 그런데 화자는 "날카로운 유리파편은 조심해야 돼/바퀴가 빵구나면 굴러 갈수 없"다고 독백을 한다. 바퀴는 "둥글 둥글 굴러가"는 것이어서 당연히 둥글다. 그렇기 때문에 굴러갈 수가 있다. 이쯤에서 시인이 말하고자 하는 메시지가 드러난다. "행복을 만드는 두 바퀴의 사랑"이 바로 그것이다. 사랑은 혼자서 만들고 이루어가는 것이 아니라 두 사람이 호흡을 맞춰야 가능하다. 그런 까닭에 화자는 "오늘도 자전거는 쉬지 않고 달린다."고 노래한다. 길지 않지만 시인은 이 작품에서 '사랑'을 '자전거 바퀴'로 은유화해 즐겁게 노래한다.

장애와 동화적 상상력

동화작가 박진희의 「수정이와 민달팽이」는 '달팽이'와 '민달팽이'라는 사물을 '집이 있는 사람'과 '집이 없는 사람', 또는 '장애를 갖지 않은 사람'과 '장애를 가진 사람'으로 은유화하여 집이 있는 달팽

이거나 민달팽이거나 모두 같은 달팽이라는 메시지를 전한다. 다시 말해 장애를 갖지 않은 사람이나 장애인이나 모두 같은 '사람'임을 깨우쳐 준다.

> 수정이가 한 말이다. 수정이는 이 말을 하면서 무슨 생각을 했을까?
> 민달팽이에게는 집이 없지만 플라스틱 통이 그 역할을 대신 해준다. 수정이는 작년에 우리친구반과 4학년 3반 교실을 오가며 집이 없는 민달팽이처럼 살았지만 이제 우리 5학년 3반이 튼튼한 달팽이집과 같은 수정이의 친구가 될 것이다.
> 플라스틱 통을 보고 있는 수정이 어깨를 두드렸다. 고개를 돌린 수정이에게 처음으로 눈을 맞추고 빙그레 웃었다. 수정이가 입을 헤, 벌리고 배시시 웃는다. - 박진희, 「수정이와 민달팽이」 중에서

수정이는 정신장애를 가진 아이이다. 5학년이 되었지만 교실 옆에서 쪼그려 앉아있거나 침을 질질 흘리며 냄새를 풍겨 같은 반 아이들이 수정이와 짝꿍이 되면 어떻게 해야 할지 고민한다. 그런데 지난주 수정이의 짝꿍이었던 민경이는 수정이를 이해하고 잘 해준다. 그렇지만 나는 수정이와 짝꿍을 할 일주일이 걱정이 된다. 수정이의 책상에 민달팽이가 기어다니는 것이 징그럽다. 수정이는 자신의 처지와 같은 집이 없는 민달팽이를 좋아하는 것이다.

나는 민달팽이가 징그러웠지만 프라스틱 통에서 달팽이와 민달팽이를 키운다. 한 번은 수정이가 결석을 하였다. 자신의 집이기도 한 5학년 3반 교실에 나타나지 않은 것이다. 달팽이와 민달팽이가 함께 어울리는 것처럼 수정이에게 민달팽이가 되지 말고 수업시간에 사라지지 말라고 말해야겠다고 다짐한다.

앞에서 밝혔듯이 달팽이와 민달팽이를 장애를 갖지 않은 사람과

장애인으로 은유화시켜 함께 하는 세상을 꿈꾸는 작가의 상상력이 매우 아름답다.

장애와 고난을 극복하는 의지

수필은 작가 자신의 체험을 고백적으로 쓴 글이다. 그러므로 자신, 또는 자신이 간접체험한 이야기가 주된 내용이 된다.

노대전 수필가의 「나는 가족이 보물이다」와 「나는 인생 기술자」 등 2편의 수필은 자신의 장애와 가족사의 시련을 극복한 이야기를 담고 있다. 노대전 수필가는 태어난 지 일년 만에 걸음을 걷지 못하는 장애인이 되었다. 꾸준한 노력으로 지금은 1km 이상을 걸을 정도로 건강을 회복하였다. 네 명의 형 중에 한 사람이 죽고 집도 가난하여 중형의 권유로 가전제품 수리기술자가 되어 고장난 라디오나 텔레비전 등 가전제품을 고쳐주며 살아간다. 이후 결혼도 하게 되고 나중에는 양돈사업을 해보지만 실패하고 만다. 그러나 아름다운 행복을 얻기까지 많은 난관을 뚫고 극복한다.

> 극심한 어려움을 겪을 때마다 이겨낼 힘의 원천은 부모님의 하해와 같은 은혜와 지극 정성한 보살핌이었다고 자부할 수 있다. 무엇보다 어려운 고비마다 믿고 따라준 천사 같은 아내에게 어떠한 표현으로 할 수 없는 고마움을 전하고 싶다. 세 딸과 사위, 아들과 며느리, 사랑스런 내 손주들 모두 고맙고 사랑한다. - 노대전, 「나는 인생 기술자」 중에서

한때는 살아가기 위해 아내와 함께 어렵게 살아가며 아이들 교육을 열심히 하고, 때로는 노점상을 할 때 단속원에게 쫓겨 짐을 쌌다가 펴는 일을 하루에 여섯 번을 한 적도 있다. 그러면서도 아내와 함께 현실의 어려움을 극복하고 이제는 행복하게 살고 있으니 아내 뿐

만 아니라 부모 형제의 힘이었다고 고백한다. 장애인이지만 이에 굴하지 않고 최선을 다해 살아온 노대전 수필가의 삶의 의지가 장애인에게는 물론 장애가 없는 사람들에게조차 커다란 교훈을 준다.

박영진 작가의 소설 「산책」은 그러나 제목에 알맞게 한가한 내용이 아니다. 대학에서 춘계리그 때 축구선수로 뛰다가 장애를 가진 여자를 지체장애인인 기준이 호수공원에 와서 노래를 부르는 그 여자를 유심히 관찰한다. 여자는 곱사등이처럼 약한 흰 허리, 조금만 세게 쥐어도 부러질 것처럼 가는 다리를 지녀 위태위태하게 보인다. 그럼에도 아랑곳없이 태연하게 공원에서 산책을 한 채 가로등 불빛 아래에서 자신의 모습을 핸드폰 카메라로 담으며 연신 웃는다. 장애를 가졌지만 웃은 여자가 기준에게는 더욱 관찰의 대상이었다. 여자와 말을 튼 기준에게 여자는 "왜 그렇게 날을 세우고 살아요. 그래봤자 본인만 아플텐데"라고 말한다. 그러면서 "사람들은 남의 상처를 아무렇지 않게 손에 쥐고 흔들죠." 하며 장애인에게 편견을 가진 사람들의 행태를 지적한다.

> "너무 불쌍하게 생각하지는 말아요. 그래도 육체의 병은 얼마든지 견딜 수 있으니까요. 설령 그 끝에 죽음이 기다리고 있다 하더라도 말에요. 하지만 자존감에 병이 들어 고름이 차고 썩기 시작하면 종내에는 아무것도 남지 않아요. 그 사실을 깨닫는 데까지 너무 오랜 시간이 걸렸구요. 저도 예전엔 기준씨처럼, 아니 기준씨 보다 더 스스로를 괴롭히며 살았어요."
>
> 어느새 여자의 눈가에는 눈물이 고여 있었다. 그러나 그 눈물에 비탄이나 애잔함이 담겨 있지는 않았다. - 박영진, 「산책」 중에서

여자는 손에 클로버 잎을 가지고 다닌다. 네잎클로버가 행운을 줄

것이라는 믿음으로 살아가는 여자가 웃는 이유이고, 긍정적인 사고로 살아가는 방식임을 말해준다. 더불어 "육체의 병은 얼마든지 견딜 수 있"다고 한다. 이러한 사실을 깨닫기 까지는 기준보다 더 스스로를 괴롭히고 살았다고 고백하는 것에서 짐작할 수 있듯이 여자의 웃음은 그저 얻어진 것임을 알게 한다. 장애는 마음에서 오는 것이지 육체의 장애는 아무것도 아니라고 말하는 여자가 어쩌면 지금 인생에서 가장 아름다운 시절을 보내는 것이라고 생각하기에 이른다. 이러한 여자를 바라보는 기준 역시 웃음을 웃게 되었으니 누군가를 관찰하는 버릇을 가진 기준이 이제 삶을 어떻게 살아야 할지를 여자가 가르쳐 준 것이다.

장애인의 평범한 일상과 행복

장수영의 소설「여인들의 수다클럽」은 대로변에 있는 카페의 간판 이름이기도 하다. 휠체어가 올라갈 수 있는 경사로까지 설치되어 있으니 휠체어를 탄 사람들이 즐겨찾는 장소이기도 하다. 그래서 전동휠체어, 수동휠체어, 목발을 짚는 이른바 여인 5인방이 가끔 만나 수다를 떠는 곳이다. 이곳에서 장애를 가진 여인들이 그들의 일상을 얘기하며 수다를 떤다. 연애이야기, 남편이야기, 결혼스토리, 집들이 이야기 등을 통해 일상은 물론 장애인들의 세계를 짐작할 수 있는 이야기들을 펼친다. 이들이 전하는 이야기를 무슨 대단한 이야기도 아니어서 말 그대로 수다이다. 이 작품에서 주된 이야기를 결혼생활과 연애가 주제이다.

> "기봉씨 지금 시간돼? 우리 만날까? 내가 할 얘기가 있어." 기봉도 해정의 통화를 기다렸다는 듯이 받아서 어디로 데리러 가면 되냐고 물

었다. 해정은 지금 있는 카페 이름을 알려주었고 기봉은 내비로 그 이름을 찍어 달려갔다. 해정은 카페 앞에서 기다렸고 멀리서 기봉의 승용차가 보이자 그녀의 가슴은 뛰기 시작했다. 기봉을 처음 만났을 때의 설레는 마음이 다시 되살아나는 듯 했다. 그의 차가 도착하자 그녀는 그의 옆자리인 조수석에 올라탔고 어디론가 유유히 사라졌다.

- 장수영, 「여인들의 수다클럽」 중에서

수다클럽에서 모두 돌아간 뒤 목발을 짚은 해정은 기봉에게 전화를 해 만나자고 한다. 뭇 청춘들의 연애처럼 곧바로 차를 몰고 데릴러 가겠다는 기봉의 말에 행복해 한다. 그리고 기봉의 차가 나타나자 마음이 설레인다.

이 작품의 주제나 소재는 모두 여인들의 수다이다. 특별한 메시지가 없지만, 그러나 장애인들이 만나 수다를 떨 수 있는 공간이 많지 않은 세상에 장애 여인들이 다른 청년들처럼 사랑하고 사랑하는 이야기를 나눌 수 있다는 것만으로도 이 작품은 평범하지만, 그러나 장애인들에게는 평범하지 않은 행복임을 전해준다.

결핍 극복의 의지와 상상력의 힘
— 장애인 문학

지난해 광주문화재단에서 처음 실시한 지역장애인 문화예술지원사업에 이어 올해도 연장선상에서 사업을 실시하였다. 올해는 광주 · 전남지역 장애인을 대상으로 하여 지역영역을 확대하고 공모형식을 취해 45명이 응모하였는데 12명이 선정되었다.

공모에서 선정된 작가들의 작품이어서 장애인이라는 편견을 뛰어넘는 수준 높은 작품성에 장애인 문학의 미래가 기대된다.

장르별로 살펴보면 시 6명, 동시 1명, 동화 2명, 소설 1명, 수필 2명으로 시 부문에 가장 많은 작가가 참여하였고 그 외 장르는 한두 명씩 참여하고 있다.

주지하다시피 장애인문학은 신체적 · 정신적 장애를 가진 작가가 쓰는 경우와 작가가 장애가 없을지라도 장애인의 삶을 주제로 쓴 문학작품을 말한다. 그러나 광주문화재단에서 실시하는 지역장애인 문화예술지원사업은 장애인을 대상으로 펼치는 사업으로 여기에서는 편의상 장애인문학이라고 한다.

장애인문학의 본질은 결핍을 전제로 한다. 그 결핍을 극복하는 의지를 보여주거나 장애인의 삶을 문학적으로 형상화하는 것이 우리가 추구하는 장애인문학이다. 문학적 주제로써 결핍은 사실 장애인만이 가지고 있는 것이 아니다. 모든 예술가들이 추구하는 본질은 인간 앞에 놓인 결핍을 극복하려는 의지이다. 그러므로 오늘날 모든 예술은 현실에서의 불만, 불화, 모순, 부조리 등의 결핍에서 벗어나 보다 나은 삶과 세계로 나가려는 과정을 보여준다.

이러한 측면에서 장애인문학은 장애인이든, 아니든 '문학'이라는 이름으로 누구나 다가갈 수 있다. 그럼에도 불구하고 광주문화재단에서 실시하고 있는 지역장애인 문화예술지원사업은 우리 사회의 약자이며 소수자인 장애인을 대상으로 하고 있어 보다 큰 의미가 있다고 할 수 있다.

생명성 추구와 아름다운 장애

강경화 시인은 본래 시조시인이지만 이번에는 자유시와 정형시를 함께 선보이고 있다.

「왈칵 쏟은 시간」에서 '생수'는 "비명을 꼭 삼키며 걸어온 생"으로 삶이 자신의 감정대로만 사는 것이 아니어서 "꼭 삼키며" 인내하는 경우가 많지만, 그러나 "참았던 울음처럼 / 생수가 쏟아"지기도 한다. 이때 쏟는 것은 '비명' 즉 '울음'으로 때로는 울음을 쏟는 것이 인생이기도 하다. 지난한 삶을 살면서도 울음을 참아온 시적 화자의 모습이 역력하다. 그렇지만 "아래로 / 왈칵 쏟아진 / 내 하루를 닦"아 내는 것이 또한 삶이어서 다시 울음을 거두는 모습에서 곡진하게 삶을 살아내는 절제된 화자의 모습이 느껴진다. 이 작품은 '삶이 힘들어서 울음을 운다'고 말함으로써 시가 평범해질 수 있지만 '울음'과 '비명'이라는 청각적 이미지를 물질적인 '생수'로 치환하여 촉각적이고 시각적인 이미지로 느끼게 하고 있다. 다시 말해 인생의 어려운 순간을 극복하는 방식을 생수가 쏟아지는 모습으로 보여줌으로

써 메시지를 보다 새롭게 전달하는 효과를 거두고 있다.

> 초록 잎이 손바닥 같은/그늘을 뻗을 때//그늘을 지우자 슬픔이 길을 막는다//바람이 흔들어 깨워도 소리를 잃은/초록 잎//둥근 지름길도/신발 끈부터 동여매던 너는//살만하자 폐 깊숙이 종양이 자랐다//딱딱한 거죽의 그늘/꾸욱 짚고서/풀이 돋는다 - 강경화 「전지(剪枝)」 전문

나무에 가위질을 하자 나무의 초록잎이 잘린다. 그러자 "바람이 흔들어 깨워도 소리를 잃은 / 초록잎"은 생명을 지울 수밖에 없다. 누군가도 그렇다. "살만하자 폐 깊숙이 종양이 자랐다" 아픈 몸 "딱딱한 거죽"이라는 죽음의 그림자를 드리우지만 그 딱딱한 거죽의 그늘을 짚고 "풀이 돋는다" 전반부는 가위질로 인해 초록잎이 잘리우고 후반부에서는 폐에 종양이 자라 죽음이 드리우는 장치를 통해 나무와 사람에게 닥친 죽음을 암시한다. 그럼에도 불구하고 죽음에서 생명이 새살처럼 돋는다고 한다.

이 작품 또한 직설적이지 않은 화법이 미학적인 아름다움의 옷을 입힌다. 즉 '초록잎', '그늘'의 대척점에 '슬픔'을 배치하고, '종양'의 대척점에 '풀'을 놓음으로써 시의 의미는 물론 이미지를 선명하게 한다.

강경화 시인의 작품은 구체적으로 장애인의 삶을 그린 것이 아닌 보편적인 삶의 원리를 노래한 것이지만 생명성을 추구하고 있다는 측면에서 설득력을 갖는다.

그러나 김형국 시인은 장애인의 모습을 보다 구체적으로 그려내고 있다.

길을 걷는다./흔들리는 발걸음으로//지나가는 사람들이 쳐다본다/유심히 쳐다본다/지나쳐도 뒤를 쳐다보면 간다.//왜 쳐다볼까!//지나가는 사람이/"젊은 사람이 낮부터 술 먹었냐?"/욕하며 간다.//울먹울먹 길을 갔다.//지금은 쳐다보는 사람을/유심히 쳐다본다

- 김형국 「왜 쳐다볼까?」 전문

지체장애인을 바라보는 우리 사회의 그릇된 시각을 엿볼 수 있는 작품이다. 화자가 길을 가고 있는데 지나가는 사람들이 쳐다본다. 생각해보면 이상할 것도 없는 "흔들리는 발걸음"을 이상하게 바라보는 사람들의 시선에 불편하다. 시적 화자는 사람들이 쳐다보는 이유를 잘 모른다. 그러나 사람들은 "젊은 사람이 낮부터 술 먹었냐?"하고 이해하지 못할뿐더러 욕을 하며 화자의 걸음걸이를 통해 인간의 내면까지 왜곡한다. 지체장애인들은 모두가 겪었을 법한 상황이다. 처음에는 "울먹울먹 길을 갔"지만 "지금은 쳐다보는 사람을 / 유심히 쳐다"볼 정도로 상처를 극복하여 오히려 당당하다.

주지하다시피 서정시란 동일성(同一性)을 추구하는 문학장르이다. 불화를 화해로, 절망을 희망으로 이끄는 서정시의 본질이 바라보는 지점은 화해와 희망이 있는 세계이다. 그런 측면에서 김형국 시인이 지향하는 시적 세계는 당연히 장애인도 우리 사회의 건강한 일원임을 시를 통해 일깨우고 있다. 그것은 장애는 개인의 선택사항이 아니며 지체장애가 사람을 평가하는 기준이 아니기 때문이다. 그리고 김형국 시인의 「꿈꾸는 나들이 길」에서처럼 초등학교 앞길에 표기되어있는 문구 '꿈꾸는 나들이 길'은 그저 구호가 아니라 누구나 꿈을 꾸며 살아가는 것이 삶의 본질임을 서정시는 깨우쳐주기도 한다.

비극적 인식과 우울의 정서

김선주와 남영화의 작품은 세계에 대한 비극적 인식과 우울의 정서가 깃들어 있다. 문학은 현실을 반영한 거울이며 그로 인한 인간의 삶은 우울한 것이 자본 문명 세계를 살아가는 현대인의 인식이다. 이러한 패배 의식은 세계로부터 오기도 하고 자신으로부터 발화되기도 한다. 또는 세계와 자신이 복합적으로 작용하기도 한다.

> 나를 본다/거울 속 나를//처음 본 사람 같다//다시 찬찬히 본다/나랑 참 많이 닮았다/보기 싫다//어찌 까맣게 잊고 살았을까/항상 거울 속에 있던 너를//나는 지금도 그자를 맴돌고/거울 속 너는/왜 저리 초라한지 - 김선주 「거울 앞에서1」 전문

김선주의 「거울 앞에서1」은 거울 속에 비친 자신의 모습을 보며 초라하다는 감정을 가진다. 거울 속에 투영된 이미지가 실제의 자신은 아니지만 실재하는 사물의 모습을 정직하게 보여주므로 거울 속의 모습은 자신이기도 하다. 시적 화자는 오랫동안 거울을 보지 않은 사람이다. 그러므로 제 모습조차 낯설다. 찬찬히 바라보니 자신을 많이 닮은 것을 본다. 그런데 거울 속의 누군가가 보기 싫다. 아마 일그러진 얼굴이었기 때문일까. 얼굴 모습과 자아는 일치하지 않는 경우가 많다. 마음씨가 착한 사람이라고 해서 얼굴이 예쁜 것은 아니다. 그렇다고 얼굴이 궂은 사람이라고 하여 모두 나쁜 사람은 아니다. 그런 까닭에 우리는 얼굴을 통해 누군가의 정신세계를 평가하지 않는다. 이 작품의 경우 시적 자아는 스스로 내면으로부터 비극적 인식에 빠져 우울의 정서를 표출하고 있다. 서정시가 동일성을 추구하는 것이라고 해도 김선주의 경우처럼 비극적 인식을 하고, 우울의 정서를 드러낸다 해서 시적 가치가 없다거나 의미가 없다고 단정할 수 없다.

이러한 자신에 대한 비극적 인식과 우울의 정서를 드러내는 까닭에 서정시를 쓰는 이유가 될 수 있다. 그러한 정서가 시를 쓰는 힘으로 작용할 수도 있음을 보여주고 있다.

김선주의 비극적이고 우울한 정서는 「겨울밤」에서도 잘 나타난다. 일찍 어둠이 내린 거리에 나가 하늘을 바라보니 어둠 속에 별이 있다. 그런데 금방이라도 모두 사라져버릴 것 같은 생각이 든다. 오히려 어두운 밤하늘을 생명성의 은유로 인식할 수 있고 어둠 속에 있는 별이 보석 같다는 인식을 할 수도 있지만, 세계를 비극적으로 인식하는 시인의 내면에 깃든 불안의식이 어둠이 모든 것을 삼켜버려 사라질 것 같다고 여기는 것이다.

황신애 시인의 시편들은 지금껏 누군가에 대한 그리움과 사랑을 향한 애틋함을 보여줬었다. 그런데 이번에 발표하는 작품들은 비극적 인식을 드러내는 작품들이 주를 이룬다.

> 아주 먼 나라에 날지 못하는 새가 산다고 한다./굴을 파고 들어가 밤이 오기만 기다리는 새가 산다고 한다./날개가 없어/무덤에 숨어 사는 새//벌건 대낮을 활보하는/굶주린 개들에게 잡아먹히지 않으려고/게으른 족제비에게 잡아먹히지 않으려고/어둠에 취한/나에 취한//새 같지 않은 뒤뚱거리는 짐승이/잃어가는 시력을 갸웃거리며 걸어간다./기억이 별이 되어버린/당신까지//무익조(無翼鳥)라는 그 새가 꼭 나인 것만 같다. - 황신애 「무익조(無翼鳥)」 전문

'무익조(無翼鳥)'는 뉴질랜드에서 사는 날개없는 새이다. 날개가 없어 개나 족제비에게 잡아먹히지 않기 위해서는 뒤뚱거리며 달려야 하는 생태적 특징이 있다. 그러므로 생존을 위해 무서운, 그리고 아무도 찾지 않을 것 같은 "무덤에 숨어 사는 새"이기도 하다. 그런

데 시적 화자는 "새 같지 않은 뒤뚱거리는 짐승이"며, "잃어가는 시력을" 가졌다. 더불어 무익조와 유사성을 가진 슬픈 존재로 인식되고 있다. 이 유사성이 동일성을 이루는데, 여기에서의 동일성은 날지 못해 짐승들에 쫓겨 다녀야 하는 무익조와 잃어가는 시력을 갸웃거리며 걸어가는 시적 화자가 지닌 슬픈 존재라는 공통분모이다. 무익조의 생태적 특성에 시적 화자의 슬픔을 비유함으로써 자신의 처지를 비극적으로 인식하고 있다.

황신애 시인의 「여러해살이」는 비극적 인식과 긍정적인 인식이 교차한다. 거미가 천장 모퉁이에 거미줄을 치는 것은 거미줄에 걸린 먹이가 살기 위해 발버둥을 치면 그 진동을 감지하여 먹이를 사냥하기 위함이다. 이 사냥을 위해 거미도 꼼짝하지 않고 있어야 한다. 시적 화자는 자신도 "먹이가 걸려들 때까지 죽어사는 거미처럼" 움직이지 않고 먹이를 기다려야 한다고 생각한다. 이처럼 생은 열반에 이를 때까지 참아야 하는 것인지도 모른다고 인식한다.

그러나 거미는 대부분 오래 살지 못하지만 다발성 경화증의 시적 화자는 여전히 살고 있다. "산 채로 마비되고 있"기 때문이다. 여기에서 마비는 죽지 않기 위해 견뎌내는 삶의 방식이다. 비극적 인식을 긍정적인 인식으로 변화시키는 모습에서 서정시의 본질을 만나게 된다.

환희와 생명의 노래

'겨울'이 '소멸'과 '죽음'을 의미한다면 문학적 상징으로써 '봄'은 '생명성', '부활', '재생'을 의미한다. 꽁꽁 언 땅이 풀리면 겨우내 숨죽이고 있던 생명이 깨어난다. 그런 까닭에 예부터 봄[春]을 '신생(新生)', '신춘(新春)'이라고 부르며 늙은 사람이 건강하게 되면 '회춘(回春)'한다고 하였다. 동서양을 막론하고 봄을 생명의 계절이라거나 환호작약하는 때라고 하였다. 그러므로 문학작품에서 청년(靑年)을 봄에 비유하고 노년을 가을이나 겨울로 묘사하였다.

김황흠 시인의 시편들은 활력이 넘친다.

「나비의 봄」은 "몸을 다쳐 집에 머문 날"이 시적 배경이다. 봄이 와서 세상은 생명력이 넘치는데 몸을 다친 시적 화자는 밖으로 나가 봄을 만끽하려고 해도 나가지 못한다. "마음은 금방 들로 가서 / 아직 만나지 못한 들꽃에 / 쭈구리고 앉아 눈 마주치고 싶다" 시적 화자는 몹시 답답하여 집에서 봄이 만발한 들밭을 생각한다. "쑥쑥 큰 풀이 밭을 뒤덮고 있"을 것이라고 생각한다. "풀 천지가 된 밭에 나가 일"하고도 싶지만 "햇살만 하염없이 거실에 가득하"니 몸이 근질근질했을지도 모른다. 이렇듯 봄이 왔어도 나가지 못하는 시적 화자는 봄을 만나고자 한다. 여기에서 봄은 서두에서 밝힌 것처럼 재기발랄하고 만물이 환호작약하는 생명성의 상징이다. 봄과 함께 함으로써 시적 화자 자신도 생명성을 회복할 수 있다. 그런데 나비 한 마리가 집안으로 날아든다. 집안의 탁자마저도 봄의 은유인 '초록'의 탁자라고 함으로써 갑자기 집안에 활력이 넘친다. 나비가 그 초록 탁자에 앉음으로 인해 집안은 풀밭이 된다. 이처럼 봄은 나비 한 마리가 초록탁자에 앉자 집안에 봄이 전이되는 마술을 부린다. 그러므로 나비는 그저 곤충이 아니라 "봄볕을 쥐락펴락"하는 신기한 마력을 부리는 초능력의 절대자이다. "밖이 안 같고 안이 밖 같은 봄"으로 만들어버린 아주 가벼운 곤충 한 마리가 신적 존재로 인식하는 계기가 될 것이다.

나비 한 마리의 날갯짓이 순식간에 답답함과 우울함이라는 비극적 인식을 일소한다는 「나비의 봄」을 형상화시킨 시인의 마법에 그저 놀랄 뿐이다.

김황흠 시인의 「고양이 형제」 또한 고양이라는 미물을 통해 유쾌하고 따뜻한 정서를 전한다는 측면에서 「나비의 봄」과 일맥상통하고 있다.

> 봄볕은 무르익는데/몸을 다쳐 집에 머문 날//마음은 금방 들로 가서/아직 만나지 못한 들꽃에/쭈그리고 앉아 눈 마주치고 싶다//쑥쑥 큰 풀이 밭을 뒤덮고 있겠지/풀 천지 된 밭에 나가 일 해야 하는데//햇살만 하염없이 거실에 가득하다//초록 탁자로 날아온 흰나비/어디서 날아왔을까//날개 접고 앉은 탁자/풀밭인 줄 알고/봄볕을 쥐락펴락//밖이 안 같고 안이 밖 같은 봄 - 김황흠 「나비의 봄」 전문

이른 봄일까? 아직 바깥 날씨가 차가운 날이다. 새끼 고양이 두 마리가 어미를 어디에 두었는지 "현관문 앞에 놓아둔 털신에 들어가 / 빼꼼빼꼼 쳐다본다" 그 모습이 몹시도 앙증스럽다. 세상의 모든 새끼들은 앙증스럽고, 천진난만하고, 생명성을 느끼게 한다. "하우스에서 데려와 뒤란 창고에 놓아"둔 것으로 보아 길고양이일지도 모른다. 그런데도 "어디로 내빼지 않는다" 때는 아침이어서 날씨가 쌀쌀한데 "따뜻한 아침햇살 맞"으며 털신 안에서 "서로 바짝 기댄 / 초롱초롱한 눈"을 휘둥그레하게 움직이는 모습이 시쳇말로 경계를 지우고 무장해제를 시킨다. 얼마나 몸이 작았으면 털신 안에 들앉아 있는지, "야옹야옹"거리며 털신 안에서 두 마리가 딱 붙어 있는 모습이 다정하다.

'어린 고양이'와 '샛별'이라는 시어가 만나면서 서로 충돌하는 것이 아니라 오히려 상승작용하여 이 작품에 활기를 주고 천진무구하고 순결한 정서를 환기시킨다. 그러므로 김황흠 시인은 독자들의 마

음속에 깃든 세속적인 욕망과 삿된 생각을 지우고 정화시키는 기제로 '고양이 형제'의 이미지와 의미의 메시지를 전하고 있다.

최순옥 시인의 시편들은 자연을 통해 봄날의 환희를 노래하며 숨을 통해 상처와 좌절로 절망하는 존재에게 새로운 생명성을 부여한다.

「산수유Ⅱ」는 전체적으로 의인법을 구사하여 '산수유'를 인격체로 형상화시켰다. 주지하다시피 산수유는 겨울이 지나갈 무렵 가장 먼저 꽃을 터뜨리는 봄의 전령사이다. 이른 봄에 피는 꽃들은 겨우내 매서운 추위를 견뎌낸 것들이다. 그러므로 이른 봄에 꽃을 피우는 나무들은 인고의 세월을 견딘 끝에 좋은 날을 맞이한 사람의 모습을 닮았다. 시적 화자는 산수유꽃을 '노란 꿈'이라는 색채이미지를 구사하여 표현했다. 산수유꽃이 노란색을 띠고 있기 때문이다. 일반적으로 '노랑'은 자신감과 낙천적인 의미를 갖고 있다. 더불어 풍요로움을 나타내기도 한다. 그런데 이 작품에서는 노란색의 색채 의미로 해석하기 힘들다. 산수유가 일 년 중 가장 먼저 꽃을 피운다는 측면에서 겨울을 견뎌낸 인내와 끈질김으로 이해하는 것이 옳을 것 같으며, 시각적으로 가장 잘 눈에 띄는 꽃이므로 존재를 드러내고자 하는 욕망을 가진 존재로 인식하는 것으로 해석해도 좋을 듯하다. 산수유를 봄볕이 꼬드겨 체면, 눈치코치를 살피지 않고 노란 꽃을 피웠는지를 시적 화자는 묻는다.

화사하게 꽃을 피우는 산수유를 의인화시켜 친구처럼 반갑게 맞는 모습에서 독자들에게 이러한 정서를 전이시킨다.

꽉/여문/녹음이/울울창창/푸르뎅뎅한/산사 숲이라/짙푸른 녹음이/
눈치껏 말하기를/사느라 불거진 좌절/그 생채기들을 털란다/그래, 끊어내고 털어내자//좌절로 꺾인 마음속 기운이/녹음처럼 말갛게 씻긴다./유치하지만 기웃거리는/수줍은 나의 은유를/한껏 보듬으리라/믿기지 않는다/이 푸르름을/누가 알까/짝사랑/글쎄/너

- 김황흠 「산사의 숲」 전문

'산사의 숲'이라는 말만 들어도 다친 마음이 치유되는 듯한 느낌이 든다. '산사'라는 공간이 말 그대로 산에 있기 때문일 것이며 '숲'이라는 자연물이 풍기는 건강한 생명성의 정서가 독자들에게 향기롭게 다가가 치유와 청량감, 그리고 생명성이 '산사의 숲'이라는 시제에서 선입견으로 다가오는 것은 당연하다. 이렇듯 시는 시제를 통해 발화하고 이미지와 메시지를 보여주고 있어 시제의 중요성을 알려준다.

이 작품은 이른바 구체시의 형식을 취하고 있다. 구체시는 타이포그래피를 통해 사물의 형상을 하나의 이미지로 구축하여 시의 메시지를 전하고자 하는 전략이다. '산사의 숲'은 삼각형을 세워둔 모습이다. 산을 세워놓은 것처럼 느껴지기도 하고 나무를 세워놓은 것처럼 보이기도 한다. 활자 언어로 음악성을 살려 쓴 일반적인 시의 의미와 함께 활자 배열로 이룬 형상, 즉 시각적 이미지를 통해 메시지는 물론 낯설고 새로운 정서를 환기하고자 하는 의도를 가진 것이 구체시의 본질이다.

「산사의 숲」은 2연으로 구성되어 있다. 1연은 삼각형, 2연은 역삼각형의 형태로 1, 2연이 하나가 되어 새로운 이미지를 연출한다. 이러한 형식은 오래전부터 전위적인 시인들이 즐겨 써왔지만 타이포그래피라는 기술에 의지한 바가 크다. 이 작품은 1, 2연 모두 11행으로 짜여 있다. 그러므로 22행의 형식으로 직조되어 있다.

산사(山寺)는 산에 있는 사찰이어서 울창하고 푸르다. 나무들은

"사느라 불거진 좌절 / 그 생채기를 털"라고 한다. 그러자 시적 화자는 "그래 끊어내고 털어내자"라고 화답한다. 그리고 "좌절로 꺾인 마음속 기운이 / 녹음처럼 말갛게 씻긴다." 시적 화자는 나무를 닮아 푸르름을 간직하게 된다.

매우 간단한 메시지를 갖고 있지만, 앞에서 밝혔듯 시제가 독자들에게 먼저 발화하도록 하고 있으며 구체시의 형식인 이미지가 주는 청량감과 생채기를 털라고 위무하는 내용이 독자들에게 생명의 노래처럼 반향을 주고 있어 특별한 시적 체험을 하게 한다.

동심적 상상력의 발현과 휴머니즘

동시는 어린이의 마음으로 쓰는 시 형식이다. 그러므로 동시 또한 서정시의 원리인 동일성을 추구한다. 동시의 경우 시인이 쓰지만 어린이가 쓰는 경우가 있다. 아동문학에서 시인들이 쓴 시를 동시, 어린이들이 쓴 시를 어린이시라고 부른다. 그러나 본질적으로는 특별한 의미가 없다.

그렇다면 어린이의 마음인 동심(童心)이란 무엇인가? 때 묻지 않은 순수한 마음을 가리키는데 사물을 바라볼 때 이념의 경계를 구분 짓지 않고 편견 없이 사물을 바라본다.

동심적 상상력으로 형상화된 박선영 시인의 동시에는 훈훈한 마음이 깃들어 있다.

> 두 발가락은 왜 짝짝일까?//엄마 닮은 오른발/아빠 닮은 왼발//그래서/두 발가락은 짝짝이?//신발 속에서/꼼지락꼼지락//날 어디든 데려다주려고/이리저리 궁리하다/짝짝이 된 내 발가락
>
> - 박선영 「발가락」 전문

시적 화자는 "엄마 닮은 오른발"과 "아빠 닮은 왼발"이 짝짝이다. 엄마와 아빠의 키가 다르기 때문일 것이다. 그러나 시적 화자는 "두 발가락은 짝짝이?"라고 의구심을 품는다. 이 의구심은 호기심의 발로이다. 그냥 지나칠 수도 있지만 오른발과 왼발의 크기가 각각 다른 것에 대한 어린 화자의 호기심은 어린이다움에서 발현한다. 이 어린이다움이 호기심을 유발하고 세계와 자신에 대해 궁금해하는 단초가 된다. 호기심 많은 시적 화자는 "신발 속에서 / 꼼지락 꼼지락" 거리는 자신의 행동은 "어디든 데려다주려고 / 이리저리 궁리"하는 것이라는 인식에 이르게 된다. 여기에서 주목할 것은 "이리저리 궁리하"는 모습을 발가락이 신발 속에서 "꼼지락 꼼지락"한다고 형상화시킨 시인의 상상력이 개성 있고 새롭다는 것이다. "꼼지락 꼼지락"이라는 의태어를 통해 궁리하는 모습으로 표현할 수 있다는 것은 어린이다움에서 연유한다. 이처럼 박선영의 동심적 상상력은 시인이 어린이들의 내면에 들어간 듯 동심의 언어를 통해 발화하고 구현되고 있다.

「할머니 마중」 역시 할머니를 향한 어린이들의 뜨거운 동심적 상상력을 보여준다.

> 할머니 밭에 갔는데/우산도 없이 갔는데//지붕을 뚫을 듯 비가 와요/오빠와 나는 하늘만 쳐다봐요//할머니 보고 싶어 우는 내게/토란잎 우산 쓰고/마중 가재요//다리에 흙탕물이 대롱대롱/개울 넘어 첨벙첨벙//두 손 꼭 잡고/할머니 마중 가요 - 박선영 「할머니 마중」 전문

작품의 배경은 시골이다. 할머니가 밭에 일하러 가셨는데 비가 내리자 시적 화자는 오빠와 함께 비 맞고 계실 할머니 생각을 한다. "지붕을 뚫을 듯 비가" 내리자 "오빠와 나는 하늘만 쳐다"본다. 나

는 할머니가 보고 싶어 우는데 오빠가 토란잎을 우산으로 삼아 할머니 마중을 가자고 한다. 지붕을 뚫을 듯 내리는 비는 여름날 순식간에 쏟아지는 소나기였는가 보다. "다리에 흙탕물이 대롱대롱"하는데 개울 넘어 첨벙첨벙 빗속을 가고 있다. 비가 쏟아지자 토란잎을 우산 삼아 어린 남매가 두 손을 꼭 잡고 밭에 나간 할머니 마중을 가는 모습이 정겹게 느껴진다. 장차 나라의 기둥이 될 어린이들의 인정 어린 마음으로 곱게 자라는 모습이 아름답다. 동심의 순수와 인간에 대한 천진무구한 사랑의 깊이가 온몸에 다가온다.

장애와 동심적 상상력의 힘

동화란 인간의 삶에서 추구해야 할 보편적 진실을 동심의 언어로 재구성하여 환상적 즐거움과 함께 보여주는 산문 문학을 말한다. 주된 독자인 어린이 작품의 주제나 가치 선택을 스스로 판단하기 어렵다. 그렇기 때문에 현실에 부딪히는 시련을 슬기롭게 극복하는 예술적 승화작용에 의해 재구성해야 한다.

동화는 단순하고 간결해야 한다. 더불어 단순 명쾌함 속에서 삶의 이치와 깊은 성찰이 작품 속에 투사되고 미학적 즐거움과 진선미적 심성을 길러 어린이들을 감동의 주체로 길러야 하는 목적성이 있다. 이것을 염두에 두고 쓴 것이 동화이다.

동화작가 박진희의 「담력훈련」은 오학년 삼반 어린이들이 지적 장애를 가진 정혁이를 도와주며 아름다운 우정을 나누는 이야기이다.

> 정혁이를 하루에 몇 시간씩 도와주는 아줌마가 있다. "정혁이와 함께 공부하면서 무슨 생각이 드니? 정혁이 부모님은 얼마나 힘드실까. 아줌마는 엄마라서 그런지 부모님 마음을 헤아리게 되는구나." 그 아줌마가 우리교실에 와서 했던 말을 곰곰이 생각해보았다. 정혁이가 불

쌍하게 느껴졌다. 도와주어야 한다는 생각이 들었다. 눈물을 글썽이는 정혁이를 보니 정혁이를 도와주어야 한다는 생각이 다시 한 번 들었다. 정혁이를 따뜻하게 대해 줄 친구들이 별로 없어서인지 정혁이가 외롭게 보였다. - 박진희 「담력훈련」 중에서

정혁이는 자주 말썽을 부리는 아이이다. 교실에서 공부 시간에 소리를 지르며 뛰어다닌다. 선생님을 힘들게 하고 급식 시간에는 반찬을 손으로 집어 먹기도 한다. 그런 정혁이를 아이들이 당번을 정해놓고 버스 태워주는 일을 하는데 정혁이는 그날 도우미인 수연이가 버스정류장에서 기다릴 때 콩콩 뛰면서 정류장 근처를 돌아다니며 가만히 있지 않는다.

극기훈련의 하나인 담력훈련을 하는 날. 친구들이 정혁이를 데리고 어둠 속에서 후레쉬로 길을 비추며 조심스럽게 산을 오르는데 정혁이는 자꾸 다른 곳으로 가려고 한다. 한참 산을 오르다 보니 친구들이 보이지 않는다. 수연이는 무서워 울고 정혁이는 이상한 소리를 낸다. 정혁이가 내는 소리 때문에 더 무섭다. 그런데도 아무도 도와주지 않아 어떻게 해야 할지 모르는 때 후레쉬 불빛이 보인다. 선생님이다. 무사히 담력 훈련을 끝내고 캠프파이어 주위에 섰다. 아이들은 음악 소리를 들으며 춤을 춘다.

지적 장애를 가진 정혁이를 보살피며 함께하는 넘치는 인정을 실천하는 모습을 무리 없이 전개한 동화작가 박진희의 이 동화는 어린이지만 마치 용수철처럼 어디로 튈지 모르는 정혁이에게 때로는 짜증도 내지만 약자에 대한 배려를 실천하는 모습을 그렸다. 다른 측면에서 바라보면 장애인을 편견 없이 대해주고 도와주며 우정을 쌓아가는 어린이들을 통해 작가는 따스한 인간애가 무엇인지를 말해준

다. 이렇듯 인간애를 실천하는 모습에서 어린 독자들은 어떻게 살아야 하는지를 알게 될 것이다.

동화작가 장수영의 동화 「진이의 새 짝꿍 인해」 역시 어린이들의 우정과 인간애를 그린 작품으로 섬세한 어린이들의 심리를 잘 묘사하였다.

> "나? 3살 때 교통사고 당했대. 그때 나는 그때 기억이 나지 않지만, 엄마가 내가 죽을 뻔했대, 엄마가 몸이 장애가 있는 건 문제가 되지 않는다고 하셨어. 생명을 건졌으니까. 나는 세상에 빚졌대. 내 심장은 어떤 사람의 생명이라고. 그때 내 심장이 망가졌대. 그때 어떤 아이의 심장을 이식받아 살 수 있었대. 진이야. 나는 열심히 웃고 밝게 살아야 해. 그게 그 아이에게 하는 보답이니까." 진이는 인해의 이야기를 듣는 동안 엄마가 매일 자기한테 한 말이 떠올랐습니다. "장애는 불편하지, 불행하지 않아. 엄마는 지금 행복해. 엄마가 몸이 불편하지만 할 수 있는 일이 많다." 진이는 이제 엄마를 닮은 인해가 너무 좋아졌습니다.
>
> - 장수영 「진이의 새 짝꿍 인해」 중에서

인해가 전학 와 진이의 짝꿍이 된다. 인해는 휠체어를 탄 아이로 그림을 잘 그려 친구들의 마음을 얻는다. 진이는 인해가 화장실에 갈 때 인해의 바지와 속옷을 벗기고 일 보기 편한 자세로 만들어주며 우정은 깊어간다. 어느 날 점심시간에 인해가 진이에게 어렵게 말을 꺼낸다. 혼자 점심 먹는 것이 싫으니 같이 먹자고 한다. 급식실 문이 너무 좁아 휠체어가 들어갈 수 없어서 인해 혼자서 점심을 먹은 것을 안 진희는 쓸쓸하고 외로웠을 것이라고 생각하고 함께 점심을 먹는다. 어느 날 인해는 진이에게 핸드폰 속의 가족사진을 보여준다. 진이는 인해가 세 살 때 아빠가 교통사고로 돌아가셨고 그때 사고로 인해 인해의 심장이 망가진 것을 알게 된다. 진이 엄마도 장애인이었기에 진이는 엄마를 닮은 인해가 더욱 좋아진다.

인해와 진이 모두 상처를 가진 아이로 그 상처로 인해 더욱 동질성을 갖게 된다는 이야기이다. 이 작품은 본질적으로 인간에 대한 사랑을 메시지로 전하고 있다. 인해는 자신이 장애를 가지고 있지만 진이는 엄마가 장애인이어서 장애인에 대한 굴절된 시선을 늘 느끼며 살아온 터라 늘 행동을 조심하다가 비로소 같은 상처를 간직함을 확인한 후 서로에게 더욱 깊은 관심과 사랑을 느낀다.

어쩌면 작가는 진이 엄마가 들려준 말을 독자들에게 들려주고 싶었는지 모른다. "장애는 불편하지, 불행하지 않아. 엄마는 지금 행복해……."

자본주의 사회에서 살아가는 방식

소설가 박영진의 「변비」는 자본주의 사회의 그늘인 모순과 부조리함을 자신의 병증인 '변비'에 비유하여 실감나게 그린 작품이다.

자본주의는 말 그대로 '자본' 중심적인 사회여서 모든 것이 자본에 의해 작동된다. 헌법 1조에 "대한민국은 민주공화국이다."라고 명시되어 있지만, 자본은 냉혐한 것이어서 가진 자와 갖지 못한 사람을 돈으로 구분한다. 아무리 착한 사람이어도, 열심히 살아가는 사람이어도 자본주의 시스템은 인간다움을 인정하지 않는다. 오직 자본의 논리만이 우리 사회를 이끄는 추동동력이다. 그러므로 자본주의에서 기업은 착하거나 정직한 사람보다도 돈을 잘 벌어오는 사람을 최고의 인간으로 인식한다. 인간을 하나의 도구로만 인식하는 것이다.

아무리 제 혼자 똑똑한 척, 잘난 척 해봐야 뒤로 몰래 건네는 무언가, 즉 금품이나 향응 같은 음성적인 것이 빠져서는 주어진 영업 목표를 달성하기란 사실 쉽지가 않다. 과거에 비해 많이 줄었다고 하나 윗선에서는 여전히 규제와 단속을 피해 암묵적으로 리베이트가 오고 가는 게 현실이었고, 나와 같은 평범한 영맨에게 술 접대나 골프 접대 등은 떼려야 뗄 수 없는 제법 빈번히 수행해야 하는 일들이었다. 어떤 때는 의약품 구매를 결정하는 관리자 집에까지 가 시중 아닌 시중을 들어야 하는 경우도 있었으니 지나치게 우직한 사람이거나 타협에 취약한 성정을 가진 자라면 이 직업 근처엔 얼씬도 하지 않는 게 현명하다. 나 역시 처음엔 그러한 잠행 거래와 지나치다 싶을 정도의 수직적 갑을 관계가 마음에 들지 않아 몇 번이고 그만두려 했다. 하지만 그런 생각은 늘 잠시 머물 뿐이었다. 어쩌겠는가. 도태되지 않고 이 세상에 발이라도 붙이고 있으려거든 주어진 조건과 환경에 순응하는 수밖에. 결국 그렇게 참고 견디다 보니 어느새 나는 영업 2부 과장이라는 직함을 달고 있었다. - 박영진 「변비」 중에서

'나'는 소규모의 K회사 영업부의 과장이다. 입사한지 8년차로 살아남기 위해 비슷한 연령대의 다른 직업 종사자들보다 열심히 일한다. 제약회사의 영업사원은 주로 병원을 상대로 영업을 한다. 기본급이 적은 이 회사는 인센티브가 많아 발로 뛴 만큼, 실적을 많이 쌓는 만큼 더 가져갈 수 있다.

그러나 암묵적으로 리베이트가 오고가고 술접대, 골프접대를 수행하는 것도 중요하다. 때로는 관리자 집에까지 가서 시중을 들어야 하는 경우도 있다. 그러므로 우직한 사람이나 타협을 할 줄 모르는 사람은 살아남기가 쉽지 않다.

1인칭 시점의 이 소설의 주인공인 '나'는 처음에는 이러한 잠행 거래와 '갑'과 '을'이라는 수직적인 관계가 못마땅해 그만두려 했지만

살기 위해 주어진 조건과 환경에 순응한다.

그럼에도 불구하고 '나'의 내면에는 부조리하고 모순된 사회구조에 반발하는 의식이 내재해 있음을 이 작품은 행간 사이에서 나타낸다. 언제부턴가 '나'는 변비 때문에 고생을 한다. 늘 뱃속에 묵직한 것이 들어있어 답답하다. 화장실에 가고 싶을 때가 있지만 화장실에서 끙끙대다가 시원하게 배설하지 못하고 나오는 경우가 많다. 이런 식으로 작가는 부조리하고 모순된, 그래서 늘 변비에 걸린 것 같은 우리의 현실을 암시한다.

뿐만 아니라 작가는 작품 사이사이에 "내 뱃속이나 대한민국 축구나 꽉 막혀 답답하기는 매일반이었다."에서 보듯 답답하게 경기를 이끌어가는 국가대표 평가전을 통해 꽉 막혀 원활하지 않은 우리의 현실을 드러내기도 한다. 그뿐만이 아니다. 막힌 도로, 자주 멈춰버리는 지하철의 모습에서도 원활하게 소통되지 않은 현대인의 삶을 보여준다.

> 내가 일찌감치 깨달은 사실이 하나 있다. 우리가 살고있는 이 도시는 무엇을 하든 어디를 가든 정체와 체증이 만연하다는 것이었다. 어쩌면 이 복잡한 세상에서 살아남는다는 것 혹은 성공한다는 것은 정체와 체증으로부터 인간이 얼마나 자유로워질 수 있느냐 하는 문제가 아닐지. 애석하게도 나를 비롯한 대부분의 사람들은 이 문제로부터 쉽게 벗어나기 어려울 것 같다는 회의가 들었다. 차라리 일찍 체념하는 것이 삶의 무게를 견디는 더 나은 방법일 수도 있다. 하루에도 몇 번씩 체념과 신념 사이에서 위험한 줄타기를 하는 사람들. 그것을 우리는 다른 말로 책임감이라 불렀는데, 공교롭게도 사회로부터 빚어진 문제까지 누군가 애꿎은 책임감을 들먹이며 개인이 져야 하는 의무인 양 정당화시키려 한다는 사실에 대해서는 크게 의심하는 사람이 없는 듯했다. 그

래서 인생이 고달픈지도 모른다. - 박영진 「변비」 중에서

주인공 '나'는 어디를 가든 정체와 체증이 만연한 것을 일찍이 깨닫는다. 그러므로 살아남기 위해서는 정체와 체증으로부터 자유로워질 때 가능하지만 대부분의 사람들은 이것으로부터 쉽게 벗어나기가 힘들다는 것이다. '정체'와 '체증'은 철도와 교통의 문제만을 가리키지 않는다. 부조리와 모순으로 인해 정상적으로 원활하게 사회시스템이 작동하지 않음을 지적한다. 이러한 모습을 우리나라의 가장 화려한 번화가인 "강남역 일대는 스모그가 내려앉은 것처럼 안개가 자욱했다."라고 은유적으로 복선을 깔기도 한다.

속이 더부룩하고 답답하여 '나'는 변비약을 사 먹는다. 그러다가 한참 뒤에서야 신호가 와 화장실에 뛰어가 톡톡한 효과를 본다. 일주일 만에 맛보는 환희이다. 삽시간에 묵은 체증이 사라진다.

그러나 '나'는 내일은 휴일이지만 골프 접대를 해야 한다. 이 작품은 여전히 변비처럼 답답한 우리 사회의 모습을 환기시킨다.

삶의 의지와 장애인의 삶

수필은 형식에 구애받지 않고 자유롭게 쓰는 글이다. 삶에 대한 고결한 깨달음을 담아 독자에게 감동을 주며 인생의 방향을 일깨운다. 때로는 현실에 대한 날카로운 비판 정신과 지적인 사고로 독자들에게 메시지를 전하는 것이 수필의 가치이며 효용성이다. 그러므로 철학적인 토대를 갖출 때보다 인생에 대한 깨달음을 깊이 있게 형상화시킬 수 있다.

그러나 김영하의 글은 수기 형식의 자기 고백의 글이다. 「국세청의 편의시설은!」은 장애인으로서의 생활에서 오는 불편함을 자신이

근무하는 세무서에서 편의시설을 마련해주어 불편함이 해소된 사례를 들며, 장애인을 위한 편의시설 확대를 제언하는 글이며, 「내 인생의 특별한 숫자」는 자신의 인생에 어떤 의미를 가진 것인지를 밝히고 있는 내용이다.

두 편의 글 중 「국세청의 편의시설은!」은 엄격히 말하면 '수필'이라고 하기에는 여러 가지 미흡한 점이 있다. 자기 고백적인 형식은 수필의 특성을 취했지만, 이외의 내용은 앞에서 밝혔듯이 장애인의 편의를 위해 편의시설을 확대하라는 제언이다.

수필은 앞에서 말했듯 인생의 방향을 일깨우거나 현실에 대한 날카로운 비판이 글 속에 투사되어야 한다. 이런 측면에서 김영하가 수필가로 거듭나기 위해서는 수필 문학의 개념을 정확하게 이해할 필요가 있다.

「내 인생의 특별한 숫자」 또한 수기 형식이지만, 자신이 어떻게 장애를 겪었으며 극복하였는지의 과정을 통해 독자들에게 삶에 대한 긍정성과 이로 인한 새로운 삶을 살고 있다는 메시지를 주고 있어 수필의 형식을 갖췄다고 생각된다.

> 지금 내가 할 수 있는 것은 무엇이든지 해보자는 생각이었습니다. 먼저 광주장애인종합복지관에 갔습니다. 그곳에 있는 분들이 휠체어 장애인에게 운전은 필수라고 하더군요. 그래서, 일단 면허부터 취득하자고 결심을 했습니다. 운전면허시험 필기책을 보는데 그간 손이 굳었는지 글씨를 쓰는 것도 힘들었습니다. 한번 도전해 보기도 하고 맨 뒤에 있는 기출문제를 보고 시험을 봤습니다. 한 번에 붙으니 주위에서 공무원 시험에 한 번 도전해 보는 것이 어떻겠느냐고 하더군요.
>
> - 김영하 「내 인생의 특별한 숫자」 중에서

대학 2학년 때 쓰러져 장애를 갖게 된 후 절망하다가 의미 없이 살기보다는 무슨 일이든지 해보자는 긍정적인 생각을 갖게 된다. 휠체어를 타고 있지만, 운전면허를 취득하고, 노력 끝에 세무공무원 시험에 합격하는 강한 의지를 보여준다. 도저히 결혼할 수 없을 것이라는 생각을 한 적도 있지만 결혼하여 엄마가 되기에 이른다. 누군가 꿈꾸는 평범한 것들이지만 하반신 마비의 장애인이라는 극한의 환경을 극복한 인간승리의 모습을 보여준 김영하의 지난했던 삶의 과정을 통해 작가는 독자들에게 '절망이란 없다', '꿈은 노력하면 이루어진다'는 메시지를 던져준다.

장길숙의 「벽에서 나온 돈」은 도배를 하기 위해 묵은 도배지를 뜯다가 어머니가 숨겨준 돈을 발견하고, 이에 대한 사색을 쓴 작품이다. 생전의 어머니에 대한 생각을 들여다보는 이 글은 어머니와의 추억을 소환한다. 애틋한 어머니의 마음을 수십 년이 지나 벽에서 나온 지폐를 통해 자식들을 사랑하는 마음으로 액막이 돈이어서 쓸 수 없음에서 자식의 마음도 느끼게 한다.

이에 비해 「잡초의 꿈」은 강인한 인간의 본성을 잘 보여 준 작품이다.

불편한 사람들의 아픔처럼, 잡초들의 아픔도 그리 보였다. 내가 세상에 아무 짓도 하지 않아도 가슴 먹먹하게 했던 일들이 있었다. 끝이 어디일지 가늠하지도 못했던 막막하기만 했던 날들은 나에게 큰 아픔이었다. 평생을 잡초처럼 산다 하여도 어쩔 수 없는 현실의 무게에 눌려 살았다. 마음은 앞서는데 할 수 없었던 일들, 엉거주춤 제자리에서 얼마나 눈시울이 뜨거웠던가. 그러나 세상은 따뜻했다. 좋은 사람들이 더 많았다. 그 사람들 덕분에 세상은 아름다워지고, 잡초도 고운 꽃을 필 수 있다는 희망을 갖게 되었다. - 장길숙 「잡초의 꿈」 중에서 잡초를 통해 장애인의 아픔을 들여다보기도 하는 이 작품에서 작가는 자신이 살아온 '현실의 무게를 고백한다. 그러면서도 세상은 좋은 사람들이 더 많이 있음도 실토한다. 그리고 잡초는 강인하고, 기다림에 능란한 힘을 가진 존재여서 세상을 씩씩하게 자랄 수 있음을 보여 준다. 이처럼 잡초는 척박한 환경에서도 잘 견디는 힘이 있는 까닭에 강한 약성을 지닌 존재라고도 한다. 흔히 잡초는 쓸모없는 것이라는 인식을 거부하고 약이 되기도 한다는 인식에 이른다. 그리고 자신도 잡초처럼 세상의 쓸모있는 사람이 되기 위해 이런저런 봉사활동을 하고 있다고 말하기에 이른다. 잡초를 통해 사람이 어떻게 살아야 하는지를 깨닫게 되는 과정을 잘 보여 준다.